Buch

Lebenskunst ist die Fähigkeit, ein Leben voller Gesundheit, Erfolg und Lebensfreude zu führen. Alleine oder mit einem Partner heißt die Herausforderung jeweils, diese Fähigkeit auch konkret zu leben. Denn jeder hat es letztlich selbst in der Hand, wie er sein Leben gestaltet, ob er glücklich wird oder leidet, herauszufinden, wer er ist, und damit herauszufinden, wie wunderbar es ist, mit Freunden, Bekannten und dem Partner in Unabhängigkeit umzugehen. Lebenskunst kann blockiert sein durch Angst. Der Autor zeigt, wie man Angst los wird, wie man den Weg zur eigenen Autonomie findet und wie man schließlich in einer reifen Partnerschaft glücklich werden kann.

Autor

Dr. rer. biol. hum. Stephan Lermer, Diplom-Psychologe, stammt ursprünglich aus Garmisch-Partenkirchen und lebt heute in München. Nach einer fruchtbaren Zeit als wissenschaftlicher Forscher an der Universität führte ihn sein Weg in die Praxis, um seine Erkenntnisse und Fähigkeiten als Psychologe anzuwenden. Mit seiner naturphilosophisch ausgerichteten Form von positiver Psychologie hat er speziell in der Kurzpsychotherapie und in seinen Seminaren schon Tausenden von Menschen geholfen, die richtige Orientierung zu finden.

Von Stephan Lermer sind im
Goldmann Taschenbuch Verlag erschienen:

Psychologie des Glücks (10951)
Krebs und Psyche (10364, Feb. 87)

In Kürze erscheinen:

Sich helfen lassen (10379, Juli '87)
Vom Sinn, sich selbst zu entdecken (10384, Sept. '87)

Stephan Lermer

Selbstfindung und Lebenskunst

Vom Umgang mit Liebe und Angst

Originalausgabe

GOLDMANN VERLAG

Made in Germany · 5/87 · 2. Auflage
© 1986 by Wilhelm Goldmann Verlag, München
Umschlagentwurf: Design Team München
Satz: Filmsatz Schröter GmbH, München
Druck: Elsnerdruck, Berlin
Verlagsnummer: 10356
Lektorat: Cornelia Richter · JJ
Herstellung: Martin Strohkendl/Voi
ISBN 3-442-10356-8

Inhaltsverzeichnis

Einleitung 7

1. Wege aus der Angst

Der Mut zur Lösung 13

Leben wir in einem Zeitalter der Angst? 13

Von der Vorsicht zur Zuversicht 17

Wie gehe ich mit der Angst um? 18

Sieben charakteristische Formen der Angstabwehr 22
*Der Verdränger 22 Das Chamäleon 23 Der Projektor 24
Der Unglaubwürdige 25 Der Logiker 28 Der Infantile 29
Der Vermeider 30*

Gesundheit und Autonomie als »neue Werte« 31

Auf der Suche nach Lösungen 32

Stufen der Orientierung: Vom Sollen zum Wollen 34

Eigene Schritte zur ganzheitlichen Gesundheit und
Autonomie 35

Der Trend der neuen Werte 36

2. Wege zur Autonomie

Die sieben Bereiche des ganzheitlichen Lebens 38

Erkennen 39
*Was bedeutet ganzheitlich? 39 Widerstand macht stark 43
Der Mut zum Wandel 44 Es beginnt mit der Abnabelung 44*

Erfühlen 49
*Sich selbst ausloten 49 Durch Fühlen die Identität erspüren 54
Mögen Sie sich selbst? 58*

Wollen 60
*Ihr Unterbewußtes weiß, was Sie wollen 61 Wie finde ich heraus,
was ich will 62 Was will der Mensch 63 Selbstverwirklichung 63
Erfolgserlebnisse 70 Das Gefühl von Freiwilligkeit 71
Gemeinschaftsgefühl 72 Anerkennung 73 Altruismus 74
Übereinstimmung 74 Vom kindlichen Wunsch zum erwachsenen
Ziel 76 Die Lösung von unrealistischen Erwartungen 77*

Handeln 79
Vom Handeln über das Sein zum Tun 79 Reifen kann man nur durch Erfahrung 81 Der richtige Umgang mit der Zeit beginnt beim Hier und Jetzt 84 Wie gehe ich mit meiner Zeit um? 85

Der erste Schritt: Mut fassen, um nach vorne zu gehen 86

Am Anfang war das Du 87
Partnerschaft ist die Beziehung zwischen zwei eigenständigen Partnern 88

3. Wege zur reifen Partnerschaft

Die Liebe 98
Liebe – was ist das eigentlich? 99 Narzißmus – Eine Form moderner Liebe? 120 Vom Verliebtsein und Lieben 129 Zur Freundschaft 131

Polarität und Geschlechtsunterschiede 132
Ein paar Thesen 133 Was meint die Frau, was der Mann will 135 Wieviel Zeit wollen Mann und Frau miteinander verbringen? 137 Möchten Sie tauschen? 137

Was ist eigentlich Androgynie? 143
Zur Beziehung von Schein und Sein 144

Die vier Partnertypen 146
Der Schillernde oder Bunte 146 Der Bunte und die Liebe 148 Der Beständige 149 Der Beständige und die Liebe 151 Der Ergebene 152 Der Ergebene und die Liebe 153 Der Erhabene 155 Der Erhabene und die Liebe 156

Der Urlaub als Übungsplatz 158

Partnerschaft und Ehe 161
Was passiert, wenn zwei Menschen sich zusammentun? 163 Ehe – Scheidung – neue Ehe 165

Sexualität 168

Wie war das früher? 174

Und wie sieht es beim Mann aus? 175

Noch ein Wort zum Dilemma der Leistungs-Sexualität 176

Zwölf Kommunikationsregeln für die Partnerschaft 177

Wann kann eine Beziehung auf Dauer gesund funktionieren? . 180

Eine Ursache für die vielen Trennungen – ein Vorschlag für die Verbesserung von Partnerbeziehungen 182

Quellenverzeichnis 190

Einleitung

Lebenskunst ist für mich die Fähigkeit, ein Leben voller Gesundheit, Erfolg und Lebensfreude zu führen. Mit diesem Wegweiser will ich Sie, den Leser, auf zweifache Art erreichen: einmal als ein Exemplar der Gattung Mensch, das so wie alle anderen Menschen funktioniert. Zum zweiten, und das ist jetzt der Ausgleich für die kränkende Erkenntnis, nur eines von über vier Milliarden Exemplaren zu sein: als einmalige Persönlichkeit, als etwas Besonderes, als wesentliche Figur für die Evolution dieses Universums.

Also fangen wir an: Wer sind Sie? Was paßt zu Ihnen? Welche speziellen Bedingungen müssen Sie schaffen – oder zulassen –, um gesund zu bleiben, Erfolg zu haben und Lebensfreude zu schöpfen? Wie steht es mit dem Glück in Ihrem Leben?

Sie wissen ja, Sie selbst haben es in der Hand. Erinnern wir uns, woher der Begriff »Glück« stammt. Er kommt von dem Ausdruck »Gelükke«, was im Mittelalter soviel wie »es paßt« bedeutete. Von Gelükke sprach man dann, wenn der Deckel, den man für einen Topf gemacht hatte, paßte. So einfach war das. Ist Glück nicht heute auch noch letztlich ein Gefühl von »es paßt«, »so ist es gut«? Als glücklich erlebe ich mich immer dann, wenn ich ein Gefühl von Freiheit ohne Angst empfinde, wenn ich mich geborgen fühle in meiner eigenen Mitte, wenn mich keine Sehnsucht quält und kein Orientierungsdurst hetzt. Wenn ich nicht getrieben bin, sondern für einen Augenblick glaube, angekommen zu sein. Wo? Bei mir!

Und wo ist das? Ja, das ist wohl die entscheidende Frage: »Wer bin ich?« – »Erkenne dich erst einmal selbst«, mahnte das Orakel zu Delphi jeden Menschen, der nach Seelenfrieden strebte. Also gehen wir es an und konzentrieren wir uns auf das große Ziel: »Ich will wissen, wer ich bin!«

Diese Frage kann ich mir zum Teil auf Anhieb dadurch beantworten, daß ich mir einmal überlege, womit ich meine Lebenszeit verbringe, was mir vor allem wichtig ist. Jetzt im Augenblick will ich dieses Buch lesen und herausfinden, was ich tun muß, um mehr Lebenskunst zu praktizieren. Ich will bestätigt sehen, was ich bereits darüber weiß, und will hinzulernen, was ich noch nicht weiß. So werde ich im Dialog mit diesem Wegweiser immer wieder meinen Lebensweg betrachten.

Die erste Etappe ist, wie beinahe immer, die schwerste.
Denn in dieser geht es um die Trägheit, die Sturheit, die Scheu vor lebensnotwendigem Wandel aus Angst vor Veränderung, aus Angst vor dem Neuen. Aber erst das Bewußtmachen meiner bisherigen Lebensmuster gibt mir die Chance herauszufinden, ob ich mich immer noch an inzwischen unzeitgemäßen Werten wie Pflicht, Gehorsam oder an überkommenen Moralvorstellungen orientiere, anstatt unabhängig von der Meinung anderer, dafür aber meinem Selbst gegenüber verantwortlich zu leben.

Das Ziel heißt: die Angst überwinden, ein eigenes Selbst zu entwickeln.

Die zweite Etappe besteht darin, die neu gewonnene Freiheit zu erproben und erste eigenständige Erfahrungen zu sammeln. Im Gegensatz und in Abgrenzung zum früher unbewußten Handeln ist es wichtig, jetzt neue, positive emotionale Erfahrungen beim Erkennen, Erfühlen, Wollen und Handeln zu machen und sich selbst zu erleben in Beziehung zur Gesellschaft, zur Natur und zu einem Partner.

Das Ziel heißt: eine autonome Persönlichkeit werden.

Die dritte Etappe stellt dann die Lösung, den Höhepunkt dar. Sind die Ablösungen von den alten Mustern geglückt, die Befreiung aus ichfremden Lebensweisen, wurden Lebensweisen erworben, die in persönlichkeitsstimmige Charaktermerkmale übergegangen sind, dann kann eine partnerschaftliche Begegnung oder Beziehung stattfinden. Jetzt kommt die letzte Prüfung: Wie steht es mit der Partnerschaftsfähigkeit und mit der Sexualität?

Das Ziel heißt: die Liebe leben.

Das Thema der 80er und 90er Jahre heißt: »Bewußtseinsevolution für Mann und Frau.« Das Besondere daran ist, daß der Mensch inzwischen erkennt, daß er bewußt in seine zukünftige Entwicklung eingreifen kann – eine Gefahr und eine Chance zugleich. Der Kampf der Geschlechter muß endgültig abgeschlossen werden. Im Grunde wollen beide doch nur das gleiche, nämlich Lieben und Geliebtwerden, Vertrauen und Ernstgenommenwerden. Ein Kampf endet meistens mit Sieg oder Niederlage, aber wozu ist ein Sieg notwendig? Viel sinnvoller ist es doch, wenn Mann und Frau sich als gleichwertig behandeln, ihre Gemeinsamkeiten nutzen und ihre Gegensätzlichkeiten wie eine Ergänzung schätzen. Kampf bedeutet immer Energieverlust. Und Energie sollten wir besser einsetzen, nämlich um allein oder miteinander Angst zu bewältigen und um ein Leben in Liebe zu leben.

Natürlich können wir mit den beiden Begriffen »Angst« und »Liebe« nur schwer umgehen, denn wir haben nicht gelernt, sie zu handhaben. Wir leben nach dem Prinzip: Angst hat man nicht, und Liebe kommt von allein. Ist das natürlich? Natürlich nicht! Liebe und Angst wollen angenommen sein, und die frei gewordene Energie sollten wir für mehr individuelles und kollektives Glück verwenden.

In den nächsten Jahren geht es vor allem darum, neue Beziehungsstrukturen einzuüben. Nicht nur, um die gegenwärtige Zeit besser zu bewältigen, sondern um darüber hinaus neue tragfeste Muster zu finden, damit wir mit den Grundgefühlen Liebe und Angst besser umgehen lernen. Denn was fehlt, ist eine verbindliche Orientierung. Noch sind die meisten Zielsetzungen und Lebensorientierungen viel zu konsumorientiert. Sie geben weder dauerhaft Sinn, noch nehmen sie nachhaltig Angst. Psychopharmaka, Drogen und Sekten sind Übergangsphänomene. Die neuen Ziele heißen Selbstfindung und Lebenskunst. Das Interesse an unseren Seminaren offenbart, wie stark heute bereits Frau und Mann bewußt ihre Identität entdecken und ihre Persönlichkeit trainieren wollen.

Diese neue, an ganzheitlicher gesunder Lebensfreude orientierte Ethik baut auf den Grundfesten der alten Traditionen auf und ermöglicht so eine stabile Basis für die Transzendenz eines neuen Menschen.

Im Getöse der vielen Modewellen, die heute auf uns einströmen, werde ich besonders dort hellhörig, wo sich die Trendmeldungen mit meinen eigenen beruflichen Erfahrungen decken. Dazu gehört an vorderster Front der Wandel der Geschlechterbeziehungen in den letzten 20 Jahren.

Werfen wir einen Blick zurück in die 60er Jahre: Die sogenannte Sexwelle überschwemmte die Medien, man sprach vor allem von Befreiung, von »oben ohne« und von extremen Spielarten, um durch Partnertausch, Gruppensex oder Happenings den Mief der Nierentisch-Moral aus den 50er Jahren zu vertreiben. Doch bald häuften sich in den Praxen der Ärzte und Therapeuten die Probleme Potenzgestörter, die keinen Reiz mehr fanden an den allzu willigen Frauen ihrer Wohngemeinschaft. Die Sexwelle hatte es nicht gebracht, mit dem Ende der 60er Jahre ebbte sie mehr und mehr ab. Gleichzeitig flaute das politische Interesse ab, die zornigen jungen Männer von 1968 zogen sich auf ihr ländliches Zuhause zurück, gingen statt auf die Straße immer mehr nach innen.

Das große soziale Netz wurde aufgespannt, und der Psycho-Boom begann. Die Partygespräche drehten sich jetzt nicht mehr um Po, Penis oder Proteste gegen Papas Doppelmoral. Die Themen hießen jetzt Meditation, Gruppendynamik oder Gurus. Viele fanden ihren Meister im Baghwan von Poona und nähten sich aus ihren ehemals roten Fahnen nun rote Gewänder. Die Aufmerksamkeit konzentrierte sich mehr und mehr auf die persönliche Entwicklung. Die Suche nach sich selbst, die Sehnsucht nach Selbstfindung brachte die Single-Bewegung in Gang. Jeder suchte allein auf seine Art, man traf und fand sich zwar, doch es war nicht mehr als ein vorübergehendes Begrüßen auf der Wanderschaft. »Ships passing by« hieß das Kürzel der Szene. Jeder entdeckte einen anderen Weg. Körner-Asketen, Latzhosen-Freaks oder farbige Punks waren nach außen hin die neuen sichtbaren Typen, die meisten jedoch arbeiteten unsichtbar an ihrem Inneren.

Kulturkritiker sprachen bei dieser kollektiven Innen-Welt-Reise gar von einem Jahrzehnt der egozentrischen Innenschau, die Amerikaner nannten die 70er Jahre lapidar die »me-decade«. Dieses Ich-Jahrzehnt mußte offenbar sein, um wieder zum eigentlichen Sinn zurückzufinden, konkret ausgedrückt, um die Selbstliebe wiederzuentdecken. Das neue Ziel ist jetzt: einen gesunden Egoismus zu finden, also eine Form von Selbstliebe, die ein starkes Selbstwertgefühl ermöglicht, aber nicht in Selbstsucht ausartet.

Selbsthilfe, Selbstverwirklichung und Selbstfindung aber sind alle auf das eigene Selbst begrenzt, führen vielleicht zu Erkenntnis, aber nicht zu Befriedigung, sie machen nicht satt. Die Wünsche und Bedürfnisse gehen weiter. »Ich war bei mir, das war für mich ein neues Abenteuer, aber auf Dauer war zuwenig los«, bekannte ein Teilnehmer eines meiner Ein-Tages-Seminare. Was ihm fehlte, war ein Gegenüber, ein Mensch zur Begegnung. Beinahe zwangsläufig endete die kollektive Innenschau meist genau an diesem Dilemma, am fehlenden Gegenüber.

So wie jede einseitige Entwicklung eines Tages nach Ergänzung schreit, begann der Zeitgeist der 80er Jahre nach dem »Du« zu rufen. Getreu dem Motto »es ist nicht gut, wenn der Mensch allein ist« entwickeln heute mehr und mehr Menschen das Bedürfnis nach einem Gegenüber, nach der menschlichen Begegnung. Die Sehnsucht zielt nach dem Gefühl, nicht allein zu sein. »Das Zeitalter der reifen Partnerschaften« nennen es die einen, eine »Renaissance der Liebe« die anderen. Man spricht vom Genuß des Zölibats, einer neuen Keuschheit, die ein befriedigendes Zusammenleben ohne Sexualität ermöglicht, damit keine Spannungen oder Leistungsängste aufkommen können. Das Gemeinsame all dieser neuen Strömungen ist das Bedürfnis nach dem Dialog, nach intensivem Austausch mit jemandem, mit dem man das teilen kann, was einen bewegt. Der große Vorteil in dieser Zeiterscheinung liegt für den Kontaktsuchenden vor allem darin, daß er viel leichter auf positive Resonanz stößt.

»Möglicherweise zum ersten Mal in der Geschichte«, erklärte der Psychologe Carl Rogers im Jahre 1978, »sind die Menschen wirklich offen, sie drücken ihre Gefühle ohne Furcht vor dem Urteil anderer aus. Die Kommunikation unterscheidet sich qualitativ von unserer geschichtlichen Vergangenheit – sie ist reicher, komplexer.« Mit dieser Wendezeit – so hoffe ich – verschwinden endlich auch die Kontaktkiller, die mir noch aus den 70er Jahren im Ohr sind: »Das ist nicht mein Bier« oder »das ist dein Problem« usw. Diese schrecklichen Abgrenzungssätze, die klarstellen sollten, daß jemand gefälligst für seine Angelegenheiten auch die Verantwortung übernehmen soll, haben oft genug die Stimmung ruiniert.

Die Zeit ist vorüber – eine neue Zeit hat begonnen. Und damit sind enorme Chancen verbunden – ich denke an neue Möglichkeiten des Sich-Kennenlernens oder der Partnerschaft und an eine neue, angstfreie, genußvolle Sexualität, die frei von Tabus, aber dafür voller zärtlicher Sinnlichkeit kultiviert werden kann. Ich sehe diese Zeit als Konsequenz aus all den Erfahrungen, die in den letzten 20 Jahren in zum Teil einseitigen und vielfach extremen Spielarten zwischen Mann und Frau ausprobiert wurden.

Erfolgreiche Kommunikation bedeutet persönlichen Austausch, wodurch Menschen trotz ihrer jeweiligen Einmaligkeit Gemeinsamkeiten entdecken können. Dieser Weg zum »Du«, zum lustvollen Miteinander muß natürlich erst gefunden werden. Doch schon die gemeinsame Suche nach Lösungen ist bereits ein reizvolles Abenteuer.

Doch das Abenteuer kann erst beginnen, wenn die Partner dazu fähig sind. Es kann keine befriedigende Partnerschaft entstehen, also keine Hinwendung zum Du geben, wenn das Ich mangelhaft ist. Deshalb gilt es zuerst ein eigenes Ich aufzubauen. Und dafür muß man das Abenteuer eingehen, sich selbst zu erkennen, sich selbst zu finden, das heißt, eine eigene Persönlichkeit zu werden. Nur so ist eine befriedigende Du-Beziehung möglich, natürlich auch nur mit einer anderen autonomen Persönlichkeit. Der Weg zum Ich ist nicht ganz einfach, vor allem muß die Angst überwunden werden, sich selbst zu erforschen, Neigungen und Bedürfnisse zu erfassen und nach ihnen zu leben. Dazu ist es notwendig, alles loszulassen, an was man sich aus Angst vor etwas Neuem geklammert hat. Man muß die eingefahrenen Wege, die andere vorgegangen sind, verlassen, überkommene Traditionen, Normen, Pflichten müssen abgeschüttelt werden, so daß man angstfrei einen neuen Weg finden kann, den einen gemäßen Weg, der zur Persönlichkeitsentfaltung führt.

Um dies zu erreichen, müssen wir uns zuerst mit der Angst beschäftigen, und um sie zu überwinden, müssen wir sie kennenlernen.

1. Wege aus der Angst

Der Mut zur Lösung

Jede Angst ist letztlich Angst vor **Verlust**, Angst vor **Veränderung**, Angst vor **Lösung** bestehender Beziehungen. Gerade heute steht der Mensch unentrinnbarer denn je in seiner Geschichte vor Anforderungen wie Loslassen überkommener Ziele, Bereitsein zur Veränderung, Eintauschen alter Ideologien gegen neue Werte, will er überleben. Doch wie befreit man sich von eingefahrenen Lebensmustern? Das ist die zentrale Frage. Jeder Mensch kann sein Leben nur in dem Maß bewältigen, in dem er mit den Lösungen umgehen kann. Insbesondere mit Lösungen im Sinne von Verabschiedung und Bewältigung von Werten, die gestern noch wichtig, heute jedoch nichtig, ja vielleicht sogar schädlich sind. Wer traut sich? Wenige. Warum? Weil sie Angst haben.

Leben wir in einem Zeitalter der Angst?

So wie es Menschen gibt, die angstfreier als andere leben, gibt es auch Epochen, in denen die Angst mehr grassiert als in anderen. Und obwohl man zu keiner Zeit mehr über Angst nachdachte und Maßnahmen gegen sie ergriffen wurden, ist unsere Zeit eine Epoche der Angst. Arthur Schlesinger, Harvard-Professor und ehemals Berater Präsident Kennedys, nannte die Angst gar »das offizielle Lebensgefühl der Zeit«.

Das ist nicht mit exakten Zahlen zu beweisen, sondern allenfalls mit Indizien, mit Tatsachen, die für eine zunehmende Angst sprechen. Etwa mit der Therapiebedürftigkeit von immer mehr Menschen, der Zunahme von Alkohol- und Drogensucht, den Bilanzen der Versicherungsunternehmen oder etwa auch mit den immer zahlreicher werdenden Sekten, die die angstauslösende Ungeborgenheit des Menschen zu beseitigen versprechen.

Vielleicht ist das »Zeitalter der Angst« nur ein Schlagwort, aber die Statistik beweist, daß der Bundesbürger ganz und gar nicht angstfrei lebt. Das Allensbacher Institut für Demoskopie stellte bei einer Befragung außer einem sehr hohen Angstpegel bei den Bundesbürgern fest, daß sie speziell unter **vier Formen der Angst** leiden.

Die Angst, **schwer zu erkranken**, quält zwei von drei Menschen. An zweiter Stelle folgt die Angst vor der **Einsamkeit im Alter**, die 40 Prozent aller Deutschen haben. Gleich danach kommt die Angst vor **Arbeitslosigkeit**. Und immerhin noch jeder Dritte bekannte Angst, den **beruflichen Anforderungen** nicht mehr gewachsen zu sein.

Das Gefühl des Bedrohtseins, des Ausgeliefertseins an unberechenbare Mächte, die Angst vor Not und Tod zieht sich als roter Faden durch die Menschheitsgeschichte. Was heute als Angst vor Krankheit, Arbeitslosigkeit, Atomkatastrophen, als Berufs- oder Rentenangst quält, das hatte früher nur andere Namen. Zum Beispiel symbolisiert sich im Bild der Apokalyptischen Reiter die Angst des mittelalterlichen Menschen vor Pest, Krieg, Hunger und Tod.

Der Philosoph Paul Tillich drückt diese Verwandlung der im Kern immer gleichen Existenzangst mit folgenden knappen Worten aus: »Wir finden, daß am Ende der antiken Kultur die ontische Angst – Angst vor Schicksal und Tod – vorherrscht, am Ende des Mittelalters die moralische Angst – Angst vor Schuld und Verdammnis – und am Ende des modernen Zeitalters die geistige Angst – die Angst vor Sinnlosigkeit.« (P. Tillich, Der Mut zum Sein. Hamburg 1965)

Alle Menschen haben Angst, alle Menschen haben zu allen Zeiten unter Angst und Ängsten gelitten. Nur die Angstquellen und Angstinhalte und auch die Art, mit der Angst umzugehen, haben sich verändert.

Es fing damit an, daß Kopernikus uns die schöne Illusion zerstörte, die Erde sei das Zentrum, der Mittelpunkt des Universums. Dann kam Darwin und belegte, daß wir nicht der lehmigen Schöpferhand, sondern den evolutionären Schwingungen des Wasserstoffs entstammen. All das war noch verdaubar. Man nennt es die »dritte und zugleich heftigste Kränkung des Menschen«, die Sigmund

Freud uns um die Jahrhundertwende bescherte: Nicht unser freier rationaler Wille bestimmt unsere Gedanken, Stimmungen und Verhaltensweisen. Es sind die dunklen Mächte unseres verborgenen Unbewußten. Das Grundprogramm heißt: danach streben, Lust zu maximieren, Unlust zu minimieren. Anders gesagt: Angst vor Unlust – das ist z.B. Schmerz, Frieren, Hunger usw. – und Angst vor Lustverlust, also Frustration. Das sind die Kräfte, die die Welt bewegen, das heißt die einzelnen Menschen bewegen.

Sigmund Freud fand bei seinen bahnbrechenden Untersuchungen über das menschliche Seelenleben bestätigt, daß jedem Symptom, mag es psychoneurotisch oder psychosomatisch sein, letztlich Angst zugrunde liegt.

Angst ist somit die Kraft, die uns bewegt, nach mehr Sicherheit zu streben. Angst hilft uns zu überleben, Angst motiviert uns, die Angstquelle zu meiden oder uns davor zu schützen. Und das betrifft selbst die durch Angst ausgelöste Spannung, die sich etwa als »Prüfungsangst« des Studenten oder als »Lampenfieber« des Schauspielers äußert. Solche Ängste sind notwendig, sie sind sogar die Voraussetzung jeder Hoch- oder Höchstleistung.

Wesen und Ursache der Angst zu erforschen war für die meisten namhaften Psychologen von zentraler Bedeutung. Alfred Adler zum Beispiel sieht die Angst als Ausdruck von Minderwertigkeitsgefühlen infolge fehlender sozialer Anerkennung. Carl Gustav Jung unterteilte die Angst in eine individuelle, die bei jedem Menschen verschieden, und eine kollektive Angst, die bei allen Menschen gleich ist. Jeder hat schließlich Angst vor dem Ungewissen, dem Neuen, dem Undenkbaren und Unerklärlichen.

Der Wiener Psychoanalytiker Viktor Frankl sieht die Wurzel der Angst vor allem im zunehmend fehlenden Lebenssinn des heutigen Menschen. Durch den Verlust der traditionellen Werte wurde der Mensch zwar freier, aber auch haltloser. Die Folge dieses Gefühls der Orientierungslosigkeit sei Angst. Der Münchner Psychologe Fritz Riemann, dessen Buch »Grundformen der Angst« (München 1979) als Standardwerk gilt, reduzierte die vielen Erscheinungsformen der Angst auf vier Grundängste:

1. Die Angst vor der Selbsthingabe – als Ich-Verlust und Abhängigkeit erlebt. 2. Die Angst vor der Selbstwerdung – als Ungeborgenheit und Isolation erlebt. 3. Die Angst vor der Wandlung – als

Vergänglichkeit und Unsicherheit erlebt. 4. Die Angst vor der Notwendigkeit – als Endgültigkeit und Unfreiheit erlebt.

Alle möglichen Ängste – so Riemann – sind letztlich immer Varianten dieser vier Grundängste.

Wie definiert die moderne Psychologie die Angst? Einer der derzeit führenden Angstforscher, Charles D. Spielberger von der South Florida University, erklärt: »Angst ist eine fundamentale menschliche Empfindung, Teil der menschlichen Existenz, Teil der Evolution des Menschen... Auf der einen Seite besteht Angst aus einer gefühlsmäßigen Komponente, also aus Gefühlen der Anspannung und einer gesteigerten Aufmerksamkeit. Dazu kommt die Aktivierung des autonomen Nervensystems. Angst ist ein Zustand, der von seiner Intensität her variieren kann und Schwankungen ausgesetzt ist. Der Streß, in dem ein Individuum jeweils steht, spielt eine wesentliche Rolle. Und so würde ich Angst letztlich als Zustand (state) definieren. Angst als Verhaltenseigenschaft (trait) bezieht sich dann auf die Häufigkeit, mit der ein Individuum Angstzustände bei sich über die Zeit hinweg erfährt. Es gibt Menschen, die ängstlicher sind als andere und häufiger Zustandsangst haben. Angst als ›Ängstlichkeit‹ ist daher eine individuelle Persönlichkeitseigenschaft. Wir können Angst aber auch als Prozeß definieren... In der Psychologie wird Angst wohl für alle drei Sachverhalte gebraucht: für Zustandsangst, Ängstlichkeit und den Angstprozeß« (Spielberger, Psychologie heute. Weinheim 1979, 6).

Kennzeichnend für unser Zeitalter der Angst ist es, daß der Mensch Angst nicht mehr richtig ertragen will, daß er sie allzu oft als Krankheit erlebt, ja in Krankheit umwandelt oder daß sie ihn gar zum Selbstmordversuch treibt.

Versuche, mit Angst und Ängsten fertig zu werden, sind ohne Zweifel Alkoholmißbrauch und Drogensucht. Das eigentliche Motiv, warum immer mehr Erwachsene und auch Jugendliche zur Flasche greifen, ist fast ausnahmslos Angst.

Von der Vorsicht zur Zuversicht

Der angstorientierte Mensch richtet sein Leben mehr nach der Vergangenheit als nach der Gegenwart.

Ein zwanghafter Klient von mir konnte nichts wegwerfen bzw. loslassen. Er hatte kaum noch Platz, soviel hatte sich angesammelt. Das änderte sich jedoch rapide. In einer Therapiestunde hatte er plötzlich die Schlüsselerkenntnis, daß ihm nur das Vertrauen fehlte, jederzeit in der Gegenwart das Leben so zu meistern, wie es für ihn gut ist. Danach fuhr er eine Woche auf eine Mittelmeerinsel – tatsächlich nur mit Brieftasche und Zahnbürste. Dieser selbstgewählte Härtetest ließ die restlichen Knoten bei ihm aufgehen. Er machte nämlich die Erfahrung, daß er überall Nahrung, Kleider usw. kaufen konnte, sogar noch billiger als zu Hause. Was er sonst brauchte, fand er im Hotel vor.

Ab jetzt ging er nicht mehr ängstlich rückwärts, sondern abenteuerlustig vorwärts, getragen von der Zuversicht, ein eigenständiges Wesen zu sein. Oft sind es die Symptome, die einen Menschen regelrecht dazu zwingen, total umzudenken. Ein angstorientierter Mensch schaut aber nicht nur gebannt rückwärts, er hat auch stets Angst vor Veränderungen. So wie es im Augenblick ist, läuft es ja ganz »leidlich«, aber es könnte noch viel schlimmer kommen. Rückwärts gewandt und blind für die Gegenwart findet er sich plötzlich an der Wand, wo es nicht mehr weitergeht. Eine Weile »helfen« vielleicht die Beruhigungstabletten, die er gegen die Angst einnimmt, um nicht einsehen zu müssen, daß es so nicht weitergehen kann. Aber da er vermieden hat, das Leben als ständige Wandlung zu begreifen, kommt er nicht mehr damit zurecht. Der gesunde Anteil in ihm rebelliert in Form von psychischen und physischen Symptomen gegen seine unnatürliche Lebensweise. Natürlich wäre es wunderbar, Hand in Hand mit den Rhythmen der Natur zu leben, getragen zu sein von der Liebe zum Leben, vom Vertrauen in die höheren Mächte und von der Hoffnung auf die Zukunft. Aber hier liegt der springende Punkt. So wie nur ein Grad bewirkt, daß Eis zu Wasser schmilzt und nur 2% nötig sind, damit die Mehrheit von 49% zu 51% erreicht wird.

Es geht nicht darum, Angst ganz aus unserem Leben zu verbannen, das ist auch gar nicht möglich. Schon der Philosoph Spinoza sprach davon, »daß es Hoffnung ohne Furcht nicht gibt und ebensowenig Furcht ohne Hoffnung«. Die Ursache der Furcht sieht er in »einem Mangel an Erkenntnis und einer Untüchtigkeit des Geistes«, sie sei also »ein Zeichen von Seelenschwäche«. Furcht als solche existiert also nicht, sie wird lediglich durch meine persönliche Bewertung gebildet: »...ich sah, daß alles, wovon und was ich fürchtete, Gutes und Schlechtes nur insofern enthielt, als mein Gemüt davon bewegt wurde.« (Spinoza)

Ich selbst mache mir also meine Welt. Was ich mir vorstelle, das wird eines Tages eintreten. Wenn ich nicht weiß, was ich will, kann ich mir nicht die richtigen Vorstellungen machen. Die Angst wird sie mir diktieren. Die Befürchtungen sind dann meine Phantasieinhalte. Und was passiert? Sie treten ein. Es bleibt also nur der Weg der Hoffnung. Ein großes Wort in unserer Zeit, wo eher von Problemen die Rede ist, von kritischer Wirtschaftslage, von der Hoffnungslosigkeit der Jugend und was es sonst noch an düsteren Bildern und Prognosen gibt. Aber gerade in dieser Zeit ist es wichtig für den einzelnen, an die Hoffnung zu glauben. Der Philosoph Teilhard de Chardin formulierte dies als zentrale Aufgabe: »Ein Gefühl, das überwunden werden muß: die Hoffnungslosigkeit... Das Leben benötigt eine halbe Million, vielleicht eine Million von Jahren, um von den Prähominiden zum modernen Menschen zu gelangen, und weil dieser moderne Mensch noch zu kämpfen hat, um von sich selbst sich loszulösen, nachdem er vor kaum zwei Jahrhunderten einen höheren Zustand vorausgeahnt hat, sollten wir schon beginnen zu verzweifeln?« (Teilhard de Chardin, Der Mensch im Kosmos. München 1980)

Wie gehe ich mit der Angst um?

Wenn ich es genauer betrachte, komme ich zu folgendem Schluß: **Es gibt nur eine Form der Angst: die Angst vor dem Unbekannten.** Ihre intensivste Form ist die existentielle Angst, die die Philosophen als die **Angst vor dem Nichts** beschrieben haben. Danach kommt die Angst vor dem Tod, dem größten Unbekannten in unserem Leben. Gleich stark ist die Angst vor dem Morgen, also **vor dem unbekannten Anteil des eigenen Lebens.**

Wenn ich mir vorstellen könnte, wie klein mein Informationsausschnitt im Leben ist, aus dem ich mir meinen Durchblick verschaffe – also wie gering meine Möglichkeiten sind, mir mit Hilfe meiner Sinnesorgane eine Orientierung über meine Existenz zu verschaffen –, würde ich wahrscheinlich vor Angst vergehen – oder aber überhaupt keine Angst mehr empfinden.

Angst ist nicht mit Tricks oder Kniffen aus der Welt zu schaffen. Die Erklärung der Naturgesetze durch die Naturwissenschaften hat sie nicht besiegt, die Entmachtung der Gespenster und Dämonen durch die Aufklärung ebensowenig. Und schließlich hat auch die soziale Sicherung des modernen Menschen die Angst nicht gebannt, sie hat im Gegenteil noch zugenommen. Was können wir also gegen die Angst tun?

Es gibt nur eine Chance: die Angst durch Liebe zu bewältigen, durch die Kraft der Liebe stärker als die Angst zu werden und damit die Angst nicht mehr zu fürchten, sondern als lebensnotwendigen Partner zu akzeptieren – mit der Angst einen Pakt, ja vielleicht sogar Freundschaft zu schließen.

Man muß allerdings unterscheiden: Es gibt einmal die unzähligen kleinen Alltagsängste mit den aus ihnen resultierenden seelischen und körperlichen Spannungen. Sie sind relativ leicht durch Entspannung, durch ablenkende Aktivitäten, durch autogenes Training, Yogaübungen, durch körperliche Anstrengungen und vor allem durch Gespräche oder Aussprachen mit anderen Menschen zu bewältigen.

Anders liegt der Fall bei ständigen, nicht mehr kontrollierbaren Angstgefühlen, bei neurotischer Angst mit Leidensdruck. Diese krankhafte Angst ist meist nur mit Hilfe eines Psychotherapeuten, des Seelsorgers von heute, zu bewältigen.

Neun von zehn Klienten, die mich in meiner Praxis aufsuchen, kommen notgedrungen, weil sie sich krank fühlen, sie sind hergetrieben worden von ihren Symptomen. Ihr Ziel ist es, frei zu werden von den Symptomen und bei mir die Lösung, die Ablösung, die Erlösung von ihren Symptomen zu finden. Und stets stellt sich hinterher heraus, daß unser Weg richtig war, nämlich die Symptome während der Behandlung weitgehend zu ignorieren, sie nur diagnostisch als unbewußten Hilferuf körperlicher Symptomsprache zu interpretieren und letztlich daran zu arbeiten, wo die Angst steckt.

Denn die Angst hält sie fest an ihrer veralteten Identität, an nicht mehr passenden Lebenseinstellungen. Sie müssen sich lösen von überkommenen Bindungen, von falschen Werten, von Lebensmustern, die nicht oder nicht mehr ihrem Selbst entsprechen.

Es geht immer um die Ablösung, um die Auflösung, um die Erlösung. Wenn sie diese Lösung geschafft haben, verschwinden die Symptome von ganz allein. Denn die eigentliche Ursache jeder psychosomatischen oder neurotischen Krankheit ist unbewältigte **Angst**. Und das wirksamste Mittel zur Angstbewältigung ist die Kombination von Vertrauen, Liebe und Hoffnung.

Um aber vertrauen, lieben und hoffen zu können, braucht jeder zuerst eigene positive Erfahrungen, die ihm versichern, daß er Chancen hat, durch eigenes Eingreifen, durch Aktivität, durch »Etwas-Tun« seine Angst zu bewältigen. Die Genesung läßt sich mit einer Findung oder Neufindung von Harmonie beschreiben. Die schwerste Arbeit der Therapie besteht meist darin, Mut zu tanken und darauf zu vertrauen, daß die gesunden Lebenskräfte im Klienten stärker sind als die ängstigenden, zersetzenden Gefühle beim Loslassen der falschen Lebensmuster. Und mit jedem Schritt wachsen die Fähigkeiten und wächst der **Mut wie auch die Zuversicht**.

Es geht immer wieder um das gleiche: um den Mut, sich **einzulassen** auf das Neue. So webt sich der Klient einen neuen Lebensteppich und entdeckt plötzlich die von ihm kreativ erschaffenen Muster. Er entdeckt darin die Harmonie zwischen seinen seelischen Anteilen einerseits und die mit seiner Umwelt andererseits. Im immer besseren Umgang mit der Angst liegt die Chance der größtmöglichen Lebenserfüllung. Der Psychologe Fritz Riemann sagt über diese ideale Zielvorstellung: »Wenn es jemanden gäbe, der sowohl die Angst vor der Hingabe ... verarbeitet hätte und sich in liebendem Vertrauen dem Leben und den Mitmenschen öffnen könnte, der zugleich seine Individualität in freier, souveräner Weise zu leben wagte, ohne die Angst, aus schützender Geborgenheit zu fallen, der weiterhin die Angst vor der Vergänglichkeit angenommen hätte und dennoch die Strecke seines Lebens fruchtbar und sinnvoll zu gestalten vermöchte und der schließlich die Ordnungen und Gesetze unserer Welt und unseres Lebens auf sich nähme im Bewußtsein ihrer Notwendigkeiten und Unausweichlichkeiten, ohne die Angst, durch sie in seiner Freiheit zu sehr beschnitten zu werden – wenn es solch einen Menschen gäbe, wir würden ihm zweifellos die höchste Reife und Menschlichkeit zuerkennen müssen. Aber wenn wir uns dem auch nur eingeschränkt nähern können, erscheint es doch als wesentlich, überhaupt das Bild einer vollen Menschlichkeit und Reife als Zielvorstellung zu haben. Sie ist keines Menschen erdachte Ideologie, sondern eine Entsprechung der großen Ordnungen des Weltsystems auf unserer menschlichen Ebene.« (Riemann, F., Grundformen der Angst München 1979)

Wenn es gelänge, Selbsthilfepotentiale zu aktivieren, Angst gemeinsam mit anderen zu erkennen und ertragen zu lernen, also gelassener damit zu leben, wäre unsere Welt zwar nicht angstfreier, aber die Angst hätte einen Teil ihres Schreckens verloren. Das bedeutet vor allem auch, mit dem Gedanken an den Tod leben zu können, den die moderne Zivilisation so radikal aus ihrem Bewußtsein verdrängt, daß er durch tausend Hintertürchen und in den absurdesten Maskierungen wiederkommt und damit doppelt schreckt. Die Angst läßt sich nicht aus der Welt schaffen, wir können allenfalls versuchen, sie mit Gegenkräften auszubalancieren, ihr Erkenntnis, Mut, Vertrauen, Demut, Glaube, Liebe, Hoffnung entgegenzusetzen. Die Angst, auch die Angst vor dem unausweichlichen Tod, anzunehmen bedeutet, sie ertragen zu können, sie durchzustehen. Und wer sie durchsteht, wird sie letztlich auch los.

Die zweitbeste Art, mit der Angst umzugehen, ist, sie zu ignorieren. Natürlich geht das nicht so ohne weiteres. Was dabei herauskommt, wenn man versucht, sie zu verleugnen, zu überspielen oder – was am häufigsten ist – zu verdrängen, das nennt man in der Fachsprache übergreifend »Angstabwehr«. Dieses Wort hat sich seit Jahrzehnten eingebürgert, um darzustellen, daß viele Menschen Angst vor der Angst haben und dann – je nach Persönlichkeitstyp – zu verschiedenen Abwehrformen greifen.

Ich habe im folgenden die sieben häufigsten Abwehrformen dargestellt, die zum mehr oder weniger kleinen Teil vielleicht jeder von uns in sich trägt.

Sieben charakteristische Formen der Angstabwehr

Der Verdränger

Das typische Kennzeichen, worunter der Verdränger stets zu leiden hat, ist sein immenser Energieverlust. Stellen Sie sich vor, eine bestimmte Idee in Ihrem Unterbewußtsein drängt nach Verwirklichung, nach außen. Sie will Gestalt annehmen, zur Tat werden, um auch etwas bewegen zu können. Solange diese Idee nur Idee bleibt, ist sie wirkungslos. Sie wird, solange sie existiert, versuchen, auf direktem oder indirektem Weg ihr Ziel, ihre Handlung zu verfolgen. Aber diese unbewußte Idee – nehmen wir z.B. eine bestimmte Form sexuellen Kontaktes mit einem gleichgeschlechtlichen Menschen – ist bei Ihnen mit Angst besetzt. Allein der Gedanke daran macht Ihnen Angst, weil solches Verhalten in Ihrer Erziehung als »schlecht« bezeichnet wurde, in der Schule bestraft, von der Kirche verteufelt worden wäre. Als Erwachsener haben Sie vielleicht nur nebenbei bemerkt, daß Sie durch Unterlassen derartiger Handlungen richtig liegen, denn es wird gesellschaftlich abgelehnt, wäre mit Nachteilen verbunden. Und dennoch ist da diese Idee, vielleicht schon aus früher Kindheit, aber sie ist, weil damals als Trauma erlebt, heute noch mit Angst verbunden.

Allein das Speichern dieser Idee kostet **Energie**, wie eine Art Lagerhaltungskosten oder Miete. Schließlich ist eine bestimmte Region Ihres Erinnerungsvermögens, Ihres Gehirns andauernd damit belegt. Mehr Energie aber kosten die »Bewacher« der Idee und deren »Spesen«. So wird kostbare Lebensenergie dafür vergeudet, um allein schon die Bewußtwerdung einer solchen verdrängten Idee zu verhindern. Nach dem Motto »es kann nicht sein, was nicht sein darf« sind Sie sich nicht im mindesten bewußt, daß Sie da einen Knoten haben, einen Energiestau, der dem selbstanalytischen Blick Ihres Bewußtseins selbst bei der Innenschau die Sicht versperren soll.

Jetzt setzt der Wiederholungszwang ein, d.h., irgendwie und für das Bewußtsein logisch nicht erklärbar geschieht es, daß »zufällig« immer wieder einmal das Thema für Sie aktuell wird. Entweder Sie »geraten« in einen Film, in dem es »darum« geht, oder auf einer

Party werden Sie z. B. mitten in einer spotanen, eigentlich gar nicht so ernst gemeinten Diskussion darauf angesprochen, warum Sie sich denn gar so sehr darüber aufregen, daß Elke und Joana jetzt ein Liebespaar geworden sind. Hier wirken drei energiezehrende Kräfte: der unbewußte Wunsch, die Verdrängung und der Wiederholungszwang.

Wenn es oft heißt oder gar wissenschaftlich nachgewiesen wird, daß Menschen durch psychologische Arbeit an sich selbst intelligenter und attraktiver wurden, dann hat das indirekt damit zu tun, daß durch aufgelöste Verdrängungen frei gewordene Energien gleich sichtbar umgesetzt wurden in positive und ungehemmte Lebensmuster. Solche freie Energie ermöglicht es, durch Austauschen, also durch Geben und Nehmen, direkt die Lebensfreude zu vermehren. Und das sieht man einem Menschen an!

Das Chamäleon

Eine sehr verbreitete Form, die Angst vor der eigenen Selbstwerdung zu umschiffen, d.h. die Angst, ein autonomer Mensch zu werden, eine eigene Persönlichkeit zu entwickeln, ist der unbewußte Vorgang der Identifikation. Bekannt geworden ist diese verbreitete Angst der Überanpassung z. B. durch den Film »Zelig« von Woody Allen: »Wenn ich bin wie jemand, der o.k. ist, dann bin ich selbst ja auch o.k.« Diese direkte Als-ob-Haltung ist die Folge des Irrglaubens, durch das Hineinschlüpfen in eine andere Identität die eigenen Reifeschritte überspringen zu können.

Die Identifikation hat eine nicht zu überschätzende Bedeutung, denn beinahe jede personenbezogene Werbung geschieht über Identifikation mit dem gezeigten Helden: ein Mensch, der diesen Kaffee, diese Seife, dieses Auto benutzt, der ist »richtig«. Ein Mensch, der so aussieht wie in den Journalen, wie in »Dallas« oder »Denver«, im »Traumschiff« oder in der »Schwarzwaldklinik«, der ist richtig. Das mache ich einfach nach, sagt das Unbewußte eines Menschen, wenn es sonst keine persönlichen Erfahrungen bekommt, an denen es sich orientieren könnte.

Die wohl verbreitetste Identifikation ist die mit dem gleichgeschlechtlichen Elternteil. Einfach so zu sein, wie schon jemand ist, scheint auf den ersten Blick genial zu sein. Aber es ist zu einfach, zu glatt. Es kann nicht gutgehen, solange die für jeden Menschen einmaligen Besonderheiten nicht angemessen berücksichtigt werden. Am deutlichsten zeigt sich das später in der Mann-Frau-Beziehung. Wie sie selbst miteinander umgehen oder wie sie die Form ihres Zusammenlebens nach außen hin der Gesellschaft gegenüber dokumentieren, sei es über Zusammenleben, Heirat oder Scheidung, stets müssen sie selbst herausfinden, was ihnen liegt, was zu ihnen paßt.

Der Projektor

Es ist eigentlich sehr einfach: Was ich an mir selbst als schlecht empfinde und nicht annehmen will, das bekämpfe ich bei einem anderen, wenn ich es dort entdecke. Christus nannte es den Splitter im Auge des anderen, den der aus Angst projizierende Mensch wichtiger findet als den Balken im eigenen Auge. Allein die Vorstellung, einen Balken im eigenen Auge zu haben, sagt mehr als jede psychologische Formel, daß die Angst vor dieser Realität mehr als verständlich, geradezu besonders menschlich erscheint.

Der Volksmund sagt, man soll erst vor der eigenen Türe kehren. Doch das Spiel mit der Sündenbock-Strategie blüht nach wie vor. Der andere war es, der, der nach Bösem aussieht, dem man das alles schon durch sein sonstiges Verhalten zutrauen könnte. Ganz einfach: Ein Verbrechen, ein Mord oder ein Einbruch, also ein aus der Norm fallendes Verhalten, paßt am ehesten zu einem, der sonst auch aus der Norm fällt. Der Zigeuner, Neger, der Langhaarige oder der Verrückte, der Sonderling oder der Schwule. Der war's.

In der psychotherapeutischen Arbeit, bei der er Einsicht in sein unbewußtes Seelenleben bekommt, entdeckt der Projektor plötzlich all die negativen Rollen in sich selbst. Aus Angst vor dem Über-Ich, vor allem aus Angst vor Kritik durch die Eltern, die Lehrer, die Gesellschaft, durch die anderen schlechthin, werden »verbotene« Wünsche regelmäßig auf andere gelenkt und dort bekämpft. Ich kenne Menschen mit so starken Problemen der Art, daß sie regelrecht nach Opfern suchen, um ihre innere Spannung loszuwerden, um sozusagen von sich selbst ablenken zu können. Die Bereitschaft zum »Sich-Ärgern«, »Sich-Aufregen« über jemanden – übrigens alles aktive Eigenleistungen – führt in den meisten Fällen tatsächlich dazu, mit geschärftem Blick für erwartete Mißstände diese auch zu entdecken. Die selektive Wahrnehmung funktioniert in neurotischen Fällen offenbar besonders gut. Da gibt es Menschen, der Volksmund würde sie als spießige Nörgler bezeichnen, die tatsächlich ihren Feierabend damit verbringen, sich mit einem Kissen aus dem Fenster gelehnt möglichst viel zu ärgern. Die einzige Regel dieses selten langweiligen Spiels lautet: Versuche in möglichst kurzer Zeit möglichst viele von Mitmenschen verursachte Mißstände zu entdecken, adrenalinsteigernd als Unverschämtheit zu bewerten und im Zusammenhang mit dem ersichtlichen Sitten- und Kulturverfall zu kommentieren. Eine unendliche Beschäftigungsmöglichkeit.

Die positive Seite der Projektion zeigt sich vor allem in der Verherrlichung eines Stars. Anders als beim Spießer, der Angst davor hat, seine objektiv legitimen Genußbereiche auszuleben, der sich selbst unterdrückt und dafür den ungehemmten Genießer verteufelt, projiziert der Fan seine objektiv unerfüllbaren Wünsche auf den Star: das große Auto, die Jacht in der Südsee, das Appartement in Manhattan, die Farm in Kalifornien. Das alles wird dem Star zugestanden, weil er das Märchen vom Übermenschen vorleben soll: er steht auf der Bühne erhöht, die Verstärkeranlage gibt ihm riesenhafte Stimmgewalt, das Playback ermöglicht es ihm, trotz stimmlicher Kraftanstrengung auch noch zu springen und zu tanzen, in den Video-Clips kann er auch noch Action-Held sein. Er lebt meinen Größenwahn sichtbar aus. Danke, Star! Ob Westernheld oder Astronaut, Fußballprofi oder Rockstar. Meine Angst, eventuell nicht genug zu sein, wird beschwichtigt. Denn »mein Verein hat gewonnen«, »mein Idol ist in«, »mein Held hat gesiegt«. Eine zeitgemäße Form, selbst Erfolgserlebnisse zu delegieren.

Der Unglaubwürdige

Sie haben sie auch in Ihrem Bekanntenkreis: die alles Verstehenden, die alles Verzeihenden, die Liebenden und Hilfsbereiten, mit denen es irgendwie seltsamerweise nie Streit gibt; die auch keinen Anlaß geben, jemals auf sie böse zu sein. Vorsicht bei einem solchen Menschen; sofern er kein Engel ist, kann es sich um einen extremen Selbstverleugner nach dem Muster handeln, das Freud Reaktionsbildung genannt hat: aus Angst vor einem bestimmten Verhalten tut man unbewußt schnell das Gegenteil. Befürchte ich, nicht ernst genommen zu werden, wenn mir ein etwas zu süßlich geratenes Bild gefällt, werde ich es schnell als kitschig bezeichnen und ablehnen. Befürchte ich, als sentimental gelten zu können, werde ich mich überdeutlich cool geben. Damit sind alle Zweifel ausgeräumt, bis ich selbst an das aufgesetzte Bild glaube. Insbesondere bei Jugendlichen sind die Unglaubwürdigen besonders häufig vertreten: aus Angst vor Schwäche wird halbstarkes Benehmen, aus Angst vor Unweiblichkeit Überbetonung weiblicher Werte. Ich möchte darauf hinweisen, daß die Angstunterdrückung, die der Unglaubwürdige verfolgt, selbst noch nichts mit pathogenem oder neurotischem Verhalten zu tun hat. Es ist lediglich ein Zeichen von Unreife und damit sehr menschlich.

Für den Psychologen ist der Unglaubwürdige ziemlich leicht durchschaubar. Jede unangemessen heftige Reaktion fällt potentiell in diese Kategorie. In der Gruppentherapie wird es auch dem Betroffenen selbst direkt deutlich, wenn er seine eigene Reaktion mit denen der anderen vergleichen kann.

Aber letztlich macht sich der Unglaubwürdige das Leben selbst schwer, weil er sich durch sein Verhalten immer tiefer in Reaktionsbildungen eingräbt, anstatt durch Lernen aus Erfahrung zu einem echten Verhalten zu gelangen. So klagte mir ein Patient, daß er die Welt nicht mehr verstehe, d.h., er würde dauernd mißverstanden, obwohl er sich doch so sehr bemühe, Kontakte zu finden und Bekanntschaften zu schließen. Insbesondere bei dem Versuch, »eine Freundin zu finden«, würde er immer wieder feststellen, daß die Frauen offenbar wenig Interesse an ihm hätten. Denn entweder »gerate er irgendwie immer an die falsche« oder aber man nehme ihn nicht so recht ernst. Das war sein Dilemma: Sein Programm lautete, bloß keine Schwäche zu zeigen, für alles Verständnis zu haben, Geduld und Ausdauer zu beweisen, eben kein manipulierbarer, drängender, fordernder Durchschnittsmann zu sein. So machte er bei dem einen Typ von Frauen den Eindruck, er sei der ideale, abgeklärte und belastbare Felsen-Mann, der alles verstehe und verzeihe. Natürlich hielt er das nicht durch, weil ein Mensch nicht so unrealistisch, unmenschlich und einseitig sein kann; zusätzlich kam er nicht auf seine Kosten, d.h., er hatte überhaupt nichts davon, den

Heiligen zu spielen, außer einer Menge an Energieverlust: schauspielerische Höchstleistung ohne Gage. Der andere Frauentyp, an den er geriet, blickte mehr durch und glaubte ihm die Maske nicht. Die Frauen vermuteten immer mehr »im Busch«. Wenn er sich schon so anstrengt, schön zu tun und gut anzukommen, dann wird wohl mit seiner Potenz irgendwas nicht stimmen, sagte ihm eine Frau in der Gruppe, und in derselben Sitzung ist bei ihm ein Knoten aufgegangen. Auch wenn es noch eine Weile dauerte, bis er sich traute, er selbst zu sein. In dieser Hinsicht war er ein totaler Anfänger und mußte gerade im Verhalten gegenüber Frauen bei Null anfangen, wenn er Erfahrungen als derjenige machen wollte, der er eigentlich war. Was ihm hierbei sehr geholfen hat, war das psychodramatische Rollenspiel, wo er – weil ja alles Spiel war und er von möglichen Sanktionen befreit – die Angst zu durchleben übte, die aufkam, wenn er sich einfach so verhielt, wie er sich fühlte. Nicht mehr nett, wenn er eigentlich wütend war, nicht mehr geduldig, wenn er Ungeduld verspürte, nicht mehr total verständnisvoll, wenn ihn sein Gegenüber aggressiv machte. Ab und zu war er gerade nach sehr intensiven und für ihn harten Spielszenen regelrecht »von Herzen glücklich«, wie er sagte, »daß man das darf und damit auch noch ernst genommen wird, ernster genommen wird, als ich es je erlebt hatte«. Diese Erfahrungen, die er machte, als er er selbst war, stärkten ihn so sehr, daß er nicht nur die Courage entwickelte, sein ganzes Leben zu verändern, sondern geradezu Lust darauf bekam, in immer mehr realen Situationen auszuprobieren, was passiert, wenn er nicht mehr nur reagiert, sondern die jeweilige Situation durch offensives Handeln selbst in die Hand nimmt. Seine Bekannten kannten ihn nicht wieder, und einige wandten sich auch deutlich von ihm ab, weil er ihnen zu anstrengend geworden war. Aber es fiel ihm leicht, neue, passendere Kontakte zu schaffen und sich bald einen »ehrlichen Freundeskreis«, wie er es nannte, aufzubauen, in dem er er selbst war und von den anderen – wie nicht anders zu erwarten – als er selbst angenommen und gemocht wurde.

Unter den Frauen kann er jetzt wählen, da ihn viele interessant finden.

Der Logiker

»Man muß das einmal logisch sehen!« Kennen Sie diesen Satz, wenn ein Mann versucht, über die Probleme mit seiner Ehefrau zu sprechen? Zum Leben gehören Paradoxien und gefühlsmäßige Reaktionen, Sprünge im Entwicklungsverlauf und spontane Entscheidungen: das alles sind Kennzeichen der Flexibilität einer gesunden Persönlichkeit. Sicher ist es notwendig, seinen Lebensplan bewußt und logisch aufzubauen und zu realisieren. Sicher wird ein Mensch erfolgreicher, gesünder und glücklicher leben, wenn er die Folgen seines Handelns gedanklich vorwegnimmt und weiß, was er tut. Beim Logiker, den ich hier als einen Typ des Abwehrspezialisten beschreiben will, handelt es sich auch nicht um den eher denkorientierten Menschen, der vor allem vernunftgesteuert lebt. Der Logiker aus Angstabwehr ist der Typ Mensch, der sein unbewußt angstverminderndes Verhalten nachträglich als besonders gut rechtfertigt. »Logisch« ist die Form der Realitätsverzerrung, für die der Volksmund das Wort »Sich-in-die-eigene-Tasche-Lügen« benutzt. Wenn sie sagt, es sei gesünder, zu Fuß zu gehen, weil sie sich eigentlich gerade kein Auto leisten kann. Wenn er sagt, das Rauchen sei kreislaufanregend und würde seine Konzentrationsfähigkeit bei der Arbeit steigern, weil er sich nicht zutraut, es aufzugeben.

Eine junge Frau in meiner Praxis behauptete immer wieder, daß sie sehr viel Freude daran habe, jedes Wochenende ihre Eltern in einer Kleinstadt zu besuchen. Da wisse sie, wo sie hingehöre, da habe sie das Gefühl, ihren Eltern etwas geben zu können, und außerdem sei es praktisch, denn dort stehe nicht nur die Waschmaschine, dort gebe es nicht nur das phantastische Essen ihrer Mutter, dort stehe auch ihr Klavier, für das sie hier in ihrer Stadtwohnung keine Möglichkeit habe. Sie merkte erst Schritt für Schritt, daß sie damit der Angst vor Männern auswich. Erst ein offenes Gespräch mit ihrer Mutter und dann mit beiden Eltern ließ sie begreifen, daß sowohl ihre Mutter als auch ihr Vater eigentlich wollten, daß sie wirklich glücklich würde, und zwar mit einer eigenen Familie. Sozusagen mit Hilfe dieser Gespräche aus der Pflicht entlassen, war es ihr einfacher, gegen ihre eigenen Ängste vor einem eigenständigen Leben anzugehen. Es war eine harte Phase in ihrem Leben, als ich ihr über Traumdeutungen und Fehlleistungen immer deutlicher interpretieren konnte, was sie unbewußt eigentlich wollte. Nachdem sie eines Tages selbst ausgesprochen hatte, was sie verfolgte, erinnerte ich sie einfach immer wieder an ihre eigenen Ziele und war sozusagen der externe Disziplinüberwacher, der strenge Kontrolleur zur Einhaltung ihrer Zielsetzungen. Am Nachtkästchen stellte sie sich einen Zettel mit dem Spruch auf: »Es ist egal, ob es besser ist, denn ich darf, was ich will!«

Als sie ihren eigenen Stil gefunden hatte, entfaltete sie eine tiefe Liebesfähigkeit zu einem Mann, mit dem sie jetzt zusammenlebt. Gelegentliche Besuche bei ihren Eltern sind jetzt weder Pflicht noch Opfer, sondern Freude am Geben aus Überschuß an Lebensfreude.

Der Infantile

»Liebes Mäuselein, schau, jetzt hast du schon wieder einen Kratzer in meinen Kotflügel gefahren. Tu doch bitte ein bißchen aufpassen, sonst muß dein Schnubbel aber wirklich einmal schimpfen mit dir. Weißt du, das kostet doch alles Geld!« – »Ach, Schnubbel, jetzt sei doch nicht so, das ist doch nur ein bißchen Blech. Ich hab' dich doch so lieb, jetzt sei doch nicht gleich wieder böse mit mir. Oder hast du mich überhaupt nicht mehr lieb?«

Eine ganz normale Gesprächssituation zwischen zwei Menschen, die aus Unreife heraus nicht zwischen sachlicher Kritik und Gefühlsbeziehung differenzieren können. Normalerweise ist es ein Kennzeichen von Verliebtsein, sich einer infantilen Sprechweise zu bedienen. Die Ursache dafür liegt meist in der Tatsache, daß beide ihren emotionalen Seelenanteil unzureichend entwickelt haben, sozusagen offiziell schon erwachsen, aber gefühlsmäßig noch Kinder sind. Diese infantilen Kommunikationsmuster, für beide infantile Partner ein bindendes Kennzeichen ihrer exklusiven Intimität, besitzen natürlich eine Menge Vorteile, sonst würden sie wahrscheinlich nicht so weit verbreitet sein. Wenn ich »Guten Morgen, Schatzi Putzi« am Frühstückstisch sage, so vermittle ich Zärtlichkeitsbezeugungen, erinnere an intimere Situationen, in denen ich vor Innigkeit und Verschmelzungsgefühl gar nicht genau wußte, was ich sage, und ich unterstreiche, daß ich es ja liebevoll meine, also beuge ich einem möglichen kritischen Ansinnen mit damit verbundenen möglichen Konflikten vor: wo es keine ernst zu nehmenden Partner gibt, kann es keine ernst zu nehmenden Meinungsverschiedenheiten geben. Die Angst vor Abgrenzung und damit verbundener Konfrontation, Kritik und Kontrasterleben ist gebannt. »Ich bin klein, mein Herz ist rein.« So bin ich gefeit vor möglichen Realitätserfahrungen, die sich an mich als erwachsenen, reifen Menschen adressieren könnten. Da schlüpfe ich doch lieber in die Rolle des Kleinen, der, weil noch unschuldig, nicht ernst genommen und damit nicht gefordert wird.

Diese Form der Angstvermeidung durch Flucht in unreife Stadien wird Regression genannt. Das Spektrum neurotischer Fluchtversuche aus der ängstigenden Wirklichkeit ist voll von Regressionen: Da ist die krankhaft Dicke, die sich lieber durch Essen auf der frühkindlichen oralen Stufe befriedigt, als erwachsenen Sex zu betreiben. Da ist der Impotente, der erst nach einer Video-Demonstration seiner eigenen Erzählung glaubt, daß er immer dann, wenn er von seiner Beziehung zu Frauen spricht, mit seiner Stimmlage eine halbe Stufe höher, so kindhaft sprechend wie ein verängstigter Eunuch wirkt. Da ist die Magersüchtige, die kurz nach dem Auftreten ihrer allerersten Periode zu essen aufhört, womit auch der Zyklus aufhört, sich ihre Brüste zurückbilden und das einstige Neutrum wiederhergestellt ist. Im Extremfall kann sie so weit abnehmen, bis sie wie ein Baby auf Flaschennahrung angewiesen ist, weil der Körper keine feste Nahrung mehr annimmt.

Alles Fälle von Angst vor dem »Groß-Sein«.

Der Vermeider

Die Angst vor einer harmlosen Sache kann ein Leben lang kultiviert werden, wenn man nur fest aufpaßt, daß man keine gegenteiligen Erfahrungen macht. So wird die Angst zum geliebten Symptom, zum Charakteristikum, zum dauerhaften Pfeiler der eigenen Identität. »Wer bin ich?« – »Ich bin die mit der Angst vor...« So mag beispielsweise eine Frau als Kind Angst vor dem dunklen Keller oder vor Dunkelheit schlechthin entwickelt haben. Viele Kinder leiden unter diesen Ängsten. Wenn die Frau jetzt ein Leben lang bei Licht schläft und den Keller meidet, so wird sie die Angst vielleicht lebenslänglich beibehalten können. Erst wenn sie z. B. einen Partner trifft, der gerne mit ihr im gleichen Zimmer, aber in Dunkelheit schläft, wenn ihr klar wird, daß Angst vor Dunkelheit, für die anderen unverständlich, offenbar nur für sie ein Problem darstellt, wird sie darüber nachdenken. Als bei einer Klientin das Nachdenken allein nichts änderte, wandte sie sich an mich. Schon in der ersten Stunde wurde ihr zum ersten Mal in ihrem Leben deutlich, daß sie jede Situation, die für sie mit dem Gefühl der Angst vor Dunkelheit verbunden war, systematisch vermieden hatte.

Vermeiden ist das Gegenteil von Erleben. Heißt doch die klassische Formel zur Verarbeitung von Traumata oder anderen seelisch erschütternden Erlebnissen: positive emotionale Neuerfahrungen sammeln. Wenn ich z. B. den Keller als Lagerraum für meine Sportgeräte und meine Hobby-Werkzeuge erlebe, werde ich das Erlebnis Keller mit diesen positiven Lebensbegleitern assoziieren. Erst also wenn ich mich emotionalen Neuerfahrungen positiver Art stelle und sie bewußt erlebe, wenn ich also den Gang in den Keller mit dem Hervorholen meines Tennisschlägers verknüpft habe, erst dann wird die Angst vor dem Keller schrittweise ganz verschwinden.

Zum Abwehrtyp des Vermeiders gehören eine ganze Reihe von Charakteren, so z. B. der Spießer, der mehr vom Vorurteil als vom Urteil hält; der Ignorant, der nicht einmal wissen will, worüber er sich ein Vorurteil bilden müßte; der Angsthase, der sich überhaupt nichts zutraut; der ewige Junggeselle, der sich lieber nicht einläßt; die Nymphomanin, die vor der Erfahrung länger währender, intimer Innigkeit flieht; eben Menschen mit Lebensmustern, die aus einseitiger Beschränkung die anderen Seiten des Lebens ausblenden.

In einer Beziehung ist ein Vermeider ein besonders anstrengender Partner, weil letztlich die Bande zwischen zwei Menschen am besten durch gemeinsam bewegende Erfahrungen gefestigt werden. Ein Vermeider aber frönt mehr der Passivität als dem Abenteuer, mehr dem Unterlassen als dem Über-die-Stränge-Schlagen.

Gesundheit und Autonomie als »neue Werte«?

Mein Ziel besteht nicht darin, **Angstabwehr** zu propagieren und darin die Lösung zu sehen. Angstabwehr ist lediglich die zweitbeste Form, mit der Angst umzugehen. Der bessere Weg ist aber die

Bewältigung, also die Erfahrung zu machen: Ich bin stärker als die Angst. Beherrscht sie mich, oder kann ich mit ihr umgehen? Das ist der große, der entscheidende Unterschied!

Aber wie gelangt man dahin, stärker zu werden, sicherer und damit angstfreier? Faßt man die vielfältigen philosophischen und psychologischen Strategien zusammen, die bis heute erforscht wurden, so kommt man zu folgendem Fazit: »Seelenfrieden«, der Zustand ohne Angst, die man nicht bewältigen könnte, ist die Belohnung für ein Leben aus der goldenen Mitte heraus, ein Leben in **ganzheitlicher Gesundheit und Autonomie**. Wer für sich die Harmonie aus Körper, Geist und Seele gefunden hat, kann ruhig schlafen, weil er gefeit ist vor dem Schlimmsten: der Angst vor der Angst! Doch das geht nur über den Weg, bereit zu werden, die Verantwortung für sein ganzheitlich gesundes Leben selbst in die Hand zu nehmen und den Mut zu einem autonomen Leben aufzubringen.

Auf der Suche nach Lösungen

Selbstverantwortlich leben heißt bewußt leben.

Bewußt leben setzt voraus, die Augen zu öffnen und bereit zu sein, die Welt so zu sehen, wie sie ist. Vor der Gefahr, sich dem Anblick der Schattenseiten zu verschließen und dadurch ständig dem Risiko von unangenehmen Überraschungen ausgesetzt zu sein, warnte bereits der römische Kaiser Marc Aurel vor über 1800 Jahren mit den Worten: »Ein gesundes Auge muß alles sehen, was sichtbar ist, und darf nicht sagen: ›Ich will nur das Grüne!‹, denn das ist Kennzeichen eines Augenkranken!«

Ich muß mich lösen von der Vorstellung, die Welt sei so, wie sie mir von der Schule und der Kirche, von den Eltern, der Gesellschaft, den Politikern, dem Fernsehen, der Presse vermittelt wurde. **Ich kann mich nur auf meine Erfahrungen verlassen.** Das bedeutet: Loslösung von alten Erwartungen, Abschiednehmen. Das zentrale Grundproblem vieler Leidzustände, Partnerprobleme, ja bis zu Selbsttötungen ist unsere Unfähigkeit, Abschied zu nehmen. Ist die Verdrängung des Todes vergleichbar mit unserer Unfähigkeit, Trennungen und Scheidungen, Veränderungen und Abschiede zu akzeptieren und als Entwicklungsschritte zu würdigen? Eines steht fest:

Wir sind im Abschiednehmen nicht geübt. Doch womit kann man anfangen? Mit dem Sich-Loslösen! Wovon muß ich mich lösen?

1. Ich muß mich lösen von der Erwartung, der andere sei so wie ich.
2. Ich muß mich lösen von logischer Erwartungshaltung und mich anfreunden mit dem paradoxen Verhalten der Menschen. Denn es ist eine Illusion zu glauben, der andere verhalte sich logisch erwartungsgemäß.
3. Ich muß mich lösen von der unrealistischen Hoffnung, daß auf der Welt jemand lebt, der altruistisch für mich sorgt, wie ich es einst von meinen Eltern erfahren habe. Jede Freundschaft, Kameradschaft oder Partnerschaft ist letztlich ein Tauschgeschäft.
4. Ich muß mich lösen von der Angst, allein käme ich nicht zurecht, ich bräuchte jemanden, ohne den ich nicht leben kann. Diese Angst gehört zweifellos in den Bereich der Illusionen, denn auf einer Erde mit vier Milliarden Menschen kann ich gar nicht allein oder einsam sein.
5. Ich muß mich lösen von der Vorstellung, nach vorgegebenen Mustern zu leben, denn das Leben ist für jeden individuell und kann deshalb nicht nach vorgestanzten Mustern, starren Normen und festgefahrenen Regeln gelebt werden.

»Ein großer Teil der Übel, unter denen die Menschen leiden, sind nach meinen Erkenntnissen eine Folge davon, daß hinter jedem Gesellschaftsentwurf – bewußt oder unbewußt – so etwas steckt wie die Vorstellung von einem grundlegenden Rezept, mit dem sich alle Probleme dieser Welt und die Anlässe für Angst und Elend der Menschheit abschaffen oder lösen ließen. Ich glaube aber, daß wir uns davor hüten sollten, die Möglichkeit ins Kalkül zu ziehen, daß sich durch rationale Einsicht, durch rational entworfene Planung menschliches Elend und Leid beseitigen ließen. Dazu nämlich reicht unsere Ratio nicht aus. Es ist eine Illusion anzunehmen, daß das Leid, das es auf unserer Erde unbezweifelbar gibt, die Folge davon ist, daß der Mensch über die Möglichkeit zu seiner Lösung oder Beseitigung noch nicht genügend nachgedacht habe. Von dieser Illusion gilt es endgültig Abschied zu nehmen.« (Hoimar von Ditfurth, Ärztezeitung 1. 10. 1984)

Seit etwa 4000 Jahren gibt uns die Sphinx das Rätsel auf, was sie durch ihre Gestalt dem Menschen eigentlich sagen möchte. Am verbreitetsten ist sicher die Deutung, daß sie durch ihre persönliche Kombination aus Menschenkopf und Löwenkörper den Betrachter provozieren will, sich mit der Tatsache anzufreunden, daß er sowohl Tier als auch Mensch in seiner Seele beherberge. Eine andere Deutung besagt: »Das Ganze ist also ein Symbol der Wiederauferstehung oder des sonnengleichen Zyklus von Geburt, Tod und Wiedergeburt des Menschen.« (John Ivinny: The Sphinx and the Megaliths. New York 1975) Diese Deutungsidee hat z.B. der Baseler Sphinx-Verlag aufgegriffen und zu einem pointierten Motto für sein Buchprogramm verschmolzen, wenn er schreibt: »Von alten Traditionen über das Hier und Jetzt zu neuen Dimensionen.« Da ist alles drin, die Schätze der Vergangenheit, das Potential Gegenwart und die Hoffnung auf die Zukunft. Natürlich müssen Traditionen alt sein; wir werden nicht in einem Nullzustand geboren, sondern müssen oder dürfen alte Konzepte weiterentwickeln; natürlich werden die Dimensionen, die es in der Zukunft zu erreichen gilt, neu sein; und natürlich können wir uns nur an der Gegenwart orientieren, denn eigentlich ist nur das Hier und Jetzt real erfahrbar, also wirksam als Veränderungskraft und damit für unsere Persönlichkeitsentwicklung von Bedeutung.

Gefährlich ist es, wenn man den Menschen zu sehr darauf hinweist, daß er den Tieren gleicht, ohne ihm zugleich seine Größe vor Augen zu führen. Noch gefährlicher ist, wenn man ihm seine Größe oder seine Niedrigkeit vor Augen führt. Am gefährlichsten ist es, ihn in Unkenntnis über beides zu lassen. Aber sehr nützlich ist, ihm das eine und das andere darzustellen. (Blaise Pascal, Gedanken Stuttgart 1979)

Stufen der Orientierung: Vom Sollen zum Wollen

Einem Lebewesen auf der Entwicklungsstufe eines Tieres sagen die körperlichen Instinkte, was es tun **muß**.

Einem Lebewesen auf der Stufe eines außengeleiteten Menschen sagen kulturelle Traditionen und tradierte Werte, was er tun **soll**.

Einem reifen, erwachsenen, gesunden Menschen stehen sowohl Instinkte als auch kulturelle Traditionen sowie tradierte Werte als Orientierungsmaßstab zur Verfügung. Letztlich maßgebend ist jedoch seine innere Stimme, die aus der Mitte kommt, die Synthese aus dem Spektrum seiner persönlichen Bedürfnisse: Er wird machen, was er **will**.

Die Angst ist, wie wir gesehen haben, auch eine Kraft, die warnt und die Sinne schärft und die zum Überleben offenbar eindeutig notwendig ist. Doch Leben ist verbunden mit einer Bewegung »pro«, also hin zu Positivem, Aufgeschlossenheit, Interesse und Neugierde, Wachsen, Tasten, Ergreifen bis zum Stürmisch-drängenden. Angst dagegen bedeutet Stillstand, Ruhigsein, Blockierung, Hemmung. Je mehr seelische Energie ich zur Verfügung habe, um so rascher und erfolgreicher kann ich Angstquellen besiegen, Angstursachen beseitigen. Je mehr seelische Energie ich zur Verfügung habe, um so öfter bin ich fähig zu positivem Austausch jeglicher Art.

Eigene Schritte zur ganzheitlichen Gesundheit und Autonomie

Seit mehr als 2000 Jahren ist bekannt, daß Gesundheit und Wohlbefinden eng miteinander korrespondieren, das heißt für uns, wir müssen zu einem ganzheitlichen Gesundheitsverständnis kommen. Und zu einer natürlichen Körper-Geist-Seele-Harmonie gehören neben bewußter Ernährung, Bewegung und dem Wissen um die physiologischen Zusammenhänge vor allem die richtige seelische Lebenseinstellung mit wieder mehr Freude und Humor, denn sie fördert den humoralen Haushalt der Körpersäfte (humoral = lat. die Körpersäfte betreffend). Insbesondere die Konfrontation mit Streß fordert dazu auf, den **gefährlichen Distreß** in den **förderlichen Eustreß** umzuwandeln, also beispielsweise durch gezielte Planung Über-, aber auch Unterforderung zu verringern und zu mehr Entfaltung in der Arbeit und mehr Genußerleben in der Freizeit zu gelangen (Lernziel: Streß-Management). Unvermeidbarer Distreß ist dann weniger gefährlich, wenn er auch tatsächlich zu einem Erfolgserlebnis führt, das dann bewußt als solches angenommen werden muß (Lernziel: Selbst-Akzeptanz).

Ein erster Schritt zu einer ganzheitlichen Gesundheit kann sein, die zwischenmenschlichen Kontakte zu erhöhen und die Form der Kommunikation miteinander zu verbessern.

Der Trend der neuen Werte

> The time is mine – meine Zeit gehört mir

Time is money – eine Formel, die knapp und klar für jedes Kind verständlich macht, worum es geht. Zeitökonomie lohnt sich, Rationalisierung beginnt bei der optimalen Zeitersparnis. Und so ließen sich ganze Generationen von Angestellten und Managern vom Zeitdruck ihrer Terminkalender durchs Leben katapultieren. Keine Zeit zu haben galt als schick. Dann war man wichtig, gefragt, offenbar etwas Besonderes, wertvoll.

Seit einiger Zeit kippt diese einseitige Ausrichtung.

Die einen sind nicht mehr motivierbar durch Geld, weil sie bereits alles haben. Die anderen wollen nicht so enden wie viele, am Herzinfarkt oder als Frührentner, mit Bypass, Herzschrittmacher oder Dauermedikation. Sie wollen leben. Sie wollen den Tauschwert für ihre Leistung erleben, und zwar in Form von Genuß. Einer der neuen Trends heißt: Geld ist Freiheit.

Wir erleben heute einen Übergang vom statischen zum dynamischen Lebensstil. Man lernt nicht mehr nur einen einzigen Beruf, der ein Leben lang ausgeübt wird, bleibt nicht an einem einzigen Ort mit einem einzigen Ehepartner, hat nicht ein Leben lang eine Meinung. Veränderungen sind verbreitet, normal, legitim geworden. Ganz stetig strebt der dynamische Mensch von heute – ich meine nicht den dynamischen Aufsteiger oder Jungunternehmer mit Stromlinienprofil, sondern den wandlungs- und wachstumsfähigen »neuen Menschen« – nach einer »begehrenswerten Lebensrolle«.

Kennzeichen dieser Rolle sind Werte, die mehr mit der Persönlichkeit und mit der Lebensqualität des neuen Menschen zu tun haben: ein deutlicher Trend weg von den Haben-Werten und hin zu den Sein-Werten. Die Tun-Werte wären die nächste Stufe. Dann ist die Synthese erreicht, durch das **Haben** (ein Haus mit Garten, ein Auto und eine Kreditkarte mit dazugehörigem gedeckten Konto) das **Sein** zu kultivieren (das Leben heiter und gelassen zu genießen) und durch sinnvolles **Tun** (einander begegnen, Projekte realisieren, seinen Garten gestalten) seine einmaligen Talente zu entfalten, seine Ressourcen zu nutzen und sich im Tun und Lassen zu üben, in dieser Welt etwas zu bewegen.

2. Wege zur Autonomie

Die sieben Bereiche des ganzheitlichen Lebens

> »Wer sich selbst versteht, kennt das Universum.« (Upanischaden)

Gesundheit, **Erfolg** und **Liebesfähigkeit** sind die Früchte eines harmonischen Lebens, das aus der Mitte des Menschen heraus gelebt wird. Ein in sich ruhender Mensch erlebt das, wonach heute so viele streben: Seelenfrieden!

Frieden, im Hebräischen »shalom«, bedeutet: **Ganzheit**. Ich erlebe denjenigen Menschen als ganz, der sowohl **seine innere Harmonie** aus den Strebungen des **Erkennens, Fühlens, Wollens und Handelns** erreicht hat als auch fähig ist zum **Austausch mit der Welt, der Gesellschaft**, der **Natur** und dem **Partner**.

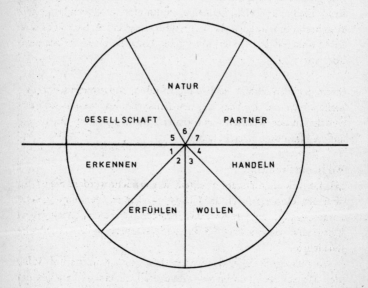

Harmonie ist genauso wie Austausch keine starre Angelegenheit, sondern eine Art **dynamische Balance**, die sich aus dem Zusammenwirken aller dazugehörigen Kräfte selbst reguliert, wenn man nur **tut**, was man **tun muß**, und **läßt**, was man **lassen kann** (ich meine zulassen und loslassen). Um diese Autonomie zu erlangen, müssen die in den folgenden Kapiteln beschriebenen **sieben** Bereiche des ganzheitlichen Lebens **erkannt** und **angenommen** werden.

> »Gesundheit ist ein Zustand völligen physischen, psychischen und sozialen Wohlbefindens.« (Weltgesundheitsorganisation WHO)

Erkennen

Was bedeutet ganzheitlich?

Auf den nächsten Seiten möchte ich darstellen, daß sich ein gesundes, reifes, also ganzheitliches Leben nur verwirklichen läßt, wenn jeweils auch die polare Gegenseite zu einer Eigenschaft nicht verdrängt, sondern zugelassen und akzeptiert wird. Eigentlich gibt es keine Liebe ohne Haß, keine Zuwendung ohne Abwendung, kein Begehren ohne Fliehen, keine Freude ohne Leiden. So wie es kein Licht ohne Schatten, kein Meer ohne Land und kein Leben ohne Tod gibt.

Strebe ich also einfach nach Wohlbefinden, und empfinde ich es – ziehe ich einmal das Fazit aus den **Analysen des Wissens** und den **Synthesen der Weisheit** – automatisch dann, wenn ich innere und äußere Harmonie erreicht habe?

Wo ist das Problem?
Harmonie kann nicht auf direktem Weg erreicht werden! Sie ist nur über den Umweg durch das Chaos zu erlangen. Versöhnung setzt vorausgegangenen Streit voraus, Frieden ist die Zeit nach einem Krieg oder, wie Friedrich Schiller vor 200 Jahren an der Universität Jena lehrte:

»Aus einem Paradies der Unwissenheit und Knechtschaft sollte (der Mensch sich) durch den Sündenfall zu einem Paradies der Erkenntnis und der Freiheit hinaufarbeiten.« Das erinnert an den

Satz Jesu, nur der steinige Weg führe zur Erlösung, und an sein Gleichnis vom verirrten Schaf: »Ich sage euch: Genauso ist im Himmel Freude über einen einzigen Sünder, der sich bekehrt, gegenüber 99 Gerechten, die eine Bekehrung nicht für nötig halten.«

Das Lebensziel heißt also nicht, einseitig nur nach Sicherheit und Beständigkeit zu streben, sondern im Gegenteil auch, den Mut aufzubringen, vorwärts zu gehen und ein Leben lang zu lernen und zu reifen. Der Mensch reift aber nur, wenn er leidet, wächst, wenn er spürbare Erfahrungen macht. Oder wie der Philosoph Herbert Fritsche es formulierte: »Der Mensch ist der grundsätzlich ins Wagnis Entsandte. Scheitern schadet ihm weniger als vermeintliches Abgesichertsein. Gott will nicht Sucher metaphysischer Notausgänge sein, sondern Vollender des Menschseins vom Sinnlichen bis zum Übersinnlichen.«

So wie ein Jugendlicher sich aus dem Status des Kindseins herausemanzipiert und durch die Welt trampt, so passen genau diese Dinge 20 Jahre später nicht mehr zu ihm. Der Charme des jugendlichen Trampers wäre zur traurigen Figur des alten Tramp geworden. Denn wenn er erwachsen ist, geht es wieder darum, eine neue passende Stufe auszuloten.

Einer der neuen Denker, der mithalf, das Thema Bewußtseinsevolution mehr in den Mittelpunkt der Diskussion zu stellen, Erich Jantsch, hat es so formuliert: »Evolution beruht auf Ungleichgewicht, Imperfektion und Risikofreudigkeit... Das hat eben wenig damit zu tun, daß man sich anpaßt, ... daß man eine unkündbare Stellung erreicht hat und schließlich zum Direktor oder Hofrat ernannt wurde. Sondern es hat etwas damit zu tun, daß man in das dynamische Leben der Menschheit, man kann auch sagen: in die Speichen der Evolution eingegriffen und ihnen einen neuen Drall gegeben hat. Das war dann ein erfülltes Leben. Es ist ganz etwas anderes, als bliebe einem nur zu sagen: Ich habe meine Nische gefunden, früh schon und habe mich da versteckt. Mir ist nichts passiert im Leben...« (Erich Jantsch, Die Selbstorganisation des Universums. München 1978)

Heißt es nicht von den Alten, sie bereuten im Altersheim nicht, was sie in ihrer Jugend getan, sondern was sie nicht getan haben?

Man sollte also die Möglichkeiten zum »Mitmischen« wahrnehmen. Chancen und Provokationen des Schicksals aufgreifen und etwas »bewegen« in der Welt, das Leben in die uns genehmen Bahnen lenken und eine eigene Spur hinterlassen.

Das alles wollen z.B. Symptome wie Schmerzen oder andere spürbare Botschaften bewirken: nämlich Motivation und Anstoß sein für eine Veränderung hin zur Ganzheit.

Denn eine neurotische oder psychosomatische Krankheit ist immer die Folge von Angst und ein Signal dafür, daß ein bestimmter Lebensbereich bzw. Seelenanteil nicht gelebt wird, brachliegt oder gar krampfhaft vermieden oder unterdrückt wird. C. G. Jung nannte diesen ausgeblendeten Anteil treffend den **Schatten**, der letztlich auch irgendwie gelebt oder zumindest berücksichtigt werden will. Auch wenn viele das nicht wahrhaben wollen und die unangenehme Seite ihrer Seele lieber ausblenden. »Eine bloße Unterdrückung des Schattens ist jedoch ebensowenig ein Heilmittel wie Enthauptung gegen Kopfschmerzen.« (C. G. Jung zitiert nach J. Jakobi, Die Psychologie von C. G. Jung. Frankfurt/M. 1984) Wenn man der Hydra ihren Kopf abschlägt, wachsen sieben Köpfe dafür nach. Mit Gewalt löst sich kein Problem. Man muß versuchen, einen progressiven Entwicklungsschritt zu vollziehen, eine Stufe höher zu klettern, um zu einer Lösung zu gelangen.

Ein Symptom, das den einzelnen zum Nachdenken anregt und veranlaßt, in einer Gruppe oder alleine eine Therapie zu beginnen, ist für mich ein natürlicher Ausdruck für den gesunden Seelenanteil. Symptome sind in Form von Schmerzen, wie auch immer, Warnsignale dafür, daß etwas nicht richtig läuft. Richtig heißt hier, daß der Betroffene von dem einmaligen eigenen Weg auf einen für ihn falschen Weg geraten ist. »Erkenne dich selbst« – auf dieses Wort stoßen wir immer wieder, weil es letztlich eine zentrale Formel darstellt. Denn zum Zeitpunkt der Selbsterkenntnis weiß ich, was zu mir **paßt**, wo mein Weg verläuft, auf welchem Pfad ich mein Leben führen muß, um *mir* treu zu sein. So erkannte auch **Laotse** die **Selbsterkenntnis** als höchstes Ziel, indem er sagte: »Wer sich selbst erkennt, ist erleuchtet.«

Kierkegaard faßte diesen Zustand in den Begriff **Verantwortung**, als er schrieb: »Es kommt darauf an, daß einer es wagt, ganz er selbst, ein einzelner Mensch, dieser bestimmte einzelne Mensch zu sein; allein vor Gott, allein in dieser ungeheuren Anstrengung und mit dieser ungeheuren Verantwortung.« (Kierkegaard, zit. n. W. Weischedel, Die philosophische Hintertreppe. München 1984)

Ganzheitlichkeit bedeutet auch, meine Gegenseite anzunehmen. Neues hat erst Platz durch das Vertreiben des Alten. Zur Synthese auf Stufe drei gelange ich erst durch die Integration meines Schattens. Escher zeichnete z. B. den Teufel als Gegenteil zum Engel, als Negativform. Nur gemeinsam ergeben sie totale Harmonie, den Kreis, die Kugel. (Escher-Grafik Nr. 247)

Oder wie der Philosoph Hegel es formulierte: »Etwas ist also lebendig nur insofern es den Widerspruch in sich enthält.« Muß denn alles, damit es besser werden kann, vorher schlechter werden? Tatsächlich, der krasse Gegensatz ist ausschlaggebend. Die zur Sonne strebende Blume entspringt dem Samenkorn, das man in die dunkle Erde vergraben hatte.

Solange alles »leidlich« gutgeht, reicht der Leidensdruck nicht aus, etwas radikal zu verändern, so kann aber auch keine Lebensfreude aufkommen. Jeder Fortschritt, jede Evolution entsteht aus Mißbehagen, aus empfundenem Mangel, aus Leid. Es gibt keine Neuentwicklung in behaglicher Zufriedenheit.

Ich komme erst dann zu mir selbst bzw. gelange erst dann auf meinen einmaligen Lebensweg, wenn ich aus einem behüteten Dasein heraustrete, wenn ich den schützenden und bequemen Halt der anderen verlasse, nur ganz ich selbst bin und mich auf mich selbst verlasse. Nur so kann ich eine autonome Persönlichkeit werden. Ich meine Autonomie als Ziel in dem Sinne, wie C. G. Jung die Persönlichkeitsentfaltung hin zu einem eigenständigen Individuum beschrieb: »Das Individuum ... existiert ... nur insoweit, als ein Bewußtsein der Eigenart vorhanden ist, d. h., insoweit eine bewußte Verschiedenheit von anderen Individuen vorhanden ist. Mit der physischen ist auch die psychische Individualität als Korrelat gegeben ...« (Jung, C. G., Psychologische Typen. GW Bd. 6. Zürich 1960)

> Was wärst du Wind,
> Wenn du nicht Bäume hättest, zu durchbrausen?
> Was wärst du Geist, wenn du nicht Bäume hättest, drin zu hausen?
> All Leben will Widerstand,
> All Licht will Trübe,
> All Wehen will Stamm und Wand,
> daß es sich dran übe.
>
> Christian Morgenstern
>
> Ja! diesem Sinne bin ich ganz ergeben,
> Das ist der Weisheit letzter Schluß:
> Nur der verdient sich Freiheit wie das Leben,
> Der täglich sie erobern muß.
>
> Goethe, Faust

Widerstand macht stark

Die neuzeitlichen Foltersäle der Bodybuilding-Studios zeigen uns die Spielregeln: Gewichte stemmen, Federn ziehen, drücken, heben usw. Hauptsache Kraft anwenden, das erzeugt Muskeln – und ein erhöhtes Lebensgefühl.

Ein anderer Widerstand geht von den Eltern aus, die die Jungen nur widerwillig loslassen, wenn sie ihre eigenen Wege suchen. Widerstand erlebt der sich bewußt wandelnde Mensch in der Psychotherapie in sich selbst, wenn er das nicht neurotische Verhalten für sich erarbeitet hat, aber immer wieder in die Kerbe der gewohnten Verhaltensmuster zurückrutscht, wobei er es im Augenblick oft gar nicht merkt oder zumindest nicht bewußt wahrnimmt. Widerstand gegen die Einsichten, die ihn weiterbringen würden, was ihm doch auch soviel Angst macht. Denn wie gesagt, die einmal getroffene Einsicht zwingt zum richtigen Handeln. Es ist dann nur noch eine Frage der Zeit.

Widerstand ist der Kraft vergleichbar, die von der Umwelt auf den einzelnen laufend einwirkt. Ein Mensch soll möglichst so bleiben, wie er ist; das ist für die Freunde, Bekannten und Verwandten am praktischsten. Man weiß dann, was man ihm schenken soll, wo man ihn erreichen kann, was er für einer ist.

Der einzelne muß sich also nicht nur gegen seine inneren trägheitsorientierten Widerstände aus sich heraus verändern, sondern auch gegen die Interessen der Außenwelt.

Der Mut zum Wandel

Alles ist schon dagewesen, und nichts ist schon dagewesen. Der heutige Tag ist nur ein Tag, eben wie gestern ein Tag war und morgen wieder ein Tag sein wird. Und dennoch ist der heutige Tag einmalig und unwiederbringlich. Was ich heute tue, kann nie mehr ungeschehen gemacht werden. Was ich heute unterlasse, ist eine vertane Chance mehr.

Aber es ist egal, ob ich den heutigen Tag als Anfang oder als Mitte oder als Ende einer Ereignisfolge sehe. Denn es laufen so viele Entwicklungslinien innerhalb meiner Seele parallel ab, daß alles zugleich gilt: Ich bin stets am Anfang, in der Mitte und am Ende. Um mir das zu verdeutlichen, brauche ich nur das Zellwachstum meines Körpers anzusehen. Oder meine Haare: während einige in voller Blüte sind, fallen andere aus oder beginnen wieder andere gerade jetzt zu sprießen.

Und das ist der springende Punkt: Um Platz für Neues zu machen, muß das Alte weichen. Das ist jedem von uns zum Beispiel von seinen Milchzähnen bekannt. Oder wie der amerikanische Psychologe Rollo May sagt: »Jede schöpferische Möglichkeit der persönlichen Entwicklung bedeutet ein Absterben der Vergangenheit, ein Brechen mit vergangenen Formen oder Normen. Der Schritt nach vorne erzeugt zwangsläufig das Gespenst der Isolation von den Mitmenschen und von früheren Normen, und die Versuchung ist daher groß, im Vertrauten und Sicheren zu bleiben und nichts zu wagen. Doch das Selbst ist nur zu verwirklichen, indem man weitergeht, trotz Konflikt- und Schuldgefühl, trotz Isolation und Angst. Wenn man nicht vorwärts geht, ist die Folge schließlich die neurotische Angst.« (Rollo May, Antwort auf die Angst. Stuttgart 1982)

Es beginnt mit der Abnabelung

Abgrenzung muß sein. Auf dem »Ausbildungsweg« zu einer immer stimmigeren Identität – ein lebenslanger Prozeß – zählen im wesentlichen die spürbaren Extreme von berührender Nähe und unerreichbarer Distanz. So kann der Edelstein nur geschliffen werden, wenn er direkten Kontakt zur Schleifscheibe hat. Dann aber muß er von der Schleifscheibe genommen werden, will er sein volles Strahlen zur Freude des Betrachters entfalten. Denn das kann er nur dann, wenn er allein im Licht steht, dieses bündelt und neugeordnet weitergibt. Wie der Solosänger auf der Bühne – Symbol für die extremen Lebenssituationen, in denen der Mensch total allein ist wie auch bei **Geburt** und **Tod**.

Schauen wir uns z. B. die Geburt genauer an: Sie ist das Ergebnis der körperlichen Vereinigung eines Mannes mit einer Frau. Auch der Geburtsvorgang selbst ist eines der engsten Erlebnisse, die ein Mensch mit einem anderen Menschen erfahren kann. Und die Zeit nach der Geburt ist gekennzeichnet durch innige Nähe und Fürsorge. Und dennoch ist die Geburt wohl das Trennendste, Distanzierendste, das ein Mensch – abgesehen von seinem Tod – auf dieser Erde erleben kann: zwei Menschen trennen sich, und der neugeborene beginnt sein eigenes, unabhängiges Stück Leben. Zum ersten Mal seit Beginn seiner Existenz als eigenes Lebewesen ist er abgetrennt von der Nabelschnur, angewiesen auf die eigenen Lungen, auf den eigenen abgeschlossen Blutkreislauf etc. Erst ein Muß, dann ein Darf: eine typische Umstellung für jede Entwicklungszäsur, daß die zur Weiterentwicklung notwendig erhöhte Freiheitsstufe erst als ängstigende Forderung, als **Muß** erlebt wird, dann nach einer gewissen Eingewöhnungszeit als **Darf** genutzt und geschätzt wird und eines Tages gar nicht mehr wegzudenken ist.

Geburt und Tod haben vieles gemeinsam, z. B. erleben wir während der Geburt und während des Todes wahrscheinlich die größte Angst unseres Lebens. Das Geborenwerden, die Vertreibung aus dem Paradies, die existenzielle Notwendigkeit, die feuchtwarme schützende Höhle zu verlassen und draußen in der Welt leben zu müssen, dann auch noch von der mit der Mutter verbindenden Nabelschnur getrennt zu werden – ist das alles nicht auch ein erster Tod und die erste Wiedergeburt?

Selbst atmen zu müssen bedeutet, in ein Leben zu starten, in dem ich eigentlich alles selbst machen muß. Diesen Gedanken konsequent bis zu Ende in die Tat umzuwandeln bedeutet, umfassend selbstverantwortlich zu leben, sich als subjektiven Mittelpunkt zu erkennen, sich als solchen anzunehmen und von seiner eigenen Mitte aus zu denken, zu fühlen, zu wollen und zu handeln.

Die Geburt
Die poetische Schilderung des Gynäkologen Frederick Leboyer in Auszügen (F. Leboyer, Geburt ohne Gewalt. München 1981).
»Und dann kommt der Tag, wo es kein Spiel mehr ist.
Das ist nicht mehr Liebe,
das ist eine Jagd...
Das Kind ist kaum mehr als ein Bündel Angst,
fest eingeschnürt, dicht zusammengekrümmt.
Die Wände rücken immer näher.
Der Käfig wird ein Tunnel,
der Tunnel ein Trichter.
Die Angst wird grenzenlos.
Und dann, plötzlich, verwandelt sie sich in Zorn...
Das ist das Ende. Das ist der Tod.
Es weiß nicht, das arme Kind,
daß dort, wo die Schatten am dichtesten sind,
das Licht des Lebens zum Greifen nahe ist.
Dann kommt die Explosion.
Alles fliegt auseinander.
Die Mauern stürzen ein...
Ist das Universum zersprungen?
Nein, ich bin geboren.
Um mich herum ist Leere.
Unerträgliche Freiheit...
Die Welt tost.
Unsere Stimmen, unsere Schreie sind für das arme Kleine
wie eine Million Donnerschläge.
Da öffnet das Kind die Augen.
Und kneift sie im nächsten Augenblick mit jenem Gebrüll
wieder zu, das wir so gut kennen.
Es sucht Geborgenheit in der Haltung,
die es aus dem Paradies kennt,
Es sucht Schutz in der symbolischen Gefangenschaft des mütterlichen Leibes.«

Fallbeispiel – Abnabelung

Elfriede H. hatte bereits einiges gelesen, bevor sie zu mir in die Praxis kam. Sie kannte sich theoretisch in der Psychologie aus und sprach entsprechend fachkundig. Sie gab an, vor allem unter depressiven Gefühlszuständen und unter offensichtlich psychosomatischen Bauchschmerzen zu leiden, für die keine medizinisch nachweisbaren Ursachen vorliegen. Im Erstgespräch gab sie noch eine ganze Reihe anderer Symptome an. Sie leide unter Konzentrationsstörungen, depressiven Verstimmungen, der Unfähigkeit zur Partnerbindung, starken Versagergefühlen am Arbeitsplatz; auf der körperlichen Ebene leide sie unter Verspannungen und habe öfters ein Gefühl des Zugeschnürtseins und körperlichen Unwohlseins.

Elfriede stammt aus einer Mittelschichtsfamilie, der Vater ist leitender Angestellter, die Mutter Hausfrau. Bei den insgesamt fünf Kindern ist sie das einzige Mädchen, und zwar das zweitgeborene Kind. An dem Punkt, an dem sie davon sprach, fiel ihr auf, daß sie wahrscheinlich auch deshalb, weil die anderen Geschwister alle Brüder waren, Schwierigkeiten mit der Identitätsfindung als Mädchen und jetzt als Frau habe. Eigentlich wollte sie immer anders sein als ihr Vater, z. B. insbesondere bei der Berufswahl nicht so sehr auf Geld und Prestige achten, sondern eher eine soziale Richtung einschlagen. Schon in der Schule engagierte sie sich in einem Arbeitskreis für Gastarbeiterkinder. Das war für sie sehr wichtig, denn »die Erziehungshaltung vom Vater, also seine Einstellungen und Maßnahmen, fand ich immer unmöglich«, sagte Elfriede. Heute schaut sie als ausgebildete Erzieherin zurück und kann ihren Vater noch nicht verstehen. Auch sie fühlte sich vom Vater stets unverstanden. Von der Mutter fühlte sie sich zwar etwas verstanden, aber diese konnte kein Vorbild, kein Modell für die Tochter werden. Elfriede fand zwar gut, wie die Mutter den Haushalt meisterte und daß sie den Kindern nah war, aber was sie bei der Mutter verachtete, war, daß »sie sich trotz guter Schulbildung vom Vater unterdrücken ließ«. Es war stets eine Mischung aus Abscheu und Mitleid, wenn Elfriede sah, was ihre Mutter bei ihrem Vater alles schluckte. Als Elfriede 16 war, unternahm ihre Mutter einen Selbstmordversuch. Danach konnte die Mutter ihre Abhängigkeit vom Vater besser bewältigen.

Anhand mehrerer Testverfahren wurde deutlich, daß Elfriede, ohne es zu wollen, die Haltung und die Rolle ihrer Mutter reproduzierte. Sie verhielt sich im Beruf ihren Schützlingen gegenüber ähnlich unterwürfig, wie sich ihre Mutter den fünf Kindern gegenüber verhalten hatte, und in der Partnerschaft begab sie sich immer wieder in eine Position, wo sie es ihrem Partner leichtmachte, ja beinahe anbot, sie zu unterdrücken. Die Folge war, daß sich Elfriede immer weniger selbst mochte, als sie erkannte, wie ähnlich sie ihrer Mutter war. In den Partnerschaften wußte sie bislang keinen ande-

ren Weg, als sich einfach nicht voll in die Beziehung einzulassen. Gleichzeitig wurde ihr immer deutlicher, daß sie in jedem Partner einen Vater suchte, den sie als Kind und als Jugendliche nicht erlebt hatte, also jemanden, der »einfach ganz anders ist als mein Vater«. Damit meinte sie einen Mann, der sie versteht und annimmt, so wie sie ist, wo sie Halt, Sicherheit und Schutz findet, ohne gleichzeitig eine Verpflichtung einzugehen.

Diese Erkenntnisse und Einsichten machten der Patientin im Verlauf der Therapie deutlich, daß sie durch beständiges Vor und Zurück ihre Energie vergeudete sowie sich durch überkritische Selbstbeurteilung bzw. laufende Selbst-Herabsetzung mögliche Erfolge in Beruf und Partnerschaft selbst unmöglich machte. Das Hauptziel der Therapie hieß also: **Abnabelung** *und* **Identitätsfindung**. *Die wesentlichen Schritte, die in den einmal wöchentlich stattfindenden Sitzungen durchgesprochen und realisiert und während der Woche verfolgt wurden, hießen: alte Interessen reaktivieren, neue Interessen hinnehmen, Sinnzweifel ausräumen, Versagensgefühle überwinden, ein Gleichgewicht von Autonomie und Geselligkeit erarbeiten.*

Die Einzeltherapie dauerte etwa ein halbes Jahr, anschließend besuchte Elfriede 1½ Jahre eine wöchentlich stattfindende Gruppentherapie. Die Gruppentherapie wurde dann von ihrer Seite mehr abgebrochen als abgeschlossen, weil sie in eine andere Stadt zog, um dort mit einem jungen Mann zusammenzuziehen. Ich traf sie zwei Jahre später, und sie berichtete mir, daß sie immer noch mit dem Mann zusammenlebe, sich wohl fühle und inzwischen auf der Universität Medizin studiere. Sie habe erkannt, daß sie im Beruf als Erzieherin letztlich anderen Kindern die Erfahrungen vermitteln wollte, die sie selbst schmerzlich vermißt hatte. Sie hatte sozusagen ihre Kompensation durchgestanden und »durfte« sich jetzt darum kümmern, frei von neurotischen Programmen von früher das Berufsziel anzustreben, das ihr am meisten zusagte. Die körperlichen und depressiven Symptome waren vollkommen verschwunden. Trotzdem liebäugelt sie mit dem Gedanken, eines Tages wieder eine Selbsterfahrungsgruppe zu besuchen, um sich ihrer neuen Identität noch bewußter zu werden und, vor allen Dingen, um sich klar darüber zu bleiben, ob sie in der Gegenwart das Leben lebt, das ihren Bedürfnissen entspricht, und nicht versucht, etwas zu vermeiden oder sich oder anderen etwas zu beweisen.

Erfühlen

Sich selbst ausloten

Der Spruch »Liebe deinen Nächsten wie dich selbst« wurde wahrscheinlich zweitausend Jahre lang nicht so strapaziert wie gerade in letzter Zeit. Aber auch das kommt nicht von ungefähr, sondern ist Ausdruck unseres Lebensgefühls, sichtbares Zeichen des aktuellen Zeitgeistes. Die Kunst, ein Egoist zu werden, Selbstliebe einzuüben oder sich mit dem Gedanken vertraut zu machen, daß man okay, also liebenswert ist, sind derzeit die gängigen Lernziele in den Selbsterfahrungsgruppen und psychologischen Volkshochschulseminaren. Meiner Ansicht nach fängt die Selbstliebe, besser gesagt der gesunde Egoismus, der die eigenen natürlichen Ziele ungehemmt verfolgen und erreichen läßt, ohne daß das auf Kosten anderer geht, damit an, **sich selbst kennenzulernen**.

Leonardo da Vinci, der nicht nur genial malen und konstruieren konnte, sondern der auch genial zu denken verstand, faßte diesen Zusammenhang in folgenden Satz: »Denn wahrlich, große Liebe entspringt aus großer Erkenntnis des geliebten Gegenstandes, und wenn du diesen wenig kennst, so wirst du ihn nur wenig oder gar nicht lieben können...«

Wenn ich mich also selbst nicht kenne, wie soll ich dann den § 1 der Liebesfähigkeit, die **gesunde Selbstliebe**, erfahren können?

Also sollte ich anfangen, mich selbst besser kennenzulernen, d.h., bewußt eigene Erfahrungen zu sammeln. Erfahrungen, das sind Ereignisse, bei denen ich aktiv beteiligt bin und die mich gefühlsmäßig bewegen.

Fallbeispiel

Ein Patient hatte vor allem Angst. Die spürte er, und die drückte er auch mit jeder Regung aus. Insbesondere mit den Augen, die unruhig hin und her sprangen, keinen Augenblick irgendwo ruhten, geschweige denn Ruhe ausstrahlen konnten. Seine Selbstkontrolle aber war so gut trainiert, daß jemand ohne geübtes Auge es nicht bemerkt hätte. Er kam zu mir, weil er so viel Ärger mit seinen Berufskollegen hatte und auch nach einer Reihe mißglückter Frauen-

beziehungen zu dem Schluß kam, daß es an ihm liegen müsse. Doch den letzten Anstoß habe ihm seine letzte Freundin gegeben und ihn zu mir geschickt. Sie habe, als sie ihn bei sich hinauswarf, damit ihr Gewissen beruhigt, daß sie ihm meine Adresse besorgte. Da saß er also, geschickt von der Freundin, die ihn nicht mehr wollte, und erzählte von ihr und von sich. Als er merkte, daß sein gespieltsicheres Auftreten bei mir vergeudete Energie war, und damit begann, etwas echter zu werden, konnte ich ihm bereits am Ende der ersten Stunde sagen, daß ich ein gutes Gefühl für seine Prognose habe. Es sollte sich bewahrheiten. Aber seine Therapie dauerte immerhin 14 Monate. Doch was ist das schon für einen 52jährigen Mann, wenn er etwas über ein Jahr lang daran arbeitet, seine jahrzehntelang eingeschliffenen falschen Lebensmuster endlich dahingehend zu verändern, daß er er selbst wird, anstatt den Rest seines Lebens als unglücklicher Mann mit Problemen zu leben und das Gefühl zu haben, die Marionette eines böswilligen Schicksals zu sein?

Er machte es sich nicht leicht. Ein anderer hätte vielleicht doppelt so lange für diese Entwicklungsschritte gebraucht. Aber so energiegeladen er früher immer wieder in sein Unglück rannte, so energiegeladen wollte er es jetzt auch wissen, was er falsch machte! Heute weiß er es. Und heute kann er loslassen und, ohne Leistung erbracht haben zu müssen, mit sich zufrieden sein, entspannen, genießen. Doch der Schwung und die Kraft, die er trotz seiner Angst häufig in der Therapie zu seiner Entwicklungsarbeit einsetzte, waren der einzige Motor, um von seiner hartnäckigen Lebensangst freizukommen. Was war sein Problem? Letztlich war es Lebensangst, Angst vor Freiheit, Angst vor Verantwortung, Angst davor, ein eigenständiges, erwachsenes, souveränes und autonomes Leben zu führen. Die Tatsache, daß er erst mit über 50 Jahren zum Therapeuten fand, lag daran, daß er erst eine Ehe geführt hatte, in der er sich nicht weiterentwickeln mußte. Er war von seiner verwöhnenden Mutter sozusagen an eine verwöhnende Ehefrau übergeben worden. Hier wurde er verhätschelt und gemanagt, er galt für seine Frau und die Tochter als etwas unpraktisch und unselbständig. So sei er eben, hieß es. Erst als die Tochter mit 18 auszog und gleichzeitig die Frauenbewegung seine Frau interessierte, begannen die Probleme. Dann zog auch seine Frau aus und ließ sich scheiden. Das war inzwischen schon etwa sieben

Jahre her. Er hatte damals überhaupt nicht verstanden, was sie eigentlich wollte. Sie hatten einander plötzlich überhaupt nicht mehr begriffen. Und er war allein, ohne »Managerin«, ohne angeheiratete »Mama«. Jetzt galt es, ohne Hilfe zurechtzukommen. Im Kopf war ihm im Laufe der Jahre vieles ziemlich klargeworden. Er hatte dann auch eine ganze Menge psychologischer Bücher gelesen. Vor allem die Freundinnen, mit denen er immer so drei bis sechs Monate zusammen war, hatten ihm viel geholfen, in Diskussionen und durch Hinweise auf entsprechende Bücher. Jetzt wollte er aber endlich zu sich selbst finden und herausbekommen, was er eigentlich wollte. Die Frauen, mit denen er so zusammen war, waren sehr oft bereit, Mutter oder Therapeutin zu spielen, hofften letztlich aber doch immer, ihm nur aus einer Krise zu helfen, und grundsätzlich erwarteten sie von ihm Entwicklung, Genesung, suchten in ihm den Mann mit Kraft, der bereit ist, Halt zu geben. Doch das blieb immer aus. Aus Frustration ihrerseits oder aus dem Gefühl der Überforderung seinerseits ging es dann meist rasch zu Ende. Das sah oft so aus, daß er zufällig eine andere Frau traf, die ihm passender erschien, unbewußt ein neues Opfer war für seine Sehnsucht nach einer Ersatzmutter, die ihm das Erwachsenwerden-Müssen erläßt. Eigentlich hätte es noch lange so weitergehen können, denn das »Angebot an rettungswilligen Frauen im Alter von 35–50 scheint unerschöpflich zu sein«, erkannte er selbst. Aber er wollte nicht bis zu seinem Lebensende von diesem Wiederholungszwang »gelebt werden«. Sein Stolz brach durch.

Was ihm selbst auffiel, waren sein Perfektions- und Aufräumzwang sowie seine Konzentrationsschwäche. Seine Träume waren stets von Hast, Hetze und Hektik geprägt, und er konnte zu Hause kaum etwas wegwerfen, weil er sich nicht entscheiden wollte oder konnte. Da setzten wir eine der ersten Übungen ein. Er beschloß selbst als Hausaufgabe, zu Hause aufzuräumen und die vielen Kisten und Schachteln und Tüten wegzuwerfen, die er gehortet hatte. Eine einfache, aber schmerzliche Übung mit dem Effekt, daß schlagartig seine Selbstachtung stieg. Er machte die Erfahrung, daß er das, was er sich in der Therapiestunde vorgenommen hatte, auch tatsächlich in die Tat umsetzen konnte. Den Erfolg konnte er jeden Tag sehen, wenn er morgens aufwachte, wenn er abends nach Hause kam. Seine Wohnungseinrichtung wurde wieder überschaubar. Zumindest hier blickte er voll durch. Diesen Schwung konnten wir nutzen, um herauszufinden, welche Ängste er im Moment am meisten empfand. Es war die Angst vor der Einsamkeit, vergessen zu werden, übersehen zu werden, von niemandem gemocht zu werden. Und auf der anderen Seite die Angst vor allzu großer Nähe, vor Verschmelzung, vor symbiotischer Auflösung, vor Selbstaufgabe. Denn die Nähe zu seiner Ehefrau war von ihr jeweils gedrosselt worden. Aber die Frauen, die er jetzt so erlebte, erschienen ihm alle wie Vampire oder Kletten, wenn er sich einmal auf sie eingelassen hatte. Es dauerte einige Zeit, ihn immer wieder davon zu überzeugen, daß seine Mißerfolge nicht an den Frauen lagen. Im Kopf war ihm bereits vieles klar. Die nächste Etappe seiner letztlich stürmischen Entwicklung hin zur Selbstentfaltung war die Mitarbeit in einer Wochenendgruppe, vor der er erst enorme Angst hatte. Aber mit Unterstützung meiner Zuversicht und ermutigt durch seine eigenen ersten Erfolgserlebnisse, wagte er es. Mit großem Erfolg. Er probierte in der Gruppe, die ich ihm als Simulations-Werkstatt beschrieben hatte, einfach einmal ein neues Verhalten aus, das ihm entsprach, vor dem er sich aber bislang immer gedrückt hatte. Bereits in der Einzelstunde fühlte er sich sehr von einer Zeichnung angesprochen, die seiner Meinung nach ziemlich deutlich seine Situation widerspiegelte.

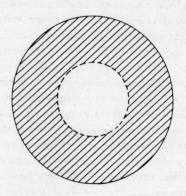

Die äußeren Linien entsprechen der Begrenzung für seinen Lebensspielraum. Hier endet sozusagen seine Freiheit, weil dort die Freiheiten der anderen beginnen. Um diese Grenzen kennenzulernen, muß er Erfahrungen sammeln, sogenannte Grenzerfahrungen machen.

»Testing the limits« nennen die Psychologen dieses Ausloten. Die gestrichelten Linien stellen die Grenzen dar, die er sich selbst auferlegt. Der ganze schraffierte Bereich war bislang sozusagen unbelebt, er steht ihm aber zu. Ich mußte ihm mehrfach versichern, daß es nicht darum geht, rücksichtslos egoistisch zu leben, sondern darum, gesunden Egoismus zu leben und sich vom Leben soviel zu nehmen, wie einem zusteht, um nicht zu kurz zu kommen. Jedem kann es passieren beim Ausloten der realen Grenzen, einem anderen zu nahe zu kommen. Aber dafür gibt es Worte wie Verzeihung oder Entschuldigung, die gar nicht zum Wortschatz gehören würden, wenn es darum ginge, daß jeder selbst immer gleich wissen muß, wie weit er gehen darf.

Er gewann viel Energie- und Sicherheitsgefühl aus den Erfahrungen, die er in der Gruppe machte, in der er einfach so angenommen wurde, wie er war, in der er sich traute, neu, leidenschaftlich-spontan und kritisch zu sein, und merkte, wieviel Kritik er eigentlich vertrug, wobei er früher doch so leicht irritierbar war und bis ins Mark gekränkt sein konnte.

Er fing an, sich selbst zu mögen. Als er eines Tages neu eingekleidet zur Sitzung kam, fragte ich ihn, ob er sich selbst lieben würde. Mit dieser Frage hatte er ganz zu Beginn der Therapie überhaupt nichts anzufangen gewußt. Jetzt wurde ihm klar, daß er sich als Adressaten für seine Aufmerksamkeit, als Ziel für seine Freude am Geben entdeckt hatte. Er verwöhnte sich selbst, anstatt sich bei einer Frau lieb Kind zu machen. Er merkte, was es bedeutet, sich selbst zu lieben.

Es folgte noch eine Zeit des bewußten Single-Daseins. Er traf sich zwar mit Frauen, hatte sich aber vorgenommen, keine Liaison einzugehen. Und er begann auf meine Anregung hin, mehr mit anderen Männern zu unternehmen. Das war anfangs schwierig, weil er meinte, mit Männern nichts auszutauschen zu haben. Aber bald schon hatte er alte Kontakte wiederhergestellt. Fortan besprach er viele Probleme mit seinen Freunden und schilderte mir voll Freude, wieviel Verständnis er bei seinen Freunden finde, weil viele ähnliche Probleme hatten wie er. Die seltenen und teuren Therapiestunden konnte er jetzt dafür nutzen, um aus der Verbindung zwischen den neuen Erfahrungen, seiner Vergangenheit und seinen Träumen zu immer mehr Bewußtwerdung und Selbsterkenntnis zu gelangen.

Nachdem er sich auch noch zutraute, seine Schwierigkeiten mit den Arbeitskollegen in Gesprächen zu klären, war sein Selbstwertbewußtsein auf ein Maß angestiegen, das er noch nie erlebt hatte. Mit dem sicheren Gefühl, eines Tages wieder eine feste Beziehung eingehen zu wollen, jetzt aber – zum ersten Mal in seinem Leben bewußt und gezielt – alleine leben zu wollen, beendete er die Therapie. Er hatte das Gefühl, sein Selbst erst jetzt richtig geboren zu haben.

Durch Fühlen die Identität erspüren

»Werde, der du bist« – wer bin ich denn?

In die Welt geworfen, bin ich nun einmal da, wurde geboren und zähle ab jetzt zu den lebendigen Wesen namens Mensch, obwohl ich als Neugeborenes in meinem Verhalten fast noch den Tieren ähnlicher bin. Das ändert sich, wenn ich meinen eigenen Willen entwickle, mich als eigenständiges Wesen entdecke. Die große Wende, sich selbst als eigenes Wesen zu entdecken, beginnt in dem Augenblick, in dem das Kind anfängt, »ich« zu sagen. Wenn es sich bislang selbst nur als Objekt bezeichnete: »Hansi hat Hunger« oder »Moni hat Hose voll«, so kann das Kleine sich plötzlich als Subjekt erkennen und sagen: »Ich mag **dich**.« Damit ist ein großer Knoten aufgegangen. Die Distanz zwischen **ich** und **du** wurde entdeckt. Das Getrenntsein von den anderen, insbesondere von der Mutter, wird als solches erlebt. Das Kind merkt, daß es erst Kontakt aufnehmen muß, wenn es wieder mit einem anderen verbunden sein will.

Natürlich sind hier schon einige Turbulenzen in diese ersten Muster der Persönlichkeitsentwicklung eingewoben, denn so ganz ohne Angst vor dem Verlassenwerden, vor dem Für-immer-Getrenntsein geht diese Einsicht nicht ab. Bedeutet doch das Akzeptieren der Situation, auch zu verarbeiten, daß man nicht nur körperlich durch das Durchschneiden der Nabelschnur von der Mutter getrennt ist, sondern auch für alles andere selbst sorgen muß. Wenn ich also etwas will, muß ich mich darum kümmern, es zu bekommen, weil nur ich dieses Bedürfnis im Moment spüre. Wenn mich etwas stört, dann muß auch ich selbst irgend etwas verändern; keiner liest mir die Wünsche von den Augen ab; ich allein bin es, der zuständig ist. Diese sogenannte **psychische Geburt** birgt viele Risiken in sich, weil sie mit das Schwerste ist, was der Mensch zur heilen Menschwerdung leisten muß. Während seines ganzen Lebens wird er immer mehr versuchen, seine Selbstwerdung, seine Individuation, also die Bildung seiner eigenen Persönlichkeit weiterzuentwickeln.

Hilfreich ist ihm dabei die sogenannte **soziale Geburt**, das ist der Übergang von einem »Es« zum »Er« oder »Sie«, der Übergang vom Neutrum Kind zu einer geschlechtlich und hierarchisch einordenbaren Persönlichkeit.

Schon früher hat der junge Mensch von außen, von den anderen erfahren, wie er auf andere wirkt, was er für einer ist. Doch erst im Laufe der Zeit bekommt er so etwas wie ein Image, einen Ruf, eine Chrakterbeschreibung zugeordnet. »Das paßt zu dir«, »das ist typisch für dich«, »das bist eben du«, bekommt er zu hören und fragt sich, ob er denn wirklich so ist.

Mit drei Komponenten, also der eigenen Wahrnehmung der Welt, dem ihm zugeordneten Image und seinem eigenen gefühlsmäßigen Empfinden macht er sich daran, sein Selbst zu erkunden. Gesund ist derjenige zu nennen, der in der Lage ist, aus diesen drei Komponenten eine Harmonie, eine dynamische Balance zu schaffen. Denn alle drei Komponenten wirken wechselseitig aufeinander ein und hemmen sich, wenn sie in verschiedene Richtungen gehen. Wenn also beispielsweise einer Frau wichtiger ist zu erfahren, was man von ihr hält, als zu empfinden, was sie selbst für richtig hält, dann ist sie sich selbst in höchstem Maße untreu. Das kann dann so aussehen, daß sie sich mit Menschen abgibt, die ihr persönlich eigentlich nichts bedeuten. Ihr fällt etwa nicht ein, was sie reden sollte (weil sie eigentlich gar kein Interesse hat, sich diesen Menschen gegenüber zu öffnen); sie zieht sich so an, wie sie glaubt, daß es die anderen gerne haben, und dabei entfernt sie sich immer mehr von sich selbst, von ihrem »eigentlichen« Wesen. Wenn sie früher einmal mehr »sie selber« gewesen war, ist die Chance groß, daß sie sich nur vorübergehend von sich selbst entfremdet. In vielen Fällen aber ist die psychische Geburt von klein an nur unvollständig vollzogen worden, so daß die Gefahr sehr groß ist, den Lebensweg auf einem falschen Gleis zu führen.

Es ist eigentlich ganz einfach. Stellen Sie sich vor, Sie werden von einer Krise heimgesucht, man will Ihnen ans Zeug. Der Brief mit der erschreckend hoch ausgefallenen Mieterhöhung kommt genau an dem Tag in Ihr Haus, an dem man Ihnen in der Firma angekündigt hat, daß Ihr Job vielleicht zu denen gehören wird, die in Zukunft wegrationalisiert werden sollen. Jetzt kommt es darauf an, ob Sie genug seelisches Polster haben – vergleichbar den körperlichen Immunkräften, die Sie gesund erhalten, während die Grippewelle übers Land schwappt –, um diese Tiefschläge aufzufangen.

Wie reagieren Sie in solchen Fällen? Trauen Sie sich selbst überhaupt zu, damit fertig zu werden, oder rufen Sie gleich per Telefon um Hilfe, also den Partner oder die Mama oder wen auch immer?

> **Erwachsen werden heißt**
> 1. Habe den Mut und die Courage, ein eigenes Selbst zu entwickeln.
> 2. Werde deine eigene Mutter.
> 3. Werde dein eigener Vater.
> 4. Sei dein eigener Psychotherapeut.
> 5. Sei dein eigener Chef.
> 6. Sei dein eigener Manager.
> 7. Sei der Autor deines Lebensromans.
> 8. Sei dein eigener Regisseur.
> 9. Spiel die Rolle deines Lebens selbst.
> 10. Tu es selbst – und laß die Folgen zu.

Hier beginnen die Forderungen an Ihr Selbst. Denn jetzt wird es offenbar, ob das, was Sie als Selbstwertgefühl empfinden oder als Selbstwertbewußtsein über sich wissen, auch trägt, ob Ihre Selbstsicherheit ausreicht und Ihr Selbstvertrauen es zuläßt, das Risiko einer Krisenbewältigung auf sich zu nehmen.

Es beginnt mit Ihrer Fähigkeit, in Problemsituationen nicht wie der Ochs vor dem Berg keine Orientierung mehr zu haben, sondern im Gegenteil durch Abstandbekommen erst einmal Übersicht zu gewinnen. Nicht umsonst sagten die alten Weisen, man soll vor einer wichtigen Entscheidung erst einmal eine Nacht darüber schlafen. Schon der zeitliche Abstand verhilft einem oft zur notwendigen Distanz zur Sache.

Bewußtseinserweiterung heißt heute ein Schlagwort, womit eigentlich gemeint ist, den persönlichen Durchblick so zu schärfen, daß man selber seltener blind ins Messer läuft, dafür häufiger wissentlich und sich seines Selbst und seiner Ziele bewußt das Richtige wählt.

Die **Bewußtheit** meiner Schwächen und Stärken gibt mir das **Bewußtsein** meiner Fähigkeiten und meiner Grenzen. Der Vorteil: Ich weiß ab jetzt stets, was ich mir zumuten kann und was nicht. So bin ich weitgehend gefeit vor Rückschlägen und Niederlagen, weil ich Leistungen, die außerhalb meiner Grenzen liegen, gar nicht mehr von mir verlange.

Sie kennen die Situation vielleicht aus eigener Erfahrung. Da sitzen Sie nun vor Ihrem Auftraggeber, und der fragt Sie: Was verlangen Sie? Gerade im Dienstleistungsbereich, wo jemand ein Manuskript tippt oder babysittet oder eine Nachhilfestunde gibt, stellt sich immer die Frage nach der angemessenen Bezahlung. Ein Problem entsteht meist deshalb, weil die Leistungen schwer vergleichbar sind, weil es sich um qualitative Leistungen handelt. Also wieviel verlangen?

Hier gilt es dann nicht nur **Selbstwertgefühl**, sondern darüber hinaus auch noch das nötige **Selbstwertbewußtsein** zu haben. Das besitzen Sie als automatische Folge Ihrer zurückliegenden Lebensetappen automatisch dann, wenn Sie sich genug **Erfolgserlebnisse** vergönnt haben. Das müssen gar nicht alles großartige Leistungserfolge sein. Was hier als Erfolgserlebnis auf Ihr Selbstwertgefühl einwirkt, sind die Situationen, in denen Sie sich selbst treu waren, in denen Sie Ihre Grenzen gespürt haben, in denen Sie Ihren Schatten übersprungen, aber nicht verkauft haben, in denen Sie spürten, was Disziplin ist. Stolz, Selbstachtung, Respekt vor der eigenen Person – das alles sind Bausteine des **Selbstwertbewußtseins**.

Ein Mensch, der ein Leben lang **angstorientiert** gelebt hat, wird wohl nicht viel Selbstwertbewußtsein besitzen. Denn er hat seine Energie vorwiegend dafür benutzt, negative Autosuggestionen zu bewältigen, also die Beschäftigung damit, ob es sehr schlimm werden wird und was er wohl tun würde, wenn er es nicht schafft. Wie in einem etwas absurden Spiel hat er sich selbst bewiesen, daß er gar nicht so unfähig ist, wie er immer glaubte zu sein.

Ein Mensch mit **liebesorientierter** Grundeinstellung glaubt an seine Fähigkeiten als Mensch. Er muß sich und anderen nichts beweisen. Er muß also nicht beweisen, daß er Sachen kann, die gar nicht zu ihm gehören, die gar nicht zu ihm passen.

In meinen Psychotherapien geht es meistens nur darum, den einzelnen zu sich selbst zu führen und ihm die Gewißheit zu vermitteln, daß jeder Mensch okay ist, wie er ist, sobald und solange er sich an sich selbst orientiert.

Das soll nicht heißen, daß er sich zurückziehen und einsam vor sich hin grübeln soll. Im Gegenteil. Erst im Dialog erfährt er mehr über sich. Gleichzeitig wird ihm während des Sprechens vieles bewußt und damit handhabbarer.

Die professionelle Dialogführung, wie meine Mitarbeiter und ich sie beispielsweise im Kommunikations-Training oder in der philosophischen Psychotherapie anwenden, zielt auf die Erweckung eigener schlummernder Anteile. Die Rolle des Psychotherapeuten als Geburtshelfer des neuen Selbst geht auf Platon zurück, der sagte: »... von meiner Hebammenkunst gilt, daß sie ... für die gebärenden Seelen Sorge trägt ...« (Platon, Theaitetos)

Grundsätzlich gilt:

Ich selbst bestimme die Richtung. Wenn ich bereit bin, das heißt reif und neurosefrei genug zu einem realistischen und dennoch positiven Selbstwertbewußtsein, dann versuche ich vor allem mit solchen Menschen Umgang zu haben, die mich mögen, die mich lieben. Sie bestrahlen mich positiv, geben mir Kraft und wecken in mir die strahlenden Kräfte und die konstruktiven Anteile, die immer schon in mir schlummerten. Ich beginne, mich selbst zu mögen. So fällt es mir leichter, mich selbst zu akzeptieren, auf mich selbst zu vertrauen. Die Folge: Ich entfalte mein Selbstvertrauen, kultiviere mein Selbstbewußtsein. Ich fühle mich in einer gesunden Welt zu Hause.

Mögen Sie sich selbst?

Stellen Sie sich vor, Sie möchten mit einem anderen Menschen zusammen zu möglichst intensivem Genuß reifer Sexualität gelangen. Also körperlichen Austausch plus Gemeinsamkeiten genießen in punkto ähnlicher Wertvorstellungen plus Gleichklang Ihrer Herzen, und sei es durch das »gemeinsame Lied«. Voraussetzung ist als erstes, daß Sie sich selbst mögen können. Sonst können Sie entgegengebrachte Liebe nicht annehmen. Am deutlichsten wird es, wenn jemand fähig ist, sich verwöhnen zu lassen, ohne gleich vom Schuldgefühl gebremst zu werden, das da mahnt: Und was hat der andere davon? Erst wenn Sie jemand sind, den Sie mögen – diese Formulierung mag komisch klingen –, können Sie annehmen, was Ihr Partner Ihnen schenken und geben möchte.

In einer Therapiestunde kam ein junger Patient, ein 26jähriger Lehrer, auf einmal darauf, daß er offenbar immer jemanden braucht, um den er sich kümmern kann, für den er sorgen kann, an den er denken kann. Seine Beziehungen mit Mädchen hatten stets dasselbe Muster: ein in masochistisches Unglück verstricktes Mädchen wurde von ihm »entdeckt« und aus den Fesseln der negativen Lebenshaltungen vorübergehend befreit. Dann, als freies Mädchen, das als solches keinen Pfleger, Retter oder Pseudotherapeuten mehr brauchte, wurde es uninteressant: die Beziehung zerbrach.

Erst als ihm deutlich wurde, daß er seine Probleme, Wünsche und Ängste projiziert hatte und statt sich selbst die Mädchen rettete, ging ihm ein Licht auf. Ich schlug ihm vor, sich mit dem Gedanken vertraut zu machen, sich selbst als Adresse für seinen Wunsch nach jemandem, für den er sorgen kann, zu setzen. Er wurde das Musterbeispiel für einen gesunden Egoisten. Er wandte seine ganze Sensibilität und Fürsorglichkeit auf sich selbst an. Aber nicht in egozentrischer, primitiv egoistischer Manier eines Nehmen-und-nicht-über-die-eigene-Nasenspitze-hinaussehen-Könnens, sondern im gezielten Umgang mit sich und den anderen. Seine Freunde, die ihm selbstverständlich seine einseitig-altruistische Haltung nie ganz abgenommen hatten, fanden ihn jetzt viel echter. Und es fiel ihnen leichter, seine Freude am Geben, seine altruistische Seite zu akzeptieren, weil sie wußten, er weiß, was er tut, und er weiß auch, was er sich beim Geben – ganz allein für sich – damit holt.

Er hatte es geschafft, sich zu mögen und danach zu leben. Fragen Sie sich doch gleich jetzt einmal selbst:

Mögen Sie sich eigentlich selbst?
Mögen Sie Ihre Gedanken, Ihre Meinungen und Einstellungen?
Mögen Sie Ihre Motivationen, Ihren Willen, Ihre Wünsche und Ziele?
Mögen Sie Ihr Gefühlsleben, also Ihre Art, andere zu mögen und zu lieben?

Wollen

»Jeder ist seines Glückes Schmied«, sagte man früher. »Lebenskunst ist, gesunden Egoismus zu leben, der nicht auf Kosten anderer geht«, sagt man heute. Es geht darum, daß man als erwachsener Mensch nicht nur die Möglichkeiten und Freiräume besitzt, sich ein gutes Leben einzurichten, sondern daß man auch selbst dafür verantwortlich ist, wenn man es unterläßt. Denn die anderen gehen davon aus, daß man es so haben will, wie es gerade läuft. Die Erlösungssehnsüchte, die ich bei so vielen Menschen beobachten kann, »daß doch endlich jemand käme und einen bei der Hand nimmt und zu einem glücklicheren Dasein führt«, die sind beim Erwachsenen Illusion. Wenn ich mit meinem aktuellen Leben in der vorhandenen Form nicht zufrieden bin, dann muß ich mich darum kümmern, es zu ändern. Das mag jetzt wie die Anregung zu einer luxuriösen Steigerung der Lebensqualität klingen, ich meine aber mehr die Verantwortung, die jeder seinem Leben gegenüber mit in die Wiege gelegt bekam, die lauten könnte: Wenn du schon ein Leben geschenkt bekommen hast, dann sorge vor allem um langanhaltende Gesundheit und Entfaltung der Talente!

Eine amerikanische Forschergruppe um Lawrence Hinkle untersuchte in diesem Zusammenhang einmal mehr als tausend Mitarbeiter einer Telefongesellschaft. Sie wollten herausfinden, welche Verbindung zwischen Lebenswillen, Zielorientierung und Gesundheit besteht, und verglichen die zehn gesündesten mit den zehn Mitarbeitern, die die höchste Krankheitsrate aufwiesen:

»Diejenigen, die immer wieder einmal krank gewesen waren, orientierten sich erkennbar deutlicher an Zielen, bei denen ihre eigenen Interessen keine herausragende Bedeutung besaßen; an ihren Pflichten, Verantwortlichkeiten und Grundsätzen, sie zeigten eine stärkere Betroffenheit und eine stärkere Reaktion angesichts von Ereignissen und Situationen, denen sie begegneten, als die Mitglieder der Gruppe, die selten krank gewesen waren.« (Hinkle, Lawrence, Jr., Christenson, W.N., Kane, F.D., Ostfeld, A., Thetford, W.N., und Wolff, H.G. [1958]: An Investigation of the Relation Between Life Experience, Personality Characteristics, and General Susceptibility to Illness, in Psychosomatic Medicine 20, 1958, S. 278–295, zit. nach D.T. Jaffe, Kräfte der Selbstheilung. Stuttgart 1983.)

Ihr Unterbewußtsein weiß, was Sie wollen

Es war der im letzten Jahrhundert lebende Naturforscher Francis Galton, der herausfand, daß der Körper direkt ans Unterbewußtsein angeschlossen ist. Er erfand übrigens auch die Fingerabdruck-Methode. Noch bevor die Psychosomatik die Körpersprache erforschte, demonstrierte Galton anhand eines einfachen Versuches, wie jeder Mensch über die Verbindung zwischen Unterbewußtsein und Körper mehr über sich selbst erfahren kann.

Stellen Sie sich vor, Sie können sich in einer bestimmten Frage einfach nicht entscheiden. Das mag eine kleine oder auch eine große Frage sein, aber die alte Orientierung, was überwiegt, welche von beiden Möglichkeiten – ja oder nein – das geringere Übel beinhaltet, auf welcher Seite mindestens 51 % dafür, auf welcher Seite höchstens 49 % dagegen sprechen, funktioniert nicht. Sie können und können sich einfach nicht entscheiden. Bewußt zumindest nicht!

Jetzt gehen Sie daran, Ihren unterbewußten Seelenanteil zu befragen. Sie sollten für diese Befragung allein im Zimmer sein und sämtliche Ablenkungen wie Radio oder Fernsehen abgeschaltet haben. Setzen Sie sich an einen ruhigen Platz und machen Sie auf einem Blatt Papier einen Kreis mit einem Kreuz.

Der Kreis sollte etwa so groß sein wie Ihre Hand. Nun setzen Sie bereits das »Zifferblatt«. Jetzt brauchen Sie nur noch ein Pendel, das sozusagen der Zeiger für die Körpersprache sein soll. Sie binden etwas schweres Kleines, wie z. B. einen Ring oder einen kleinen Stein, an einen etwa 20 cm langen Faden und machen am anderen Ende eine Schlaufe. Ein Pendel hat nichts mit Hellsehen, Wahrsagen und dergleichen zu tun, dies ist kein Hokuspokus. Sie wollen damit auch nichts über andere Menschen, sondern lediglich etwas über sich selbst herausfinden. Das Pendel ist nur eine einfache Verlängerung Ihrer Körpersprache. Sie werden beim Pendeln feststellen, wie Ihr Körper durch kleine Bewegungen signalisiert, daß Sie im Unterbewußtsein Ihre Entscheidungen schon getroffen haben. Das Pendel soll diese beinahe unmerklichen Körperveränderungen lediglich verstärken und auf ein sichtbares Maß vergrößern.

Setzen Sie sich jetzt hin und stützen Sie Ihren Ellenbogen so auf den Tisch, daß Ihr Zeigefinger genau über dem Mittelpunkt des Kreises ist. An diesen Zeigefinger hängen Sie die Schlaufe des

Pendels so, daß das Pendel selbst möglichst über der Mitte des Kreises ruht. Jetzt konzentrieren Sie sich auf die eine Frage, die Sie sich selbst beantworten wollen. Formulieren Sie die Frage so, daß sie durch ein eindeutiges Ja oder Nein beantwortet werden kann. »Will ich...? Ja/nein.«

Schlägt das Pendel in der waagerechten Richtung aus, also von links nach rechts oder umgekehrt, dann bedeutet das ja (Ja-Richtung), schlägt es in der Senkrechten aus, d.h. von oben nach unten oder umgekehrt, dann heißt das nein (Nein-Richtung). Kann es sich für keine der Richtungen entscheiden, sondern kreist nur um den Mittelpunkt, was gelegentlich vorkommen kann, dann versuchen Sie, die Frage einfacher zu stellen. Offenbar sind die verschiedenen unbewußten Motivationen gleich stark und die Frage noch zu unklar oder zu komplex gestellt. Formulieren Sie die Frage um, stellen Sie sie einfacher. Sie werden sehen, daß Sie auf diese Art und Weise immer deutlicher herausfinden, was Sie »eigentlich« wollen.

Wie finde ich heraus, was ich will?

> »›Glücklich‹ bedeutet einen Menschen, der ›sich selber ein gutes Schicksal zuteilt‹. Gute Schicksale aber sind gute Neigungen der Seele, gute Triebe, gute Handlungen.« (Marc Aurel, 5; 36)

Epikur sah die Grundlage der **Lebenskunst** im optimalen **Wählen** und **Meiden**: »Nicht Trinkgelage und daran anschließende tolle Umzüge machen das lustvolle Leben aus, auch nicht der Umgang mit schönen Knaben und Weibern, auch nicht der Genuß von Fischen und sonstigen Herrlichkeiten, die eine prunkvolle Tafel bietet, sondern: eine nüchterne Verständigkeit, die sorgfältig Gründen für das Wählen und Meiden nachgeht und mit allen Wahnvorstellungen bricht, die den Hauptgrund zur Störung der Seelenruhe abgeben.« (Epikur)

Die Welt steht mir offen, ich kann alles haben, muß lediglich wissen, was ich will.

Die Grundfrage lautet: **»Was will ich?«**

Um mit dieser Kardinalfrage klarzukommen, hat sich in meinen Therapien die Unterteilung in drei Fragen sehr bewährt. Das sieht konkret so aus, daß ich mir also im Falle einer schwierigen Entschei-

dung oder wenn ich mir im Moment der Entscheidungslosigkeit gar nicht weiterhelfen kann, folgende drei Fragen stelle:
1. Was will ich eigentlich, sozusagen aus dem Innersten heraus, ohne darauf zu achten, was moralisch richtig oder technisch machbar wäre, sondern einfach meinem inneren Lustgefühl, meinem Instinkt oder meinem egoistischen Bedürfnis nachgebend? Also was will ich denn eigentlich, ich, ich, ich? (Haben)
2. Was will ich denn für einer sein, also welches Image möchte ich eigentlich repräsentieren, als was für einer möchte ich gelten? Was läßt sich mit meinem Stolz, meinem Charakter, mit meiner Rolle hier in der Welt am besten vereinbaren? (Sein)
3. Welche Konsequenzen folgen aus dieser Entscheidung, bzw. nach welcher Entscheidung fühle ich mich hinterher am wohlsten? Wie werde ich mich wohl nach welcher Entscheidung fühlen? (Tun)

> »Der eine fragt: Was kommt danach? Der andere fragt nur: Ist es recht? Und also unterscheidet sich der Freie von dem Knecht.« (Theodor Storm)

Was will der Mensch?

Selbstverwirklichung

»Ich denke, also bin ich«, meinte Descartes und formulierte damit philosophisch, was jedes Kind eines Tages entdeckt: sein eigenes »Ich-selbst-Sein«. Ich bin ein eigenes Wesen, abgeschnitten von allen anderen, allein. Jedes Verbindungsgefühl setzt ein Kontaktnehmen voraus, und dafür muß ich wählen und meiden, selektieren: denn mit allen verbunden sein zu wollen hieße ja, mit niemandem richtig verbunden zu sein. Wenn ich ja zu einer Sache, zu einem Menschen sage, sage ich in diesem Moment nein zu allen anderen. Ich kann nur einen Menschen küssen, nur mit einem Menschen schlafen, mit einem Menschen ein inniges Gespräch führen. Also muß ich mich lösen von der Sehnsucht nach all den anderen, wenn ich ganz präsent sein will. Das ist nicht schwer, wenn ich weiß, wer oder was gerade zu mir paßt. »Erkenne dich selbst«, war deshalb der erhabenste Satz der Antike, und er ist heute noch der tragendste Satz der Psychotherapie. Denn Selbsterkenntnis hat nicht nur Selbstheilung zur Folge, sie ist auch die Grundlage jeden glücklichen Lebens und jeder befriedigenden Partnerbeziehung. Ahne ich einmal, wer ich bin und was ich will, so bin ich auf dem richtigen Weg. Wohin? Zu meiner einmaligen Identität. »Werde, der du bist«, mahnte Heraklit und empfahl, sich zu lösen von falschen, nicht zu einem passenden Lebensmustern. Die Forderung nach Selbst-Akzeptanz, danach, sich einfach so anzunehmen, wie man ist, mit seinen Schwächen und mit seinen Stärken, ist nach wie vor auch noch heute brennend aktuell. Doch die Freiheit der eigenen Identität zeigt sich erst beim konkreten Tun und Lassen. »Tu, was du kannst« bedeutet nicht nur, das zu lassen, was man nicht kann, und sich auf das zu besinnen, was man gelernt hat bzw. wofür man Talent besitzt (»Schuster, bleib bei deinem Leisten«, sagt der Volksmund), sondern vor allem, auch wirklich das zu tun, was einem möglich ist, sozusagen die vorhandenen Ressourcen voll auszuschöpfen.

»Wenn du eine Rolle übernimmst, der du nicht gewachsen bist, so spielst du sie nicht nur schlecht, sondern versäumst auch eine andere, die du vollkommen gut spielen könntest.« (Epiktet)

Zur Verantwortung, mit den eigenen Talenten etwas Konstruktives anzufangen, schreibt die Bibel:

»Denn wer da hat, dem soll dazu gegeben werden, und er wird in Überfluß haben; wer aber nicht hat, dem wird auch das, was er hat, genommen werden.« (Matthäus)

Die Folge dieser Entwicklungsschritte ist das zunehmende Gefühl von Orientierung. Ich blicke immer mehr durch. Dadurch wird das Verhältnis von Unbekanntem zu Bekanntem immer geringer. Und da wir eigentlich nur Angst vor dem Unbekannten haben, nimmt damit die Angst immer mehr ab. Mehr noch: Ich bekomme das Gefühl für meine Grenzen und mehr Bewußtheit meiner Möglichkeiten. Kann ich nun diese Fortschritte vor allem aus der Rückmeldung, aus dem Austausch mit anderen, auch wieder einbringen?

Wenn ich mich selbst besser kenne, mich besser annehmen kann, mir meiner Grenzen bewußt bin und meine Fähigkeiten entfalte, d.h., wenn ich auf dem Weg bin, eine eigene Identität zu entwickeln, dann kann ich mich besser und offener auch auf andere konzentrieren und sie kennenlernen.

Ein Fallbeispiel:

Markus W. dachte zurück an seine erste Kindheitserinnerung: Er lag allein im Kinderzimmer, ca. 3 Jahre alt, und hatte Angst. Die Autos, die unten vorbeifuhren und mit ihren Scheinwerfern durch die Bäume hindurchhuschende Schatten auf die Kinderzimmerdecke warfen, waren das schlimmste. Sie sahen aus wie einander jagende Teufel. Er hatte immer schon viel Phantasie gehabt und zu Tagträumereien geneigt. Aber die meiste Angst hatte er eigentlich verspürt, als er die Streite zwischen seinen Eltern miterleben mußte. Es ging immer nur um Eifersucht. Vater war oft weg, und keiner traute dem anderen. Er könne sich heute noch sehr gut daran erinnern, wie wenn es gestern gewesen wäre, daß er im Laufstall stand und sich so furchtbar ohnmächtig fühlte und der Mutter so gern geholfen hätte und wie die Angst, Verwirrung und Hilflosigkeit in Wut umgeschlagen war. Diese Angst, der Mutter könne etwas passieren und er müsse versuchen, ihr zu helfen, zog sich durch seine ganze Kindheit und Volksschulzeit. Erst als dann im Gymnasium Probleme mit den Noten auftauchten, begann er sich um sich selbst zu kümmern und nicht dauernd nur an seine Mutter zu denken. Obwohl er eigentlich immer alles für die Mutter getan hatte – so fiel ihm heute nach langer Zeit zum ersten Mal wieder ein –, hatte er sich von ihr gefühlsmäßig abgekoppelt, als er bereits im Kindergarten eine feste Freundin hatte. Mit dieser ging er ca. zehn Jahre lang durch dick und dünn, bis er 14 war. Seine Mutter war wie auf alles bei ihm und seinem Vater natürlich auch auf diese »erste Freundin« eifersüchtig.

Die Jugendzeit war dann vor allem deshalb turbulent, weil er weder so wie der Vater noch so wie die Mutter werden wollte, weder wie der Vater immer flüchtend und unterwegs noch wie die Mutter eifersüchtig und besitzergreifend. In seiner ersten Ehe hat er dann versucht, das zu verwirklichen, was in der Kindheit und Jugendzeit nie möglich war: alles zusammenzubringen. Eine Frau, auf die er stolz sein konnte und die zugleich Geliebte war. Er heiratete sehr früh eine Lehrerin, die ein paar Jahre älter war als er. So konnte er noch fertig studieren. Das lief etwa fünf Jahre lang so. Kaum war er fertig mit dem Studium, begannen plötzlich Riesenprobleme zwischen den beiden aufzutauchen. Er hatte es doch immer sehr gemocht, daß sie beide viel diskutierten und als differenzierte Men-

schen auch eine bewußte und reflektierte Beziehung führten. Aber jetzt, wo er den ersten Job in einer großen Firma hatte und als angestellter Betriebswirt eigentlich voll ausgelastet war, die viele Theorie in die aufregende Praxis zu übertragen, da hatte er schlagartig kein Bedürfnis mehr nach Partnerdiskussionen und Ehereflexionen. Es kam wie so oft: Er »fand« eine faszinierende, aber unkompliziert-positive junge Frau, mit der er mehr und mehr Zeit verbrachte. Hier konnte er Energie auftanken, hier konnte er spontan seine Gedanken äußern und mußte nicht dauernd auf Kritik gefaßt sein oder sich tiefschürfenderen Nachfragen stellen. Es entwickelte sich ein regelrechtes Ehedrama, da er einerseits seine Frau nicht aufgeben wollte, aber auch nicht so, wie es war, bei ihr bleiben konnte. Nachdem er im Beruf schon etwas Fuß gefaßt hatte, traute er sich die Trennung zu. Als er dieses Mal »von zu Hause auszog«, ging es nicht darum, endlich eine Heimat zu finden, sondern um das Gefühl, endlich frei zu sein. Natürlich glaubte er, es nur mit Hilfe seiner Fluchthelferin geschafft und in seiner Beziehung zu der neuen Freundin eine Begleiterin gefunden zu haben, die ihn unterstützte, während er aber das Steuer führte. Eine ideale Beifahrerin im Auto sei sie tatsächlich, erzählte er mir, als wir darüber sprachen, daß er sich offenbar vorgearbeitet hatte von der Position im Fond von Mutters Auto über den Beifahrersitz des Studenten im Wagen seiner verdienenden Frau bis zum Steuer am eigenen Wagen. In dieser Position ging es einige Jahre sehr gut. Er lebte mit der Freundin zusammen, heiraten wollte er vorerst einmal nicht mehr.

Bis das Gefühl »das kann doch nicht alles sein« immer stärker wurde. Auf der einen Seite hatte er alles, was er wollte: Erfolg im Beruf, Geld, ein schnelles Auto und diese Beziehung, in der es selten Probleme gab. Er hatte sozusagen die Decke der Unfreiheit durchstoßen und war zur Selbständigkeit durchgebrochen. Er war sein eigener Herr. Eine ungeübte Position, ein ungewöhnliches Gefühl für ihn. Er merkte, daß sein Sicherheitsbedürfnis, also sein Gefühl, ohne Angst, heiter und entspannt zu sein, direkt mit dem Geld zusammenhing. Er erkannte, daß er eigentlich noch lange nicht frei war, sondern nur eine Verschiebung vorgenommen hatte: früher beruhigte es ihn, wenn seine Mutter, später, wenn seine Frau mit ihm zufrieden war. Heute holte er sich das Gefühl, o.k. zu sein, »alles richtig gemacht zu haben«, aus dem Umsatz in seiner Firma: wenn der in Ordnung war, dann war auch er bzw. seine Leistungsfähigkeit in Ordnung.

Genau in dieser Phase trat ein junges Mädchen in sein Leben, das ihn forderte, ihm zur Aufgabe wurde. Sie war ziemlich kompliziert und anspruchsvoll. Sie konfrontierte und provozierte ihn, allerdings auf eine mädchenhafte Art, die ihn weder an seine Mutter noch an seine erste Frau erinnerte. Eher schon fühlte er sich ab und zu wie der große Bruder oder vielleicht sogar ein bißchen väterlich. In diesem Dilemma – er hatte seine Beziehung zur Mutter und die zur ersten Frau noch nicht verarbeitet und stand nun mit diesen beiden Frauen in Verbindung – kam er zu mir in die Praxis. Denn es hatten sich seit dem Auftauchen dieses Mädchens Arbeitsprobleme eingestellt. Er war lustlos geworden, wenn überhaupt an etwas interessiert, dann am Philosophieren mit diesem Mädchen. Ansonsten träumte er viel und mußte sich mit Gewalt an den Schreibtisch zwingen, jedoch ohne viel Erfolg.

Bereits in einer der ersten Sitzungen ging es zentral um die **Veränderung der Präferenzen von erstens Beruf, zweitens Partnerin** und **drittens er selbst**. Ihm wurde bewußt, daß er sich selbst immer an dritter Stelle sah und, um seine Bewußtseinsentwicklung zu verdrängen, abwechselnd Beruf oder Freundin an erster Stelle setzte. Das Motto für diese Phase der Therapie hieß jetzt: »Job und Partnerinnen kommen und gehen, ich selbst aber bleibe mir – im Idealfall auch noch – treu.«

Der Therapieplan sah zwei Strategien vor: eine Art kurzfristiges Krisenmanagement, um die aktuelle Situation zu meistern und den Job nicht zu gefährden, und eine langfristige Veränderungsstrategie, um die Wurzeln und die Ziele seines Lebens bewußter und damit stimmiger zu machen. Zum Krisenmanagement gehörte neben der Bewußtmachung und Bearbeitung seines aktuellen »seelischen Energiehaushaltes« auch das Einüben einer Entspannungstechnik, um ruhiger zu werden und überdies, um sich seiner Autonomie und seiner Kräfte als unabhängiger Mensch erfahrbar bewußt zu werden.

Nach und nach kam heraus, daß ein stark eingefahrenes Muster aus Leistung, Versagensangst und Depression immer wiederkehrte. Grafisch gesehen, hatte es sich seit Beginn seiner neuen Arbeit immer so verhalten:

◨ = unrealistischer Überflug/Übernehmen
A = abgehoben, B = fallen, X = Gefühl die Luft geht aus.

Er wollte nicht wahrhaben, daß alles seine Grenzen hat; die Folge waren depressive Verstimmungen, weil die gesunde Erholungsphase als Rückschritt interpretiert wurde.

Daß er überhaupt so lange Erfolg hatte im Beruf, lag daran, daß er sich hoffnungslos übernommen hatte, d. h., mit etwa 250% Energieaufwand hatte er die 100% geschafft, die notwendig waren.

Die Einsicht in die Notwendigkeit, daß alles seine Grenzen haben muß und daß jeder Druck einen Gegendruck erzeugt, d. h. alles seinen Preis hat, ließ ihn eines Tages ein Bild malen, in dem er sich damit auseinandersetzte, daß ein Turm ein um so tieferes und breiteres Fundament braucht, je höher er gebaut werden soll. Während er die Höhe seiner Soll-Leistung reduzierte, konnte er seine eigene tatsächliche Leistung eher als positiv annehmen. Damit verringerte er die Gefahr eines Allmacht-/Ohnmachtgefühls (»Ich muß eigentlich alles können – aber im Vergleich zu allem ist das, was ich tatsächlich kann, überhaupt nichts!«). Und wie wir aus der Forschung wissen, ist die Nähe zwischen Selbst- und Idealeinschätzung ein Maß für das persönliche Selbstwert-

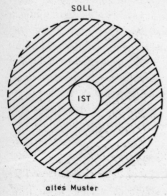

altes Muster

"Allmachts – Ohnmachts – Dilemma"

neues Muster

"ich lebe so, wie ich leben will"

gefühl, die Distanz zwischen der Selbst- und der Idealeinschätzung ein Maß für das persönliche Minderwertigkeitsgefühl.

Im Lauf der weiteren Arbeit an sich selbst kam er zu der Einsicht, daß er bislang immer in der Position des Reagierens gelebt hatte und ein Teil der Probleme ganz einfach daher rührte, daß er mit der neugewonnenen Freiheit noch nicht entsprechend umgehen konnte.

vom
REAGIEREN "ich soll"

zum
AGIEREN "ich will"

versteckt sich in Schein-Geborgenheit, rennt blind hinterher. (Brett vor'm Hirn)

übernimmt Verantwortung, "führt" sein Leben, steuert seinen Weg konfrontiert sich mit Entscheidungen

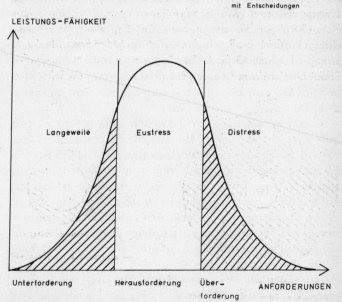

Was seine Arbeit betraf, so fand er heraus, wo er seine optimalen Streßgrenzen festlegen mußte. Denn ohne Druck konnte er überhaupt nichts zustande bringen, und bei zuviel Druck rutschte er wie in einer Art Totstell-Reflex in eine Depression hinein. Dasselbe konnte er in seinen Beziehungen feststellen: Bei seiner Frau war er passiv geblieben; bei seiner Freundin war zuwenig Gegenüber da, er spürte sie zuwenig.

Nachdem er seine berufliche Situation stabilisiert hatte, beschloß er, sich mehr um sich selbst zu kümmern. Er beendete die Therapie mit dem Ziel, die beiden Freundinnen als ergänzende Beziehungen beizubehalten, vor allem aber, sich selbst persönlich »leistungsfrei und emanzipiert« kennenzulernen.

Erfolgserlebnisse

»Nichts ist erfolgreicher als der Erfolg.« Daß an diesem Spruch etwas Wahres dran ist, kann man immer wieder bei den »Erfolgreichen« beobachten. Bei ihnen geht nichts schief, wenigstens nichts Wesentliches. Ein Erfolgserlebnis jagt das andere. Und das verdanken sie nicht einem gütigen Schicksal, das machen sie selbst – im Prinzip nach einem ganz einfachen Rezept.

Wenn ich ganz fest daran glaube, daß dies oder jenes gutgeht, wenn ich ganz positiv und optimistisch an eine Sache herangehe, dann wird sie auch klappen. Das stimmt mich froh und macht mich sicher. Und wenn es diesmal gelungen ist, dann wird es auch beim nächsten Mal gutgehen. Das tut es nach diesem Rezept, und schon ist die Erfolgsserie geboren.

Ich höre Sie schon seufzen und stöhnen: »Wenn das so einfach wäre...« Es ist so einfach. Man muß nur den ersten Schritt dazu tun: fest an sich und seine Kraft glauben, zu dem Problem, das man gerade bewältigen will, positiv eingestellt sein und dann mutig anpacken. Stellt sich der Erfolg ein, stärkt dieses Erlebnis das Selbstvertrauen, das ganz wichtig ist für unser Selbstwertgefühl, das uns zu einer autonomen Persönlichkeit verhilft. Die Zuversicht in die eigene Kraft wächst. So gestärkt durch den positiven Ausgang der ersten Problembewältigung, ist man bereit, auch die nächsten Situationen mutig anzugehen.

Das müssen beileibe keine weltbewegenden Dinge sein, allein der längst fällige Brief an die etwas schwierige Tante, auf den eine nette

Antwort folgt; eine unangenehme Arbeit im Büro – mit Bravour erledigt –, die ein Lob des Chefs einbringt; der lange aufgeschobene Behördengang, der sich als ganz harmlos herausstellt (übrigens, Beamte sind auch nur Menschen), dies alles trägt dazu bei, an sich selbst zu glauben, sich etwas zuzutrauen, sich zu vertrauen und damit ein Selbstwertgefühl aufzubauen, das uns einige Schritte weiterbringt, eine eigene selbstbestimmte Persönlichkeit zu werden.

Das Gefühl von Freiwilligkeit

Ein Merkmal hat sich im Laufe der Evolution bis zum heutigen Menschen entwickelt: daß man eine Entscheidung dann lieber fällt, wenn man das Gefühl hat, sie freiwillig zu fällen. Dazu gehört auch, daß man einmal »nein« sagen kann, auch wenn es vielleicht dem anderen nicht gefällt. Doch nur Verweigern oder Kritisieren – oft eine angstbesetzte Reaktion in einer Schrecksituation – ist damit nicht gemeint, das bringt auf Dauer keine Glücksmomente.

Freiwilligkeit ist ein Gefühl, aus dem große Kraft zu schöpfen ist, es beinhaltet nicht nur »frei«, sondern auch »Willigkeit«, einmal im Sinne von offen, aufgeschlossen, für alles bereit sein und zum anderen von wollen, also anstreben, erreichen wollen. Klappt es, kommt man aus freiwilligen Stücken zum Erfolg, so darf man sich die Erfolgsorden auch getrost anstecken. Wäre es hingegen nur ein Ausführen von Aufträgen gewesen, dann wäre man nur als Lakai, als Schauspieler gut gewesen, aber nicht als eigenständiger Mensch, als Lebenskünstler. Was zählt, ist immer die selbstverantwortliche freiwillige Entscheidung.

In der Sexualität spielt diese Freiwilligkeit eine große Rolle. Es gibt nichts Schlimmeres, als sich als Sexobjekt zu fühlen, das benutzt wird. Die Alternative dazu ist, aktiv zu werden, positiv die Initiative zu ergreifen. Wenn beispielsweise eine Frau mit einem Mann schlafen will und sie es ihm so vermittelt, daß er gern darauf eingeht, dann steigt ihre Selbstsicherheit. Sie hat erfahren, wie sie es anstellen muß, um erfolgreich zu sein. Hätte sie nur gehofft und kokettiert, wäre sie nie dahinter gekommen, warum es im positiven Fall geklappt hat oder im negativen, warum es schiefgegangen ist.

Gemeinschaftsgefühl

Stellen Sie sich vor, Sie sind einfach schlecht gelaunt, irgendwie daneben, mögen sich und die Welt nicht und gar nichts. Diese miese Stimmung kann natürlich verschiedene Ursachen haben. Trivial, meinen Sie? Vielleicht. Aber genau hier liegt der springende Punkt. Im Moment der schlechten Stimmung sind wir nicht geneigt, über Hintergründe nachzudenken. Im Moment wollen wir gar nichts, schon gar keinen »klugen« Vorschlag überdenken. Aber von allein wird sich nichts ändern. Denn wenn alles vorbei ist, wollen wir nicht mehr daran denken.

Schlechte Laune oder miese Stimmung können daher rühren, daß man einfach übermüdet ist, verängstigt und am liebsten weinen möchte. In diesen Fällen sollte man lieber allein bleiben, sich zurückziehen und die Gefühle allein verarbeiten. Es kann aber auch daher kommen, daß man vor irgend etwas Angst hat, diese Angst

---

In einer Untersuchung wurden 100 Studenten befragt, in welcher Situation sie gerne die Gesellschaft anderer hätten und wann sie lieber alleine sein wollten.
Hier die Antworten:

Situation	Studenten, die		
	mit anderen zusammen sein wollten	allein sein wollten	unent- schieden waren
Wenn man deprimiert ist	42	48	10
Wenn man beunruhigt ist über ein ernstes persönliches Problem	52	44	4
Wenn man müde ist	6	85	9
Wenn man sehr glücklich ist	88	2	10
Wenn man sich wegen einer Sache schuldig fühlt	45	43	12
Wenn man verärgert ist	16	76	8
Wenn einem nach Weinen zumute ist	8	88	4
Wenn man sich in einer ungewohnten Situation befindet oder etwas völlig Neues tut	77	13	10

(Nach Middlebrook, 1973, zit. in Zimbardo und Ruch, 1978.)

aber nicht konkretisieren kann, sondern nur in Form von schlechter Laune empfindet. In diesem Fall ist es besser, mit einem Menschen darüber zu reden, dann hat man wenigstens das Gefühl, nicht ganz allein zu sein und unverstanden in der Welt zu stehen, sondern zumindest von einem Menschen verstanden oder sogar getröstet zu werden.

Das ist der wesentliche Anfang, wo der Einsatz der Energie sich ändert: weg vom Sich-Ärgern (ein aktiver, energiezehrender Akt), hin zu den Möglichkeiten, sich Lösungen zu erarbeiten.

Anerkennung

Kein Mensch kann auf Dauer ohne Lob und Anerkennung auskommen, mag er noch so in sich ruhen oder von sich überzeugt sein. Irgendwann kommt der Zweifel, ob dies oder jenes richtig und gut war oder doch vielleicht falsch und schlecht. Denn Lob und Anerkennung führen zu Erfolgserlebnissen, die so wichtig sind für unser Selbstwertgefühl.

Dazu gehört in unserer heutigen Zeit vor allem die Anerkennung im Beruf, die sich nicht nur in Form eines guten Gehaltes ausdrückt. Die Anerkennung muß in Worten, in Gesten oder auch nur durch die Einstellung von außen, von den anderen kommen.

Vor allem in der Partnerschaft ist Anerkennung ein wichtiges Element für eine gute Beziehung. Doch wie oft wird sie gerade dort verweigert.

Der Fall eines Paares in einer klassischen Situation: Beide Partner haben sich im Betrieb kennengelernt, sind einige Jahre zusammengewesen und haben dann geheiratet. Als sie Kinder bekamen, hörte sie mit dem Arbeiten auf, und er machte Karriere. Es war eigentlich ein gutes Arrangement, in dem sie sich phantastisch ergänzten; einer ermöglichte dem anderen, in seiner Rolle gut zu sein: sie konnte sich, ohne arbeiten gehen zu müssen, ganz auf den Haushalt und die Kinder konzentrieren; er konnte sich voll im Beruf entfalten, weil sie ihm all den lästigen Kleinkram abnahm. Alles ging lange Zeit sehr gut. Bis sie eines Tages Depressionen und Heulkrämpfe bekam. Sie mochte nicht mehr aus dem Hause gehen und hatte Angst vor Besuch bei Freunden.

Was war passiert? Der Kontrast zwischen seinen Karriereerfolgen einerseits und ihren Anstrengungen ohne sichtbare oder finanzielle oder sonstige Belohnungen andererseits war so stark geworden, daß sie sich immer kleiner und dümmer und unfähiger fühlte. Aus der einst strahlenden, lustigen, selbstbewußten jungen Sachbearbeiterin war eine nervöse, blasse, scheue und gehemmte graue Maus geworden. Ohne den Mut, eines Tages den Hausarzt aufzusuchen, der sie dann zu mir schickte, wäre sie heute noch in diesem elenden Teufelskreis gefangen. Oder sie hätte längst Schlaftabletten genommen, wie sie mir sagte.

Ihr und ihrem Mann wurde im Lauf der Beratung immer klarer, wie lebenswichtig Anerkennung für den in unserer Gesellschaft lebenden Menschen ist. Denn Anerkennung gibt uns Sicherheit, bestärkt uns in dem Gefühl, okay und liebenswert zu sein, und zeigt uns, daß wir auf dem richtigen Weg sind. Das sind oft die drei Grundelemente, die von außen kommen müssen, um ab da die nächsten Schritte zur selbstorientierten Individuation zu wagen.

Altruismus

Anerkennung zu bekommen ist eine Form von **Geliebtwerden**. **Altruismus** ist eine Form von **Liebe geben**.

Ich glaube, daß der Mensch das Bedürfnis, geliebt zu werden, genauso intensiv verfolgt wie das Bedürfnis, lieben zu dürfen. Ob er jetzt gerechtigkeitsorientiert lebt, nach dem Ausgleichsprinzip oder nach dem Konzept der Fairneß: stets glaubt er, die Wahrscheinlichkeit, geliebt zu werden, dadurch erhöhen zu können, daß er selber liebt. Anders gesagt: Stets glaubt er, weniger Angst vor Verlust und Verlassenwerden etc. haben zu müssen, wenn er selbst freiwillig etwas gibt, eine Spende oder auch nur eine gute Tat. Doch in der Beziehung, der faszinierendsten Tauschszene aller Basare und Börsen zusammen, ist das Gott sei Dank nicht immer alles so transparent und direkt.

Übereinstimmung

Gisela F. ist fasziniert, weil der Ferrari fahrende, Maßanzug und Rollex tragende Harry O. sich jetzt um sie bemüht. Wenn er schon so wählerisch in anderen Dingen ist, weiß er auch meine Qualitäten zu schätzen, denkt sie. Sie wittert ihre Chance, daß endlich jemand die Perle in ihr, die Prinzessin in ihr entdeckt.

Umgekehrt denkt er, wenn sie schon mit dem und jenem attraktiven Kerl oder hohen Tier ausgegangen ist, muß ja wohl was dran sein an ihr. Außerdem, so arrogant wie sie sich gibt, muß sie sich das offenbar leisten können.

Sie gehen in ein teures Restaurant und tauschen ihre Interessen und ihre Hoffnungen aus. Viele Gemeinsamkeiten geben ihnen das Gefühl, beim anderen richtig zu liegen. Und es dauert auch nicht lange, bis sie das erste Wochenende gemeinsam verbringen.

Die Formel, die diese Beziehung erst einmal immer enger werden ließ, ist eine der faszinierendsten Entdeckungen der Sozialpsychologie. Als das ABX-Modell (Newcomb 1961) bekannt, sagt sie ganz schlicht, daß mir (A) ein Mensch (B) dann vertrauter erscheint, wenn er das gleiche wie ich mag und das gleiche wie ich nicht mag (X). Das ist ganz einfach und dennoch sehr trickreich. Ich kann nämlich auf diese Art meine Identität stärken, Kontakt mit Menschen pflegen, die dieselben Ansichten wie ich teilen, sowie Abgrenzung von solchen Menschen schaffen, die das mögen, was ich nicht mag und vice versa. »Ein Mann braucht Feinde«, heißt es im Volksmund, womit gesagt werden soll, daß erst derjenige ernst genommen wird, der sich durch Abgrenzung von anderen zu einer Meinung bekennt.

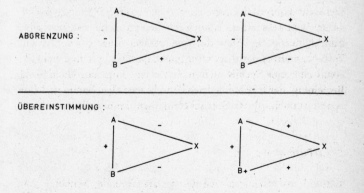

Insbesondere in partnerschaftlichen Beziehungen oder in der Ehe entstehen Streitsituationen aus ganz schlichten Meinungsverschiedenheiten. Das Muster sieht so aus:

A mag X, aber B mag X nicht. Da A und B einander mögen, müssen sie sich irgendwie einigen. Meist gibt einer von beiden nach einer Weile nach. Sollte die Dissonanz aber nicht aufgehoben werden können, wird sie dann leichter toleriert, je mehr andere sie gemeinsam mögen und A und B miteinander verbinden. Das heißt, wenn sowohl er als auch sie durch viele Gespräche und miteinander erlebte Situationen wissen, daß sie in den meisten und vor allem in den wesentlichen Dingen (X) übereinstimmen, können sie die letztlich immer auch vorhandenen Verschiedenartigkeiten leichter akzeptieren.

Vom kindlichen Wunsch zum erwachsenen Ziel

»Ich will« drückt in der deutschen Sprache meist einen Wunsch aus im Sinne von »ich möchte«, obwohl es gelegentlich auch im Sinne von »ich werde« benutzt wird, z. B. »ich will mal sehen...«. Im Amerikanischen wird »I will« für wollen und werden gebraucht. Was ist der Unterschied?

Eine Wunscherfüllung kann nicht direkt von mir aus gesteuert, sondern nur indirekt durch Wohlverhalten angenähert werden, wenn ein anderer darüber verfügt oder aber, wenn ich meinen Teil dazu beitrage. Ich wünsche mir beispielsweise, gesund zu bleiben, und lebe deshalb gesundheitsorientiert, was mir aber noch keine Sicherheit dafür gibt, daß mein Wunsch auch erfüllt wird.

»Ich will« im Sinne von ich möchte / ich wünsche: Wunsch: wird er erfüllt?

»Ich will« im Sinn von ich werde / ich erstrebe: Ziel: ich erreiche es oder nicht.

I will (englisch) ist gleich ich will ist gleich ich werde (tun etc.).

Solange ich etwas als Wunsch formuliere, bin ich nicht selbst der Alleinverantwortliche für die Wunscherfüllung. Das kann in solchen Fragen, die meine Möglichkeiten übersteigen, vollkommen angemessen sein. Ich wünsche mir z. B. Frieden oder das Ende des Welthungers, daß die Menschen einander besser verstehen oder mit der Erde konstruktiver umgehen. Das sind Wünsche, die sich der direkten Einflußnahme des einzelnen entziehen. Ein Ziel dagegen wäre z. B. die Verbreitung meiner Gedanken in Form dieses Buches, das ich durch Engagement, Disziplin und Geduld schreiben kann.

Neurotisch würde ich ein Verhalten bezeichnen, das verdeutlicht, wie ein erwachsener Mensch ein Ziel sieht und es wie einen Wunsch behandelt. Wenn er beispielsweise ein fernes Land kennenlernen will und, anstatt Geld aufzutreiben und eine günstige Reiseroute zu organisieren, sich nur wünscht, daß er dort wäre. Ein besonders deutliches Beispiel ist das Übergewichtsproblem. Ich kenne eine Reihe infantil-neurotischer Menschen, die sich wünschen, schlanker zu sein, aber nichts dafür tun. »Es wäre schön...« – »Lieber Gott, mach, daß...« – »Es soll sein, daß ich...« Das sind alles Sätze, die einem als Kind helfen zu hoffen. Für den Erwachsenen aber reichen sie nicht aus. Hier heißt es Ziele setzen und die notwendigen Schritte zur Realisierung zu starten. Zu klären ist, was tatsächlich mein Wille ist und welche Strategien nötig sind, um ans Ziel zu gelangen. Ich gebe meinen Klienten stets das Motto »dranbleiben und Geduld haben« an die Hand. Wie ich bereits an anderer Stelle gezeigt habe, klappt es oft nicht schon beim ersten Mal. Aber das macht überhaupt nichts.

Oder gehören Sie auch zu den Menschen, die sich dann ärgern?

Die Lösung von unrealistischen Erwartungen

»Da habe ich mich aber geärgert« ist nichts anderes als der Ausdruck einer Selbstbestrafung. Man selbst ärgert sich. Ich selbst ärgere mich. Er, sie, es ärgert sich selbst. Warum? Meist deshalb, weil man seinen eigenen Grundsätzen nicht treu geblieben ist. Oder weil man sich selbst am Erfolg gehemmt hat und erkennt, selbst schuld an einer Ineffizienz gewesen zu sein. Was tun? Sich selbst dafür bestrafen, sich selbst gram sein, sich selbst herunterziehen, das ist meist das einfachste, denn da wehrt sich ja niemand dagegen. Die

Folge ist, daß neben der Energievergeudung, über die man sich ärgert, auch noch die Energievergeudung des Ärgers selbst hinzukommt und am Ende kaum noch Energie da ist, um die richtige Lösung anzustreben.

Es geht doch darum, Toleranzniveau zu bewahren, um Mißerfolge anzunehmen und den nächsten Anlauf zu versuchen, einen besseren Weg einzuschlagen, um zum Ziel zu gelangen. Ärger bedeutet gleichzeitig, statt im Hier und Jetzt in der Vergangenheit zu leben, obwohl mir die Gegenwart doch eine Chance bietet, es anders – nämlich richtig – zu machen. Wenn ich mich ärgere, blicke ich zurück und vermiese mir durch den bewertenden Blick in die Vergangenheit auch noch die gegenwärtige Situation. Wenn ich also versuche, im Hier und Jetzt, also in der Gegenwart zu leben, dann bedeutet das, wertungsfrei mich an potentiell ärgerlichen Situationen zu orientieren und es eben anders zu machen, d.h., aus meinem Fehler zu lernen.

Ein sehr verbreiteter Grund, sich zu ärgern, ist die Erwartungshaltung, daß alles beim ersten Anlauf glücken müsse. Das muß zur Enttäuschung führen. Enttäuschung ist stets die Folge einer unrealistischen Erwartungshaltung. In unserem Fall sieht es so aus, daß – und das können Sie in Ihrer täglichen Lebenspraxis selbst beobachten – die meisten Dinge oft erst beim zweiten Anlauf funktionieren: ob Sie Ihren Wagen anlassen wollen oder eine Einbauküche bestellen, Tulpenzwiebeln setzen oder ein Kind zeugen wollen. Es wäre unrealistisch zu erwarten, daß immer alles beim ersten Mal klappt. Natürlich kann es vorkommen, aber dann ist es ja höchstens ein Grund zur Freude. Der Lebenskünstler erwartet also, daß es nicht beim ersten Mal, sondern wahrscheinlich erst beim zweiten Mal funktioniert. So ist seine Erwartungshaltung realistisch, und er wird selten enttäuscht werden. Aber er hat sich die Chance eingebaut, positiv überrascht zu werden, wenn es wider Erwarten doch auf den ersten Anhieb klappt. Wieder einmal ein Beispiel dafür, daß unsere Welt nicht theoriegemäß funktioniert, sondern daß es darum geht, sich an Erfahrungswerten zu orientieren und nicht an Schulbuchwissen. Denn das macht nur der Spießer oder der Ignorant, der meint, es kann nicht sein, was nicht sein darf.

Insbesondere im sexuellen Bereich ist diese Lebenseinstellung die Grundlage für freies und freiwilliges Ausprobieren, was beiden gefällt. Wie oft kommt es vor, daß sie nicht kann, wenn er will, oder daß er gerade nicht aufgelegt ist, wenn sie selbst in Stimmung ist. Und wenn es sich dann doch beim ersten Anlauf fügt, daß beide wollen und auch gerade können: dann ist das phantastisch!

Handeln

Vom Haben über das Sein und Tun

> **Freude am Tun:**
> Arbeit ist ›sichtbar gemachte Liebe‹: »Was heißt: mit Liebe schaffen? Es ist, ein Haus zu bauen mit Zuneigung, gleich als solle eure Geliebte in diesem Hause wohnen, es heißt, zu säen die Saat mit Zärtlichkeit und zu ernten mit Freuden, gleich als sollte euer Liebster von diesen Früchten essen, zu durchdringen jedes Ding, das ihr herstellt, mit einem Hauch eures eigenen Geistes und zu wissen, daß alle Seligen euch umstehen und mit euch sind.« (Kahlil Gibran)

Erinnern wir uns einmal an die Glücksformel: Langeweile ist das Gegenteil von Glück. Um glücklich zu werden (übrigens auch um Depressionen zu vertreiben), muß man aktiv sein; am besten sind Abenteuer. Also etwas tun. – Und umgekehrt: Man tut etwas, um etwas davon zu haben ...

Auch unsere Sprache zeigt es: Angst **haben**, aber lieben (tun) bzw. Liebe **machen**. Dazwischen liegt das Gefühl von Geborgensein.

Wenn ich **Angst** habe, mache ich zu. Ich verschränke meine Arme, oder ich verstecke meine Hände in meinen Taschen. Die durch die Angst in mir aufgebaute Spannung aber will entladen werden: entweder ich flüchte irgendwohin, oder ich bleibe und versuche den Mut aufzubringen, um die Angst durchzustehen und dann meine Wut rauszulassen und zu kämpfen. In beiden Fällen sind meine Muskeln angespannt, die Sinne geschärft. Angst sagt mir: Mein Leben ist in Gefahr. Ich denke nur, weg hier. Ich kann die Angstsituation auflösen, entweder wenn ich mich selbst entferne oder wenn ich die Angstquelle weggeschafft habe. Den Kloß im trockenen Mund, weiß im Gesicht, die Hände kalt, feucht und verspannt.

Eines der ungesündesten Gefühle ist das Gefühl der Hilflosigkeit. Sich ohnmächtig ausgeliefert oder ohne Ausweg schutzlos bedroht zu wissen, das erzeugt Streß, das macht Angst. Wenn die Angst noch nicht in ihren Grenzen erkannt und damit zu bewältigen ist oder noch nicht in Wut umgeschlagen ist, beben Körper, Gedanken und Gefühle auf höchsten Touren im Stillstand. Wie am Katapult eines Flugzeugträgers bin ich aufs äußerste gespannt und dennoch bewegungslos. Ich bin vor lauter zielloser Energie gelähmt. Ich habe so lange dieses Gefühl, der Angst ausgeliefert zu sein, solange ich nicht weiß, wohin: Soll ich fliehen oder angreifen? Soll ich etwas unternehmen oder mich einfach still verhalten? Vergeht »es« wieder, oder muß ich mich darum kümmern? Die Aufgabe zielt auf die Kernfrage: tun oder lassen? In beiden Fällen trage ich die Verantwortung. Für die Entscheidung, für die Ausführung und für die Folgen. »Das ist das schwierigste«, höre ich an dieser Stelle von meinen Klienten. Stimmt. Aber es ist die einzige Möglichkeit. Wofür? Um Angst loszuwerden. Denn nur wer Angst durchsteht, wird sie los. Und für die Individuation gilt: »Wir werden wir selbst, indem wir in die Grenzsituation offenen Auges eintreten«, sagt der Psychologe und Arzt Karl Jaspers.

Kein Gerede und keine Rede, kein Plakat und kein Buch sind so überzeugend wie die Tat. Nicht Worte, sondern Taten zählen. Was nützen mir großartige Weltverbesserungspläne, die mir mein Bar-Nachbar einreden will, wenn er selbst nicht einmal seine Zeche bezahlen kann? Wie will mir ein unverheirateter Pfarrer erklären können, worauf es in der ehelichen Kommunikation ankommt? Mich überzeugt jemand doch erst dann, wenn er mir zeigt, daß er es kann. Ich finde insbesondere in der Philosophie und in der Psychologie wenige Vertreter, die über das Leben schreiben und es selbst beherrschen. Unter den wenigen jedoch fand ich z. B. Epiktet, der mich in meiner Forderung mit folgenden Worten unterstützt:

»Iß und trink, betrage dich wie ein Mensch, heirate, zeuge Kinder, mache dich im Staat nützlich wie ein Mensch, ertrage Schmähungen, einen unverständigen Bruder, vertrage dich mit deinem Vater, deinem Sohn, Nachbarn, Gefährten. Das sollst du uns zeigen, damit wir sehen, daß du in der Tat etwas von Philosophie verstehst!«

Oder wie auch Marc Aurel lapidar meinte:

»Überhaupt nicht mehr diskutieren über die Beschaffenheit des guten Menschen, sondern ein solcher sein.«

Und wie Karl Jaspers sagte:
»Freiheit erweist sich nicht durch meine Einsicht, sondern durch meine Tat.«

Reifen kann man nur durch Erfahrung

Um zu reifen, mich weiterzuentwickeln und zu wachsen, ist jeweils reales Erleben notwendig: Ich selbst muß eine Situation tatsächlich erleben, um sie »begreifen« zu können, körperlich, geistig und emotional zu erfahren. Die Vorstellung oder das Betrachten z. B. einer Fernsehszene ist nur ein Miterleben. Es wirkt im Sinne persönlichen Wachstums nicht reifefördernd. Zum Erleben ist das eigene Tun, das aktive Handeln und persönliche Engagement Voraussetzung.

Erinnern Sie sich selbst an Ihre letzten Wochenenden. Wissen Sie noch, was Sie gemacht haben? Sie werden sich an Ereignisse, die zu Erlebnissen wurden, erinnern, daran, was Sie **unternommen** bzw. **getan** haben, und daran, was Sie persönlich emotional **bewegte**.

Hirnphysiologisch bildet jedes reale Erleben eine Gedächtnisspur auf der Hirnrinde, ein sog. Engramm. Diese eingravierte Lebensstrecke wird Teil Ihres Persönlichkeitssystems, aus dem Sie Meinungen und Eigenschaften, Ihre Weltanschauung und Ihr Menschenbild schöpfen. Ist es einmal zur Spur geworden, können Sie dieses Erleben als Erinnerung oder als Vorstellung abrufen. Sie haben sich in der realen Auseinandersetzung mit der Welt ein Bild gemacht und können dieses jederzeit, am besten im entspannten und zurückgezogenen Zustand, also möglichst unabhängig von Außeneinflüssen, wiederaufleben lassen. Und wie wissenschaftliche Untersuchungen belegen, wirkt die Vorstellung ähnlich wie die reale Situation auf Ihren Körper. Aber eben erst dann, wenn Sie sie früher schon einmal real erlebt haben (vergleiche z. B. F. Dunbar, Emotions and bodily changes. New York 1964).

Aus dem Spektrum erlebter Ereignisse kann ich meine Erfahrungen ziehen. »Ich machte die Erfahrung« heißt, ich kenne die Folgen. Ein Mann mit Erfahrungen gilt als ein reifer Mann, der weiß, was er tut, der weiß, welche Folgen sein Handeln nach sich zieht. Dazu gehört nicht nur das **Haben**, das sozusagen die materielle Basis ist: Wenn ich ein Ticket habe, kann ich reisen; wenn ich einen Garten habe, eine Werkstatt, eine Schreibmaschine, kann ich etwas damit anfangen. Dazu gehört vor allem das **Sein**: Wer bin ich? Wer will ich sein? Wie sehen mich die anderen? Bin ich formal kompetent (für eine Funktion, z. B. als Redner)? Bin ich inhaltlich fähig, d. h., kann ich das (z. B. als Gärtner)? Und dazu gehört das **Tun** – und **Lassen** –, die verantwortliche Steuerung meiner Aktivitäten, meine positive »Lebensführung«: Wie stark will ich mich anpassen (evolutionär)? Wieviel will ich ändern (revolutionär)? Je mehr Erfahrungen ich gemacht habe, um so eher kann ich die Folgen erahnen, Zukunft gedanklich vorwegnehmen, Pläne schmieden für mein aktuelles Verhalten. Gleichzeitig kann ich mein Befinden steuern, weil ich die Wahl habe, aus einem großen Spektrum vielfältige Erinnerungen und Vorstellungen, die passen, abzurufen.

Ein Fallbeispiel

Die Symptome hatten vor einer Woche begonnen, und es wurde immer schlimmer: Der Bauch war gewölbt, die Verdauung ruhte sozusagen; er aß zwar normal, aber alles blieb im Magen hängen. Kein Stuhlgang, dafür das Gefühl, aufgebläht zu sein, rumorende Gase im ganzen Leib, ein Drücken bis hoch in den Kopf. Selbstverständlich empfahl ich ihm, seinen Hausarzt aufzusuchen, um die medizinische Abklärung und eventuelle medikamentöse Beeinflussung zu erörtern. Er wollte es in dieser Sitzung bei mir aber vor allem psychologisch interpretiert bekommen, den psychogenen Anteil dieser Körpersprache und vor allem die Botschaft erkennen. Wir kamen dahinter, daß er sich im Laufe der Therapie bereits viel erkannt hatte, jetzt aber Angst hatte, treu nach seinen Erkenntnissen zu leben, die Einsichten in reales Handeln umzusetzen.

Was ist Leben? Leben ist Stoffwechsel! Das Kennzeichen von Lebendigem, von Pflanzen, von Tieren und von Menschen, sind die Stoffwechselprozesse, der Austausch von Nehmen und Geben, von Einatmen und Ausatmen, von Essen und Ausscheiden. Dazu sind Prozesse des Umgestaltens und Entscheidens notwendig: Was will ich als Nährstoff für meinen Körper nutzen? Was will ich als Ballaststoff wieder ausscheiden? Entscheidung aber erfordert Mut und Kraft, das Gegenteil von Angst.

Sonst war es eigentlich seine Art gewesen, Ausflüchte zu finden,

Ausreden zu benützen, wenn er sich entscheiden sollte. Briefe blieben monatelang unbeantwortet; der Schreibtisch war ein einziges Chaos ungelöster Aufgaben; im Keller stapelten sich halbfertige und halbkaputte Dinge, »die alle mal gemacht werden müssen«. Aber diesmal wich er nicht aus, diesmal blockierte er regelrecht. Er »drückte« sich: Stagnation, Verweigerung, eine Art Ausbüchsen in die Passivität, ein Unterbinden essentieller Lebensprozesse, eine Koketterie mit der Selbsttötung.

Die Verantwortung für diese Entscheidungen wollte er sowohl in seinem Alltagsleben als auch bei seinen Verdauungsprozessen im Moment nicht übernehmen. Die Folge war, daß sich die unverdauten Speisen im Magen verselbständigten, vor sich hin gärten. So wie wenn jemand in seiner Küche nicht aufräumt und klärt, was weggeworfen werden muß, was gekühlt gehört und was nicht zu kalt gelagert werden darf. Die Folge in der Küche wäre auch, daß die Speisen schimmlig, sauer und faulig würden.

Im Therapiegespräch, bei dem ihm sozusagen auf der Körperebene deutlich wurde, wie er momentan mit seinem Leben umging und daß er zur Verdeutlichung der Brisanz unbewußt auch einen der existentiell wichtigsten Vorgänge – den Nahrungsstoffwechsel – gewählt hatte, fragte ich ihn ganz einfach, ob er schon einmal daran gedachte habe, sich zu übergeben, um den offenbar derzeit unverdaulichen Mageninhalt auf diese Weise loszuwerden. Wenn er schon daran arbeitete, sich zu ändern, warum nicht ganz konkret einmal die genau entgegengesetzte Richtung wählen.

Seine Antwort war für die Therapie sehr aufschlußreich: Er habe zwar gerade beim Hergehen darüber nachgedacht, würde sich aber eigentlich nie übergeben; auf mein Nachfragen erinnerte er sich an das letzte Mal – es war vor sechs Jahren gewesen. Das wäre keine Besonderheit, würde er nicht täglich mehrfach zu sich selbst sagen, daß er alles zum Kotzen findet. Das war sein geflügeltes Wort geworden. Seit Jahren hatte er bereits beim Aufstehen den Tag mit diesem Ausspruch begonnen. Seit Jahren also hatte er schon alles zum Kotzen gefunden, aber es nicht getan. Jetzt zwang ihn sozusagen der Körper dazu, sich treu zu sein. Und er benützte die tiefsinnige, paradoxe Formulierung: »Auf die Idee, mir den Finger in den Hals zu stecken und mich dann zu übergeben, würde ich nie kommen.« Aber da hatte er ja die Idee schon selbst geboren und ausgesprochen.

In der nächsten Sitzung sah man ihm bereits an, daß ein Knoten aufgegangen war. Keine Rede mehr von Magendrücken: der mutige Finger im Hals hatte ihn erlöst. Der Stoffwechsel funktionierte wieder normal – und er war dabei regelrecht aufgeblüht. Er hatte sich gleich ein paar neue Sachen zum Anziehen gekauft und trug sie mit einer neuen Haltung.

Als Gegengewicht zu seinem alten geflügelten Wort wählten wir die Affirmation: »Das Leben strömt durch mich, und ich ströme durch das Leben.« Er gab sich diese Affirmation regelmäßig im entspannten Zustand, den er sich durch autogenes Training erzeugte. Magenbeschwerden sind seitdem nicht mehr aufgetreten, er hatte sein Hindernis selbst aufgelöst.

Noch geschockt von diesem Erlebnis und beeindruckt von seinen eigenen Selbstheilungskräften, nahm er sich vor, zu Hause Schreibtisch und Keller aufzuräumen. Natürlich ließ die Motivation jeden Tag etwas mehr nach, diese Klärungen aus einem gewissen Muß heraus zu vollziehen. Dafür stieg Tag um Tag sein Selbstwertgefühl ein bißchen mehr, sein Stolz und seine Achtung vor sich nahmen von Sitzung zu Sitzung zu, weil er sich immer wieder bewies, daß er fähig war, das zu tun, was er sich vorgenommen hatte.

Der richtige Umgang mit der Zeit beginnt beim Hier und Jetzt

> **Die Falle:** Auf dem Gutschein der neurotischen Illusion steht: »Morgen bekommst du alles, was du dir heute wünschst!« Doch morgen, das ist und bleibt immer morgen.

Die eine Möglichkeit, Sicherheit als Schutz vor Angst zu empfinden durch striktes Einhalten gesellschaftlicher Spielregeln, trägt nicht. Wenn ich genau hinsehe, stelle ich fest, daß alle gesellschaftlichen Regeln sich sowohl historisch in der Zeit wandeln als auch regional unterschiedlich sind. Ich mag z.B. in Afrika, ja bereits am Mittelmeer, mit unbekleidetem Oberkörper auf die Straße gehen können, hier in Deutschland wäre so etwas unangemessen. Die Gegend schreibt dem Menschen die kulturellen Sitten vor. Aber auch die Zeit diktiert ihm seine Werte. Was noch um die Jahrhundertwende **Ehre** hieß, heißt heute **Fairneß**, die einstige Ausrichtung auf den umstrittenen Wert **Pflicht** wandelte sich langsam hin zu einer natürlichen Orientierung namens **Verantwortung**.

Die historischen Erfahrungen zeigen die Schritte der Evolution. Die Art der Wandlung und auch das trotz aller äußeren Wandlungen immer wiederkehrende Grundmuster offenbart die Natur deutlicher als alle vom Menschen erfundenen Regelkreise.

Rhythmus, Periodizität und Polarität – vielfältig sind die Abläufe der Natur, die sich bereits in der Pflanze entdecken, am Tier beobachten und als Mensch selbst erleben lassen.

Anders gesagt: Wenn ein Mensch Schwierigkeiten hat mit der Notwendigkeit, im Hier und Jetzt zu leben, dann schicke ich ihn auf die Brücke. Er muß fünf Minuten flußabwärts schauen und versuchen, seine Trauer darüber zu erleben, daß alles Wasser, das er sieht, unwiederbringliche Vergangenheit symbolisiert, die er mit aller Macht der Welt nicht mehr beeinflussen kann. Weg ist weg.

Umdrehen: Die nächsten fünf Minuten sieht er das Wasser auf sich zufließen. Er konfrontiert sich mit der Tatsache, daß er der Zeit nicht vorausgreifen kann. Erst wenn das Wasser bei ihm ist, kann er Kontakt aufnehmen. Er kann vorausehen und vielleicht einen auf ihn zutreibenden Ast schon von weitem erkennen; aber es dauert »seine Zeit«, bis er bei ihm ist. Dann geht es um den exakt richtigen Augenblick. Das ist das Hier und Jetzt.

Ein Klient erzählte mir, seine Souveränität der **Zeit** gegenüber habe er genau in dem Moment zum ersten Mal empfunden, als er auf den elektronischen Hahnenschrei seines Weckers nicht mit »Jesus!«, »Scheiße« oder »Ui, um Gottes willen!«, wie er dies sonst von sich kannte, reagierte, sondern sich dabei ertappte, diesen mit »Bravo« zu loben, daraufhin liebevoll die Stopptaste drückte, damit er wieder 24 Stunden ruhig sei. Wir sprachen darüber, daß dieses Souveränitätsgefühl, das er daraufhin empfand, aus der Stimmigkeit entspringt zwischen Motivation, aktueller Hier-und-jetzt-Gegenwart, dem Zeitpunkt, da man der Wahrheit (des Aufstehens) nicht mehr auskommt, sondern mit verschlafenen Augen ins Gesicht blickt.

Wie gehe ich mit meiner Zeit um?

Die Zeit ist das einzige Gut auf dieser Erde, das allein mir gehört, das ich mir nicht verdienen mußte, wofür ich keinem Menschen dankbar sein muß, worüber ich allein verfügen darf. Was mache ich damit? Wie gehe ich damit um? Wie teile ich meine Lebenszeit ein? Fülle ich sie aus, versuche Zeit zu gewinnen und achte darauf, keine Zeit zu verlieren, oder bin ich verführbar, daß mir Zeit gestohlen oder geraubt wird, oder raube ich sie sogar selbst, indem ich Zeit vertrödle oder totschlage? Nehme ich mir Zeit, oder lasse ich sie mir nehmen? Verschwende, vergeude oder vertue ich sie, oder genieße ich sie? Verkaufe ich sie, oder erkranke ich an der Zeit? Trauere ich ihr nach, oder freue ich mich auf sie? Verdränge ich sie, oder habe ich Angst vor der Zeit? Verplane ich sie, oder lasse ich sie mir verplanen? Diktiert mir die Zeit den Lebensrhythmus, oder bin ich tatsächlich der Meister meiner Zeitstruktur? Lebe ich zeitgehetzt, zeitlos oder zeitbewußt?

Meine Zeit gibt es nur, solange ich lebe. Also bin ich Herr über meine Zeit.

Meine Zeit ist das einzige, was ich auf der Welt besitze, ohne jemandem dafür dankbar sein zu müssen.

Meine Zeit gehört mir. Ich habe Zeit. Ich lebe in meiner Zeit. Ich genieße meine Zeit. Ich mache etwas aus meiner Zeit.

»Denk oft daran, wie rasch die Dinge und die Ereignisse an uns vorbeijagen und unmerklich entschwinden. Denn die Dinge sind wie ein Strom dauernd in Fluß, ihre Auswirkungen in ständiger Wandlung und ihre Ursachen in tausendfachem Wechsel begriffen, und so gut wie nichts ist dauernd. Und die Unendlichkeit der Vergangenheit und die Grenzenlosigkeit der Zukunft, in der alles verschwindet, ist uns stets ganz nahe. Und da sollte der nicht ein Tor sein, der sich in einer solchen Welt brüstet oder hin und her zerren läßt oder sich schrecklich anstellt, als wenn ihn etwas eine Zeitlang oder gar auf die Dauer quälen würde?« (Marc Aurel, 5; 23)

Der erste Schritt:
Mut fassen, um nach vorne zu gehen!

Dieses Buch will ein Mittler sein zwischen Bekanntem und Unbekanntem. Vieles wird neu für Sie sein, bei vielem aber werden Sie auch vertraute, Ihnen bekannte Sichtweisen und Gedankengänge wiedererkennen; bei vielen Beispielen werden Sie Anteile von sich selbst entdecken.

Ich kann meine Energie dafür verwenden, mich von Altem, Lästigem, Unpassendem zu befreien. Ich kann meine Energie aber auch dafür verwenden, mich selbst zu befreien, meine Individualität zu entfalten. Und ich kann beginnen, Mut zu fassen, mich einzulassen – und dann wieder Abstand zu nehmen. Der Entschluß zu bewußtem Austausch ist der Start zum größten und erhabensten Abenteuer: **sich selbst finden im Du.** Aber dazu braucht es Wagemut, und wer den besitzt, der hat auch noch nicht alles. Denn diesem fehlt dann höchstwahrscheinlich die Demut. Es braucht beides, die Synthese aus **Demut** und **Wagemut**, aus **Fragemut** und **Entscheidungsmut**.

So werden im Spiel der Geschlechter die Zähne gezeigt, und es ist nie eindeutig, ob der andere damit liebevoll knabbern oder etwa beißen will. Das ist niemals sicher. So bleibt es stets ein Abenteuer.

Das Ziel bleibt nach wie vor, die Ganzheit zu erlangen, nicht unerreichbare Vollkommenheit, sondern kreatürliche Vollständigkeit.

Der Start liegt beim ersten Schritt, der nach vorne führt.

Am Anfang war das Du

Philosophen streiten sich, Theologen diskutieren darüber, Verhaltensforscher sind deswegen miteinander verfeindet. Es geht um die Frage: Was war zu Anfang? Die Tat? Das Wort? Die Idee?

Für unser Thema, die Selbstfindung, Selbstverwirklichung, Selbstentfaltung, liegt der Anfang in der Spiegelung durch ein menschliches Gegenüber. Selbsterkenntnis durch den gegenseitigen Austausch mit einem anderen.

Gleichzeitig bin ich der Ansicht, daß wir uns lösen sollten von der traditionellen kausalen Denkweise, wonach die Reihenfolge der gegenseitigen Beeinflussung wichtig sei. Ich glaube vielmehr an eine vernetzte Wechselwirkung von Denken, Fühlen, Wollen und Handeln in einem Menschen und mit dem Gegenüber. Das gilt ebenso für Huhn oder Ei wie für Idee, Wort oder Tat. Sie bedingen einander. Sie bestimmen einander. Sie leben voneinander. Oder wie es Martin Buber sagt: Im Anfang war Beziehung!

Das Wort Beziehung wird jedoch heute überwiegend mit einer dauerhaften intimen Beziehung zwischen zwei Menschen oder einfach mit dem Begriff Partnerschaft gleichgesetzt. Deshalb schlage ich als Formel vor: Am Anfang war **das Du**! Das gilt für das Baby, wenn es sich zum ersten Mal abgrenzt von der Mutter. Und es gilt für den jungen Verliebten, wenn er durch das Verliebtsein in ein DU erstmals in seinem Leben Gefühle ganz besonderer Art erlebt.

Es gilt für den Start zur Selbsterkenntnis genauso wie für den Beginn des Autonomiebewußtseins. Und es gilt für die Liebe, die Zauberformel für bewußt gelebte Selbsttranszendenz.

Oder wie Hegel sagte: »Das wahrhafte Wesen der Liebe besteht darin, das Bewußtsein seiner selbst aufzugeben, sich in einem anderen Selbst zu vergessen, doch in diesem Vergehen und Vergessen sich erst selbst zu haben und zu besitzen.«

Partnerschaft ist die Beziehung zwischen zwei eigenständigen Partnern

Mein eigenes Ich erkenne ich erst im Du. Erst die Spiegelung meines Wesens auf einen anderen Menschen, die Spiegelung in diesem Menschen und die Rückspiegelung auf mich zeigt mir, wie ich bin, was ich bin, wer ich bin. Der Eremit, der Einsiedler, der in seinem Appartement isolierte einsame Mensch kann sich selbst nicht erkennen. Er trägt möglicherweise ein Bild in sich, das ihm seine Eltern und seine Schulkameraden einst vermittelt haben, das aber heute nicht mehr gilt. Wenn jemand einem Partner begegnet, wird er sich seiner zeitlichen Wandlung und inneren Widersprüchlichkeit bewußter. Zugleich wird er sich seines Selbst um so mehr bewußt, je mehr er sich in die Begegnung mit einem anderen Menschen einbringt.

Partnerschaftsfähig werde ich aber eigentlich erst dann, wenn ich ein eigenständiger Partner geworden bin. Voraussetzung dafür ist eine gewisse Unabhängigkeit, die man mit Emanzipation oder Befreiung, mit Selbstfindung, Identitätsfindung oder Autonomie-Entwicklung überschreiben könnte; Begriffe, die eine Lebensform in Freiheit beschreiben, frei von Zwang, frei für Selbstentwicklung, also für die Entfaltung der eigenen Lebenstalente – anstatt sie zu vergeuden – oder gar mit ihnen zu prassen.

Voraussetzung dafür wiederum ist die Bewältigung der Angst vor dieser Freiheit, vor der damit verbundenen Ungeborgenheit, dem Ausgeliefertsein gegenüber Kritik und anderen spürbaren Widerständen des Lebens. Die Fähigkeit zur reifen Partnerschaft beginnt also bei der Bewältigung der Angst, ein eigenes Ich zu leben.

Lebensangst, der Motor für alle menschliche Entwicklung, läßt sich nur mit Hilfe von Vertrauen, Liebe und Hoffnung bewältigen. Voraussetzung dafür ist der Mut, mich Erfahrungen zu stellen, die ich fürchte, gerade auf die Situation zuzugehen, vor der ich am liebsten fliehen möchte im Sinne von: Nur wer die Angst durchsteht, der wird sie auch los. Jeder andere Weg ist nur ein Hinauszögern, ein Zeichen dafür, daß die Zeit zur Bewältigung eben noch nicht reif ist.

Erinnern Sie sich einmal daran, als Sie noch ein kleines Kind waren, das gerade gehen lernte. Da waren einige Plätzchen im Haus, die Sie unbedingt vermeiden wollten. Da war der Ofen, da hatten Sie sich schon einmal die Finger verbrannt, seitdem hatten Sie Respekt vor ihm. Dann die Kellertreppe, wo Sie immer laut geschimpft wurden, wenn Sie zu nahe hingingen, und da war der große Hund im Hof, der Ihnen schon wegen der Größe Angst machte. Aber es gab auch Plätze, wo Sie sich besonders wohl fühlten, das war einmal unter dem runden Tisch in der Ecke des Wohnzimmers oder auf dem Schoß der Oma oder an der einen Schublade, wo Mama immer die Gummibärchen aufbewahrte.

Ihre kleine Welt erschien Ihnen ziemlich turbulent, es war immer etwas los. Und dennoch war Ihre Welt damals, wenn Sie heute so zurückblicken, ziemlich einfach strukturiert:

Die eine Kraft ließ Sie das vermeiden, wovor Sie letztlich Angst hatten.

Die andere Kraft ließ Sie dahin streben, wo Sie Sicherheit (vor der Angstquelle) **verspürten.**

Dieselbe Kraft ließ Sie dahin streben, wo Sie Liebe und Belohnung erfuhren.

Und wenn Sie eines Tages auf Ihrem Sterbebett liegen werden und Ihr Leben noch einmal vor Ihrem inneren Auge vorüberzieht, dann werden Sie feststellen, daß Sie das ganze Leben lang nach diesem einfachen Muster gelebt haben, auch wenn Sie oft in der Situation selbst meinten, es sei alles viel komplizierter. Nein, es geht immer nur um dieselben Ziele: **Angst vermindern und Liebe vermehren.** Wenn Sie allerdings immer nur angstorientiert leben, werden sie zu einem neurotisch verkümmernden Pseudomenschen. Erst wenn Sie mehr liebesorientiert als angstorientiert leben, können Sie Ihre wahre Natur entfalten und zur Ruhe in Ihnen selbst, zum Seelenfrieden kommen.

Die wahrscheinlich aufregendsten Lebensbereiche, in denen wir zur Bewältigung unserer Ängste provoziert werden, sind die Bereiche Liebe, Sexualität und Partnerschaft. Die jedem Menschen bekannten Turbulenzen in diesen Erlebnisräumen dokumentieren, daß gerade hier die Paradoxien des Lebens ganz konkret gelebt werden: zuviel Nähe erzeugt Überdruß bis Haß; genügend Distanz erzeugt Spannung und Sehnsucht nach Vereinigung.

Mann und Frau sind reif für eine zeitgemäße Synthese aus Liebe, Sexualität und Partnerschaft. Die Geschlechtsrollenabgrenzung – man denke nur an die Frauenbewegung und an die aufkeimende neue Männlichkeit – einerseits und die durch Unisex-Mode propagierte und in psychologischen Gruppen eingeübte Androgynie andererseits sind die wesentlichen Bausteine, mit denen sich sowohl die Angst vor Nähe als auch die Angst vor dem Alleinsein bewältigen läßt.

Es ist nun einmal paradox: Wer den Mut aufbrachte, sich für die Unabhängigkeit zu entscheiden, wird fähig für eine reife Partnerschaft. Die Lösung von alten Abhängigkeiten – bewußten und unbewußten, freiwilligen und unfreiwilligen, angenehmen und zwanghaften – ist der erste, aber auch der schwerste Schritt. Diese beinahe trivial klingende Einsicht wird trotzdem häufig verdrängt oder einfach übersehen. Denn: Jede Einsicht in die Notwendigkeit einer Veränderung drängt zur Ausführung, zur tatsächlichen Änderung, und zwar gegen die Trägheit der Seele, gegen die sicherheitsspendenden und vertrauten Verhaltensweisen, die man von sich kennt, die man beibehält, weil man sie gewohnt ist, auch wenn sie einem das Leben schwer machen. So heißt die Aufgabe: diesen Widerstand erkennen und überwinden. Der Gewinn: mehr Lebensfreude.

Bei der Lust am Leben sollte keiner unter der Last der drückenden Pflichtgefühle leiden, sondern Verantwortungsgefühl für ein eigenes, selbständiges Leben aufbauen: vom beladenen Opfer zum glücklichen Besitzer werden!

> »Nicht das Leben an sich, sondern das gute Leben hat einen Wert.«
> (Aristoteles)

Sie sind selbst Herr Ihres Selbstwertbewußtseins. Sie selbst können bestimmen, welche Anteile Ihrer Seele Ihr Selbstwertgefühl dominieren, je nachdem, worauf Sie Ihren Blick richten wollen.

Ein Fallbeispiel

Eine Klientin konnte keinen Problemfilm auslassen, hatte sich nur kritische Magazine abonniert und verbrachte ihre Wochenenden und freien Abende überwiegend in Diskussionsgruppen und politischen Basis-Zirkeln. So lebte sie eigentlich grau in grau in einer Welt, die ihr nur problematisch, schwer und unglücklich erschien. In ihrem Freundes- und Bekanntenkreis hörte sie nur von Erziehungsproblemen, Scheidungen, Alkoholexzessen, depressiven Zusammenbrüchen und Selbstmorden. Dennoch gönnte sie sich aus einem gesunden und ursprünglichen Gefühl heraus im Sommer einige Wochen Urlaub auf einer griechischen Insel. So ziemlich weit ab von all den Einflüssen, mit denen sie zu Hause ihr negatives Weltbild abgestützt hatte, lernte sie einen jungen Mann kennen, der sie durch seine Leichtigkeit und sein Strahlen faszinierte. Was sie eigentlich so anzog, war nicht, daß er nur strahlen konnte, sondern daß er die Probleme und Schwierigkeiten in der heutigen Welt auch sah, reflektierte und mit ihr diskutierte. Aber am Ende kam er immer für sich zu dem Schluß, daß er ja keine Veränderungskraft mehr besitze, wenn er sich von den Problemen belasten und nach unten ziehen ließe, wie sie das machte. Sie lernte viel von ihm. Und als sie wieder zu Hause war, sagten ihr die anderen, daß sie ihnen ganz verwandelt vorkomme. Sie hatte sich tatsächlich verändert. Natürlich kann in so kurzer Zeit eine derartige Veränderung nur dann stattfinden, wenn die Bereitschaft dazu bereits unbewußt vorhanden war. Aber jetzt ging es eigentlich Schlag auf Schlag. Sie räumte als erstes die Pflanzen vom Fensterbrett runter, um endlich (nach vier Jahren!) die Fenster ganz öffnen zu können. Sie weißelte ihr Wohnzimmer (natürlich in griechischem Kaltweiß!), was dem ganzen Raum ein fast grelles Strahlen gab. Und sie begann zu malen: Farben – Farben – Farben. Der Knoten war aufgegangen. Neben der Problemsicht, die sie beibehielt, konnte sie auch das Bunte, das Leichte, das Schöne sehen und genießen.

»Sie lacht wieder«, sagte ihr Vater eines Tages ganz erleichtert zu ihrer Mutter, was ihren Eltern am meisten auffiel und sie freute. Und sie hatten das beruhigende Gefühl, daß sie es geschafft hatte, und jetzt ist sie über dem Berg.

Was war geschehen? Die von ihr selbst freiwillig gewählten Umwelteinflüsse hatten ihren Blickwinkel für ihre Weltsicht bestimmt. Unbewußt hatte sie in dem Moment, da sie so eingesponnen war in ein Muster von negativen Lebensspiegeln, genau das Richtige getan: sie fuhr weg, ganz woandershin, in die Sonne, sich Neuem auszusetzen. Wenn es schlecht lief, konnte es durch eine Veränderung nur besser werden. Es wurde besser. Weil sie offen war für Neues, für Veränderung, für Entwicklung. Und persönliche Entwicklung, die bewußt verfolgt wird und Raum läßt für alle Arten von Rückmeldungen und Einflüssen aus der Umwelt, verläuft immer in Richtung Selbstwerdung, Persönlichkeitsentfaltung, das heißt, man kommt seiner eigentlichen Natur, seinem Naturell immer näher. Die Stärkung des Ichs hat zur Folge, daß die Identität authentischer wird, sagt die Psychologie. Man findet zu sich, wenn man mit offenen Augen sieht, sagt die Volksweisheit.

Eigentlich ist es sehr einfach. Wenn ich mich laufend objektiv informiere und nach allen Seiten hin gleich stark austausche, dann bin ich vor einseitiger Beeinflussung gefeit. Aber das ist Theorie. Es ist gar nicht realisierbar, daß sich alle Kräfte, die mich beeinflussen, gegenseitig aufheben. Sollte es dennoch möglich sein, würde der Status quo damit aufrechterhalten, und ich würde ein Charaktermuster beibehalten, das ich früher anerzogen bekam und daraus entwickelte. Sicher ist es realistischer, davon auszugehen, daß ich mich immer mit den Menschen austausche, die mein Selbstbild bestätigen, die Zeitungen abonniere, die meine Weltanschauung unterstützen, über die Themen diskutiere, die meine Positionen stärken. Und genau hier habe ich die Wahl bzw. die Chance, den Hebel anzusetzen, wenn ich mich ändern möchte. Ich kann mich nicht sofort direkt ändern, aber indirekt.

Wenn mich jeder Kontakt mit der Außenwelt – ein Film, ein Gespräch, ein Buch, eine Beziehung – beeinflußt, so kann ich den Kontakt jeweils so wählen, daß ich in einer positiven Richtung beeinflußt werde. Ein Mensch, der gerne von anderen beschimpft wird, um sich (unbewußt) das Gefühl zu bestätigen, nicht verstanden, vielmehr abgelehnt zu werden, zieht sich vielleicht eine Punk-Uniform an und setzt sich damit auf eine Parkbank oder in die U-Bahn. Damit provoziert er regelrecht, daß die anderen über ihn tuscheln; einige sagen es ihm direkt, wie fremd, unsympathisch, häßlich und unmöglich sie ihn finden. Wenn er diese Stufe der Abgrenzung durch negatives Anderssein überwunden hat, wird er erkennen, daß er durch Kleidung und Gehabe bestimmen kann, wie man ihn behandelt. So wie sein Vater immer nur sein ungepflegtes Äußeres moniert hatte, seine Mutter immer nur kritisierte, was er falsch mache oder was er zuwenig tue usw., so hatte er selbst schon angefangen, sich selbst nur negativ zu sehen. »Ich mache alles schlecht, ich bin häßlich, ich bin unmöglich« – dieses Selbstbild hatte er so sehr ins Extrem gestaltet, daß er in dieser negativen Rolle schon wieder gut war. Allerdings ging eben eine Menge Energie verloren, und das beständige negative Abgrenzen und Absondern verhinderte jeglichen Austausch.

Bis er eines Tages an ein junges Mädchen gerät, das fähig ist, etwas dahinter zu schauen, durch die Fassade hindurch die anderen Persönlichkeitsanteile zu entdecken. Und jetzt kommt das Wesentliche: Er erfährt, daß seine Freundin Seiten an ihm zur Entfaltung bringen kann, die zu den schönen, starken, positiven Seiten gehören. Aus dem ganzen Spektrum der Seele – man kann sich das vorstellen wie die Farbpalette eines Malers – reflektierte dieses Mädchen die lebendigen Farbtöne, Kraft und Stärke, aber auch Zärtlichkeit und Sensibilität. Wie in einem Film läßt sich das kontrastreichere und intensivere Negativ auch in ein intensiveres, kontrastreicheres Positiv umwandeln. Je stärker einer protestiert, um so fähiger wird er, wenn er eines Tages anfängt, die positiven Seiten zu leben, und sich zu trauen beginnt, Glück zu empfinden. Umgekehrt kann man feststellen, daß die Terroristinnen fast alle aus gutem

Hause kamen, in dem sie Bildung und Ausbildung, eben eine gute Erziehung erhalten hatten. Um sich von dieser einseitig bürgerlichen Beeinflussung abzugrenzen, mußten sie ein entsprechend tiefes Negativleben aufbauen bis hin zur Schwerkriminalität. Aber im Negativbereich kann auf Dauer nichts gedeihen. Mondlicht allein reicht nicht aus für ein Leben auf der Erde, auf die Sonne kann nicht verzichtet werden.

Was passiert, wenn jemand beschließt, wirklich glücklich zu werden, mehr vom Leben zu haben, mehr Wärme und Licht zu erfahren? Er läßt sich bestrahlen. Ein Mensch, der ihn liebt, wird ihn mit Augen und Händen, mit seinem ganzen Körper und seiner Seele bestrahlen. Es bleibt nicht aus, daß das Gegenüber Feuer fängt und selbst zu strahlen beginnt. Man kann es förmlich sehen und vor allem spüren, wenn ein Mensch geliebt wird.

Ein geliebter Mensch geht durch die Welt und erlebt nur Strahlen, entweder sind es die eigenen, die reflektiert auf ihn zurückfallen, oder er hat durch seine Strahlen einen anderen entfacht, dessen Strahlen ebenfalls wieder auf ihn zurückfallen. So funktioniert ein ewiger Austausch, ein ewiger Wandel.

Ein Fallbeispiel

Sie war auf der Suche nach sich selbst. 40 Jahre alt, Sekretärin, nicht hübsch, aber auf den zweiten Blick recht attraktiv und mit einer gewissen vitalen und erotischen Ausstrahlung. Was sie eigentlich als therapeutisches Lernziel verfolgte, war nie ganz eindeutig klar. Sie war unzufrieden mit ihrem Leben und hatte erkannt, daß sie selbst etwas daran ändern mußte. »Aufgewacht« sei sie aber erst vor ein paar Jahren. »Vorher war alles irgendwie anders, alles ohne Probleme, aber alles irgendwie nicht ganz wirklich«, meinte sie rückblickend. Es war in ihrer Firma der schönste unverheiratete Mann, den sie sich erobert hatte. Heirat, ein Sohn. Dann ca. zehn wunderbare Jahre, wo sich »zwei einsame Menschen aneinandergelehnt haben, um sich gegenseitig dabei zu helfen, erwachsen zu werden«. Auf einmal war nichts mehr an Gemeinsamkeit da. Dem Tonfall nach, den sie jetzt in ihren Streitgesprächen anstimmten, waren sie offenbar beide erwachsen geworden. Das gemeinsame Ziel war erreicht. So, wie wenn man nach ein paar Wochen gemeinsamer

Schiffsreise über den Atlantik ankommt und am Festland am liebsten allein weitergehen möchte. Dann kamen einige widersprüchliche Jahre, und er habe sie einfach zu locker gehalten, meinte sie einerseits, deshalb habe sie sich Liebhaber gesucht. Er habe von ihr ein paradoxes Verhalten erwartet: Er war gewohnt, daß sie unauffällig die Führung in der Beziehung übernahm, andererseits, so schilderte sie mir, wenn »ich mich unbotmäßig benahm, sprach er von Scheidung«.

Doch was wahrscheinlich am gravierendsten war: die einst so schöne, zehn Jahre währende Erotik zwischen beiden war gestorben. Nichts mehr. Bei beiden nicht. Zumindest miteinander nicht.

Nach und nach kam heraus, daß sie die ganze Ehe lang in einer Art Trance gelebt hatte. Die Ehe war für sie eine Erlösung von zu Hause, wo sie bis zum 25. Lebensjahr gelebt hatte. Sie hatte stets versucht, durch Leistung wettzumachen, daß sie nicht so hübsch war. Ihr Mann aber liebte sie, wie sie war. Die gegenseitig erfüllende Sexualität gab ihr Selbstbewußtsein und Lebensfreude. Jetzt verband sie Erwachsenwerden mit Resignation. Jetzt war erst einmal alles aus. Sie mußte irgendeinen neuen Weg finden.

Seit fünf Jahren geschieden, hatte sie sich eigentlich fünf Jahre lang verkrochen. Erst mit Tabletten, die ihr der Arzt verschrieben hatte, dann immer wieder mit Alkohol. Aber davon zumindest hatte sie sich inzwischen ziemlich gelöst.

Theoretisch war ihr ganz klar, daß sie nur weiterkam, wenn sie anfing, alleine Erfahrungen zu sammeln. Die aktuellen Lernziele für ihre Therapie sahen jetzt folgendermaßen aus:

1. *Nicht mit jedem Mann, der sich für sie interessierte, gleich intim zu werden.*
2. *Die Kränkung zu verarbeiten, daß auch für sie dieselben Spielregeln gelten wie für jeden Menschen, der erwachsen werden will.*
3. *Wege zu finden, um Bekanntschaften oder Freundschaften ohne Intimität zu pflegen, um nicht nur hintereinander stattfindende oder heimlich parallele Einzelkontakte zu pflegen, bei denen durch Heimlichtuerei und Abhängigkeitsgefühle viel Energie verlorengeht. Statt dessen einen Freundeskreis aufzubauen und als erstes Kontakte mit Frauen zu pflegen.*

Es dauerte acht Monate, dann hatten sich ihre Knoten gelöst.

Sicher ist sie noch nicht »fertig«, aber sie ist frei von ihrer selbstbemitleidenden Tendenz, zu hadern, daß die Welt zu hart ist. Mit ihrer frei gewordenen Energie hat sie bereits begonnen, sich positive Erfahrungsmöglichkeiten zu arrangieren. Sie hat der Welt verziehen. Sie hat ihrer Mutter und vor allem ihrem Vater verziehen, daß sie so sind, wie sie sind: Menschen und keine Götter. Und damit hat sie sich von der Illusion befreit, das Kind von Göttern zu sein; sie muß nicht mehr Prinzessin oder etwas anderes Besonderes spielen. Sobald sie sich selbst als Mensch annehmen konnte, fiel es ihr auch leicht, ihrem Mann zu verzeihen, daß auch er nur ein Mensch ist.

Fortan begann sie, nicht mehr darüber zu verzweifeln, daß die anderen nicht so sind, wie sie sein sollen, sie übernahm durch die Therapie zunehmend mehr Verantwortung für ihr eigenes Lebensgefühl. Ihr wurde bewußt, daß sie viel Energie vergeudete, wenn sie auf der einen Seite Flausen nachjagte – wie sie es selbst nannte –, auf der anderen Seite aus irgendeinem Gefühl der Angst heraus – daß ihr das nicht zustehen würde – eigene Anteile gar nicht lebte.

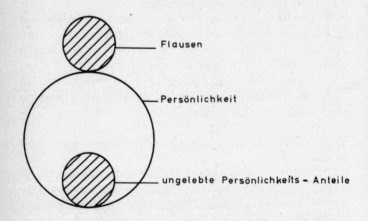

Es hatte ziemlich lange gedauert, bis sie sich bei einem Gefühl der Unzufriedenheit oder Enttäuschung nicht sofort im Stil einer fast automatischen Schuldzuweisung einen Sündenbock nannte. Eine ganze Zeit lang war sie voller Selbstmitleid und Selbstanklage. Noch bevor sie eine der reifsten, unabhängigsten und emanzipiertesten

Frauen geworden wäre, »fügte es sich«, daß sie einen Mann traf, mit dem sie eine sehr intensive und gegenseitig förderliche Beziehung einging. Therapie war nicht mehr nötig. Als ich sie 1½ Jahre später per Zufall traf, sagte sie mir, daß sie mit diesem Mann jetzt zusammenlebe. Sie habe die Hoffnung, es jetzt zu schaffen: sich in die Beziehung einzulassen und trotzdem sie selbst zu bleiben.

Ihr Ziel war es, Identität auch in der Intimität zu bewahren!
Hingabe ohne Aufgabe.

3. Wege zur reifen Partnerschaft

Die Liebe

Die Beziehung der Geschlechter, die Liebe zwischen Mann und Frau gehört in unserem Jahrhundert zu den meistdiskutierten und am heißesten umstrittenen Themen. Hat die Sexwelle der 60er Jahre wirklich zur Lösung dieses Problems beigetragen, hat sie wirklich zu einer Befreiung geführt? Wohl kaum. Denn Gruppensex, Partnertausch und Kommunenleben machten eher müde als glücklich, eher frustriert als frei.

Was fehlte, war die Substanz, das tragende Gefühl, das aus dem Bauch kommt. »Mein Gefühl gehört mir« – der Psychoboom der 70er Jahre begann. Rückblickend gerne als me-decade bezeichnet, als Jahrzehnt der egozentrischen Innenschau. Ein wesentlicher Schritt hin zur Persönlichkeitsentfaltung wurde unternommen, um über die Befreiung von Innenweltverschmutzung und über Nachreifung unterentwickelter Seelenanteile zu einer reifen Persönlichkeit zu gelangen. Diese Selbstverwirklichung ist jedoch nur eine Vorstufe zur **Partnerschaftsfähigkeit**. Erst wenn ich mich zu einem eigenständigen Partner entwickelt habe, bin ich reif, eine Beziehung mit einem anderen Partner einzugehen. Oder wie Martin Buber sagt:

»Jede wirkliche Beziehung in der Welt beruht auf **Individuation**. Das macht das Beglückende an ihr aus – denn nur so können sich unterschiedliche Menschen gegenseitig kennenlernen – und ihre Grenzen –, denn so sind vollkommenes Kennen und Gekanntwerten einander vorgeordnet.« (M. Buber, Between Man and Man. N.Y. 1965)

Auch der Narzißmus-Forscher Kohut betont, wie wichtig die individuelle Reife beider Partner für eine gemeinsame Beziehung ist:

»Je sicherer ein Mensch sich seines eigenen Wertes ist, je gewisser er weiß, wer er ist... – um so mehr wird er mit Selbstvertrauen und

Erfolg in der Lage sein, seine Liebe zu geben, ohne Zurückweisung und Erniedrigung übermäßig befürchten zu müssen.« (H. Kohut, Narzißmus. Frankfurt 1973)

Liebe – was ist das eigentlich?

> »Liebe ist schwer.
> Liebhaben von Mensch zu Mensch,
> das ist vielleicht das Schwerste,
> was
> uns aufgegeben ist,
> die äußerste,
> die letzte Probe und Prüfung,
> eine Arbeit,
> für die alle andere Arbeit
> nur Vorbereitung ist.«
>
> (Rainer Maria Rilke)

Vermutlich hat kein Thema die Menschheit mehr beschäftigt als das der Liebe. Aber ihre Ursachen, Gesetze und Funktionen, Kriterien, mit denen die Wissenschaft sonst die Ordnungen der Welt erklärt, sind noch von zahlreichen Geheimnissen umgeben. Offenbar als Reaktion auf die weltweite Erforschung der Sexualität, die mit dem Kinsey-Report von 1948 ansetzte und inzwischen eine Fülle von Ergebnissen vorgelegt hat, erforscht man auch Bedingungen und Wirkungen der Liebe nun sehr viel eingehender und genauer. Neuerdings häufen sich Fachartikel und Bücher, in denen über Ergebnisse der empirischen Liebesforschung berichtet wird.

Wie sehr das Thema in der letzten Zeit aktuell geworden ist, läßt sich auch an einer Unzahl von belletristischen Büchern, in deren Titel das Wort »Liebe« auftaucht, veranschaulichen. Nach wie vor auf den Bestsellerlisten steht die »Kunst des Liebens«, jener psychoanalytisch-philosophische Essay von Erich Fromm, von dem über fünf Millionen Exemplare in aller Welt verkauft wurden, über eine Million davon in der deutschsprachigen Ausgabe.

Das ohne Zweifel gesteigerte Interesse an der Liebe hängt augenscheinlich mit einer Veränderung des Zeitgeistes, mit einem Trendwechsel zusammen, der allenthalben konstatiert wird: Die Gesellschaft, wir alle suchen angesichts der Grenzen des wirtschaftlichen

Wachstums nach neuen Werten und neuem Sinn. Eine Entwicklung, die etwa das Schlagwort »Humanisierung des Lebens« signalisiert. Die Utopien der sechziger und siebziger Jahre, die Botschaften der ideologischen Überväter haben sich als nicht realisierbar erwiesen; man wendet sich von den gesellschaftlichen Anliegen ab, wieder den privaten zu. In der Literatur, die stets ein empfindliches Barometer für seelische Druckverhältnisse darstellt, ist die Hinwendung zum Autobiographischen und zur Verinnerlichung nicht zu übersehen, ja besonders auffällig.

Und damit ist auch das innere Erlebnis Liebe wieder wichtig geworden. Liebe, was ist das?

Ich bat einige Menschen um ihre spontane Meinung. Hier die Antworten:

Ein Lehrer

»Auf jeden Fall kann ich sagen, daß ein Leben ohne Liebe furchtbar öd wär. Liebe ist für mich etwas Gebendes, aber zugleich auch Empfangendes, ohne Forderung, ohne Absichten, sondern einfach die Befriedigung eines Grundbedürfnisses in Abhängigkeit von einem Partner. Ich meine, ein wesentlicher Aspekt dabei ist die verbale Vermittlung; das sagen, dem anderen das mitteilen, daß man liebt, und umgekehrt auch das empfangen, also die verbale Aussage des anderen: Ich liebe dich, ich mag dich! – Ich finde das wirklich eine Befriedigung eines Grundbedürfnisses, was einem unheimlich guttut, wo man innere Wärme verspürt, wo man auch einen gewissen Stolz verspürt, jemanden zu finden, der sagt: Ich liebe dich! – Ein Gefühl oder eine Gabe, die man empfängt, die unabhängig von jeder Forderung ist. Der andere sagt: Ich liebe dich um deiner selbst willen, nicht weil du jetzt ein großer Macker bist, weil du viel Geld verdienst oder das oder jenes bringst, sondern einfach du als Ganzes, du als Person, so wie du bist, so mag ich dich.«

Eine Großmutter

»Die Liebe verändert sich, sie wird ruhiger, sie wird tiefer, sie wird oft heiterer, ich nehm's nicht mehr so tragisch. Das bedeutet einfach himmelhoch jauchzend und vielleicht dann wieder sehr, sehr traurig.

Ich würde es so nennen, ich würde sagen, ein Schweben, ein Jubeln, ein einfach Glücklichsein und den Partner bei sich haben, und wenn es nur seine Hand ist, die ich haben darf, aber dasein müßte er, dann ist alles vollkommen und gut. Meine große Liebe, die begegnete mir eigentlich schon als Kind, und dann habe ich sie lange nicht gesehen, und plötzlich in einer Waldschenke unter einem Kastanienbaum saß er nach 20 Jahren. Das war die große Liebe, und alles, was vorher war, war nicht mehr da. Und jetzt leben wir 30 Jahre zusammen, und ich glaub', wir sind im Grunde immer noch sehr glücklich, wenn natürlich auch vieles sich geändert hat, aber das muß ja sein. Je älter man wird, um so ruhiger und stiller und vielleicht tiefer wird die Liebe zueinander.«

Eine Sekretärin

»*Ich meine, daß Liebe eines nicht beinhalten darf: den Besitzanspruch. Es darf nicht so sein, daß man, um ein befriedigendes oder halbwegs glückliches Leben zu führen, unbedingt auf den anderen angewiesen ist. Ich glaube, damit überfordert man den anderen, wenn man sozusagen die Erfüllung der eigenen Bedürfnisse von vornherein vom Partner erwartet. Dann gibt es eben diese neurotischen Beziehungen und diese neurotischen Rollenspielchen. Mir persönlich ist es ausgesprochen lieber, allein zu sein und mein Leben so zu gestalten, daß ich auch ohne Partner zufrieden sein kann und ein erfülltes Leben habe, als eine Beziehung, die mehr Belastung eigentlich ist als Beglückung, eine Beziehung, die so problembefrachtet ist. Die hat für mich keinen großen Wert mehr.«*

Ein Ingenieur

»*Was mir ganz speziell unter Liebe als Stichwort einfällt, wäre die Liebe auf den ersten Blick. Das fängt vielleicht damit an, daß man ganz große Augen kriegt, daß man also die Umwelt völlig vergißt, wenn man eine dementsprechend gutgebaute Frau anschaut, daß man Schweißausbrüche bekommen kann, daß man ins Stottern gerät, daß man rot wird, daß man also sein eigenes Herz hört, daß man erschrickt vor irgendwelchen Albernheiten, die man macht, daß man sich nicht äußern kann dazu – das sind alles Situationen, die ich durch- und mitgemacht habe und an die ich mich zu einem späteren Zeitpunkt dann noch sehr gern erinnere, so daß man sagen kann: Das ist natürlich eine feine Sache gewesen. Damals konnte ich nicht schlafen. Ich habe Liebesbriefe bekommen, ich habe auch welche geschrieben; ich hab' jeden Tag also erwartet, daß mir ein anderer Liebesbrief ins Haus kommt von der derzeitigen großen Liebe, von der heißen Flamme. Wenn man älter wird, glaub' ich, ist die Liebe auf den ersten Blick dann nicht mehr so heiß oder nicht mehr so aktuell, man prüft mehr, man bindet sich nicht so leicht, man ist kritischer, man hat schon einige Enttäuschungen hinter sich. Liebe auf den ersten Blick ist ja nicht nur was Positives, kann auch was Negatives werden. Und so im Laufe der Zeit und im Laufe des Alters wandelt sich die Liebe.«*

Eine Schauspielerin

»Liebe, das ist für mich der Rausch, der coup de foudre, der Blitzschlag, der buchstäblich das ganze Leben verändern kann, das plötzliche Sich-Erkennen, das bedingungslose Sich-Ausliefern. Ich sehe die Liebe rein gefühlsbetont. Man kann sie nicht mit dem Verstand steuern, und sie fragt nicht nach Aussehen, nicht nach Stand und nicht nach Alter. Liebe ist für mich vor allem Grenzüberschreitung, und sie ist dann ideal, wenn sie auf Gegenseitigkeit beruht, was vermutlich gar nicht so häufig ist, wie man glaubt. Liebe ist für mich das Aneinander-Gefallen-Finden, das Sich-schön-Finden und die Verschmelzung. Liebe ist für mich aber auch immer mit Unsicherheit und Zweifel verbunden, weil ich sie für zeitlich begrenzt halte. Wenn Sie mich fragen, was wichtiger und schöner ist, lieben oder geliebt zu werden, dann ist die Antwort natürlich klar: Lieben ist viel schöner. Denn von jemandem geliebt zu werden, der einem nichts bedeutet, das kann einem zur Qual werden, das kann die Hölle bedeuten.

Ich bin mir gar nicht so sicher, ob es ohne Liebe nicht besserginge. Sympathie wäre doch eigentlich auch genug. Warum müssen wir uns überhaupt verlieben? Ich meine jetzt Liebe als Leidenschaft, als Leidenschaft, die Leiden schafft! Liebe ist auch seelisch anstrengend. Man verbraucht dabei unglaublich viel Energie. Liebende saugen einander ja buchstäblich aus.«

Eine Ärztin

»Sie höhlen sich aus. Sie verbrauchen sich. Sie irren und täuschen sich. Ich glaube überhaupt, daß die Liebe, die leidenschaftliche Liebe, in ihrem Wesen eine Täuschung ist. Jedenfalls habe ich sie immer wieder so erlebt. Wenn man sagt, Liebe macht blind, da ist schon was dran. Vielleicht sogar viel. Vielleicht nicht so sehr, was die höheren Formen der Liebe angeht, die machen, man könnte sagen, vielleicht eher sehend. Aber die leidenschaftlich erlebte Liebe, die ja auch immer schmachtende Sehnsucht und Illusion bedeutet, die bedeutet meistens doch auch Selbsttäuschung. Man sagt immer, der Liebende findet zu sich selbst. Ich bin da gar nicht so ganz sicher, ob das stimmt. Bei mir selbst habe ich die Erfahrung gemacht, wenn ich verliebt war, da war ich immer buchstäblich außer mir, völlig aus dem Häuschen. Eben nicht mehr ich selbst. Da mache ich mir und anderen was vor. Ist es nicht so, daß man, um dem anderen zu gefallen, genau die Eigenschaften simuliert und betont, die der andere von einem erwartet? Eine Zeitlang mag das ja ganz gutgehen. Aber dann ist Schluß mit der Verstellung. Da schlägt die Stunde der Wahrheit. Man könnte sagen, es kommt die Stunde der Ent-täuschung. Das ist ja die Sache mit den unglücklichen Ehen. Täglich liest man in der Zeitung von Liebestragödien, die in Wahrheit natürlich Haßtragödien sind. Strindberg-Ehen, gegenseitige Verletzung, Demontage. Ich glaube, daß die Liebestragödie à la Romeo und Julia in gar keinem Verhältnis zu der à la Othello und Desdemona steht. Liebe kann in Haß umschlagen, der ja auch eine Besessenheit vom anderen, allerdings eine mit negativen Vorzeichen ist.«

Ein Schriftsteller

»Also, ich erinnere mich an einen Freund, der damals in der ersten Nachkriegszeit, als es noch keine Autos gab, keine Verkehrsmittel und nicht einmal ein Fahrrad aufzutreiben war, als der sich abends auf den Weg machte und vierundzwanzig Kilometer weit gelaufen ist, um seiner Angebeteten einen Briefs aufs Fensterbrett zu legen. Nur aufs Fensterbrett. Und morgens kam er dann ganz erschöpft wieder zu Hause an und konnte nicht zur Arbeit gehen. Und drei Jahre später, da hat er dieses Mädchen geheiratet, denn sie war seine *ganz große Liebe. Aber wie's so kommt, nicht einmal ein Jahr hat diese Ehe gehalten. Sie ist ihm dann bei Nacht und Nebel davon, nach Hause, ich hoffe, mit dem Zug. Und er, er hat das Ganze aufs Konto Lebenserfahrung abgebucht und immer wieder erzählt, wie schön die Zeit vorher war, also vor der Ehe. Das hätte die schlechten Erfahrungen mehr als aufgewogen, hat er mir gesagt. Und so betrachtet, hat er natürlich recht. Da gibt es ja die berühmten Briefe dieser portugiesischen Nonne, die ihrem Verführer, der sie verlassen hat, für die Aufregungen dankt, wie er die Liebe zu ihr gebracht hat, und immer wieder beteuert, daß sie nie mehr so leben könnte und wollte wie vor dem Sündenfall. Da ist natürlich viel dran. Verliebe dich, da ist für Aufregung und Abwechslung gesorgt. Aber wenn ich mich so umsehe, dann sehe ich immer wieder, ohne Liebe scheint es halt nun einmal nicht zu gehen...«*

Jenseits aller wissenschaftlichen Erklärungsversuche wirkt die Liebe als eine Kraft, die alle fühlen und die ebenso als etwas Wunderbares wie als etwas Geheimnisvolles empfunden wird. Ein Motiv, das alle beschäftigt. Die Liebe, ein Urphänomen und Urerlebnis, eine ständig und tausendfältig wirkende Macht, die von Anbeginn an da war: am Anfang war die Liebe, das Prinzip der Vereinigung.

In einem der ältesten literarischen Zeugnisse der Menschheit, in der altindischen Rigveda, die im zweiten Jahrtausend vor Christus entstand, wird die Liebe als eine die auseinanderstrebenden Kräfte des Weltalls bändigende und vereinigende Kraft erklärt, als ein »kosmisches«, ein ordnendes Prinzip. Wie elementar und ursprünglich die Liebe empfunden und gedacht wurde, davon zeugen vor allem auch die Mythen, die von der Liebe handeln:

In der griechischen Mythologie entsteigt Eros, der Gott der Liebe, noch ehe Erde, Luft und Himmel waren, einem von Nyx, der Göttin der Nacht, hervorgebrachten Welt-Ei. Auch Hesiod stellt Eros in seiner Götterlehre an den Anfang aller Dinge. Eros, der schönste aller Unsterblichen, der »gliederlösende Bezwinger von Göttern und Menschen«, wurde goldhaarig und goldgeflügelt gedacht, als dem Westwind und dem Regenbogen verwandt, als im Glanz himmlischer Blitze erscheinender, frühlingshafter Kind-Gott, der freilich dem Menschen nicht nur Süße, sondern auch Bitternis bringt, der auch dämonische Züge hat.

Die nach der Natur der Dinge forschende Philosophie hat sich natürlich auch mit der Natur der Liebe beschäftigt. Platon z. B. hat in seinem Gastmahl die Ansichten von Sokrates formuliert und die Liebe als »Begierde im Schönen zu zeugen« definiert.

Streben nach Transzendenz durch Harmonie der dreieinigen Liebe

Platons Definition und Auffassung von der **Liebe als konstruktive und damit positive Kraft, als Weisheitsliebe, die zum Erkennen und zur Erkenntnis befähigt,** taucht im Denken vieler Philosophen auf. Auch Goethe erkannte: »Liebe ist Erkenntnis, und die ist Besitz.« In kaum einem philosophischen Werk fehlt eine Abhandlung über die Liebe. Aber sie wird, je nach Temperament und Interesse, unterschiedlich definiert.

Der spanische Philosoph Ortega y Gasset hat in seinem Essay »Über die Liebe« seine Sichtweise der Liebe formuliert:

»Wenn wir lieben, geben wir die Ruhe und Seßhaftigkeit in uns selbst auf und wandern virtuell in den Gegenstand aus, den wir lieben. Und dieses unaufhörliche Hinüberwandern heißt Liebe... Die Liebe ist der vielleicht höchste Versuch, den die Natur macht, um das Individuum aus sich heraus und zu dem anderen hinzuführen...« (Ortega y Gasset, Über die Liebe. München 1979)

Die Liebe als eine Kraft zu definieren, die drängt, uns mit einer Person oder Sache zu vereinigen, ist der rote Faden, der sich durch alle Erklärungsversuche zieht. Dabei wird der Wunsch nach Vereinigung einfach mit der Wertschätzung des geliebten Objektes erklärt, somit als »Liebe zum Guten«. Der zeitgenössische Philosoph Josef Pieper bringt das auf die Formel:

»In jedem denkbaren Fall besagt Liebe soviel wie Gutheißen. Das ist zunächst ganz wörtlich zu nehmen. Jemanden oder etwas lieben heißt: diesen Jemand oder dieses Etwas ›gut‹ nennen und zu ihm gewendet sagen: Gut, daß es das gibt, gut, daß du auf der Welt bist!«

Die Liebe, das Urgeschenk, ist auch die zentrale Botschaft und das wichtigste Postulat des Christentums. Im Johannesevangelium fordert Jesus seine Jünger auf:

»Habt euch untereinander lieb; so wie ich euch geliebt habe, so sollt auch ihr einander liebhaben. Daran sollen alle Menschen erkennen, daß ihr meine Jünger seid...«

Das Christentum fordert von seinen Gläubigen neben der Liebe zu Gott, die durch die Liebe Gottes zu den Menschen belohnt wird, also ausdrücklich auch die Liebe der Menschen untereinander:

»Liebe deinen Nächsten wie dich selbst!« Und diese Liebe als Geschenk und Gebot Gottes, die Caritas, die Möglichkeit, sich durch Liebe mit Gott und seiner gesamten Schöpfung zu vereinigen, ein Erlebnis, das in der schwärmerischen Unio mystica gipfelt, gewährt dem einzelnen das Gefühl von Halt in der Welt und Zugehörigkeit zur Gemeinschaft der Menschen. Es ist auffällig, aber nicht verwunderlich, daß sich diese Bedeutung der **Liebe als die Weltangst mindernde Hilfe für den Menschen** auch bei vielen anderen theistischen Religionen findet.

Zum Beispiel schildert eine in den Traditionen des Islam aufgewachsene Ägypterin die Liebe ganz selbstverständlich als unversiegbare Quelle ihres Lebensmuts:

»Die Liebe ist die bedingungslose Hingabe und Verschmelzung zweier Menschen, sie ist ein wundervolles Geschenk, das man pflegen und bewahren muß und das nicht mißverstanden und mißbraucht werden darf. Ich sehe die Liebe wie die Sonne. Man braucht sie, um zu leben, um zu gedeihen. Sie besteht aus drei Komponenten: der seelischen, der erotischen und der unfaßbaren, die sehr nah an den Glauben hinkommt. Mir persönlich hat das Erlebnis der Liebe geholfen, Unmögliches möglich zu machen. Die Liebe bedeutet für mich eine unergründliche und geheimnisvolle Quelle, aus der ich die Kraft für mein Leben und meine Arbeit schöpfe. Sie ist mein ewiger Jungbrunnen, und sein Wasser erhält mich körperlich und seelisch gesund und frisch. Es verleiht mir Mut und Freude für diesen Augenblick, Hoffnung für die Zukunft. Die innere Ruhe,

Wärme und Zufriedenheit, ja das Glück, das ich aus meiner Quelle empfange, vermag ich auch an Menschen, die dafür offen sind, weiterzugeben und ihnen vielleicht damit zu helfen. Es gibt auch Zeiten, in denen es scheint, als sei die Quelle versiegt oder verschüttet. Diese Durststrecke gilt es zu überwinden. Das ist nicht leicht. Ich weiß nicht, ob ich meine Aufgaben im Beruf und in der Familie ohne die Liebe bewältigen könnte. Deshalb wünschte ich, jeder Mensch auf dieser Erde hätte eine solche Quelle der Liebe.«

Wie wird denn nun reife Liebe definiert?

»Im Prinzip ist Liebe unteilbar, soweit es den Zusammenhang zwischen Objekten und dem eigenen Ich betrifft. Echte Liebe ist ein Ausdruck von Produktivität und bedeutet Fürsorge, Respekt, Verantwortungsgefühl und Verstehen. Liebe ist kein Affekt in dem Sinn, daß man von jemandem ›angetan ist‹.« (Erich Fromm, Psychoanalyse und Ethik. Zürich 1954)

»Geliebt hat vielleicht seine tiefste und allgemeinste Bedeutung – nämlich die, tief verstanden und tief akzeptiert zu werden ... Mir scheint, daß wir eine Person nur soweit lieben können, wie wir von ihr nicht bedroht werden; wir können sie nur lieben, wenn ihre Reaktionen auf uns oder auf die Dinge, die uns nahestehen, uns verständlich sind und deutlich in Beziehung zu jenen grundlegenden Motiven in uns stehen, die uns angemessenen und bedeutsamen Beziehungen zu anderen Leuten und zur Welt näher bringen.« (Carl Rogers, Klientenzentrierte Psychotherapie. Frankfurt 1978)

»Liebe wird weniger durch das Gefühl beeinträchtigt, daß wir nicht geschätzt werden, als durch die Angst, die mehr oder minder undeutlich jeder fühlt, daß die anderen durch unsere Masken hindurchsehen, die Masken der Verdrängung, die uns durch Konvention und Kultur aufgezwungen wurden. Dies ist es, was uns dazu führt, Intimität zu meiden, Freundschaften auf einer oberflächlichen Ebene aufrechtzuerhalten, andere zu unterschätzen, damit sie uns nicht zu gut einschätzen.« (Carl Menninger, Liebe und Haß. Stuttgart 1985)

»Die sinnliche Liebe ferner, d.h. die Zeugungslust, welche die körperliche Schönheit einflößt, wie überhaupt jede Liebe, die eine andere Ursache als die geistige Freiheit anerkennt, geht leicht in Haß über; wenn sie nicht, was noch schlimmer ist, eine Art des Wahns; und dann wird sie mehr durch Zwietracht als durch Eintracht genährt.« (Spinoza, Hauptsatz 19)

Zu drei Vierteln, so wurde behauptet, bestehe die Weltliteratur aus Variationen über das Thema Liebe. Wie sie als Leidenschaft erlebt und erlitten wird, alle Züge und Facetten der Liebe wurden an Symbolfiguren wie etwa Don Juan, Tristan und Isolde oder Romeo und Julia dargestellt und nacherlebt – wobei sich seltsamerweise eine Tendenz zur Liebe als »Passion«, also als vor allem leidvolle Gefühlserschütterung ergab. Das Urgeschenk Liebe erwies sich für das Abendland nicht ausschließlich als Glücksquelle: sobald sie von ihren naturhaften Wurzeln, vom rein Geschlechtlichen getrennt gefühlt und erlebt wurde, sobald zur körperlichen Sexualität die seelische Leidenschaft Liebe hinzukam, entstand auch die **Angst** vor der schicksalhaft waltenden Macht Liebe.

Ich interviewte hierzu den Liebesforscher Ernest Borneman (Bayrischer Rundfunk II, Oktober 1980). Worin besteht denn eigentlich unser heutiges Liebeskonzept, unser Konzept der Liebe?

»Wir haben aus den Mutter-Religionen des vorgriechischen Altertums nicht die beharrenden, die aufbauenden Aspekte des Weiblichen, sondern nur die dämonischen übernommen. Nicht Sophia, die Weisheit, sondern Eva, die Verführerin. Wir haben aus all der Vielfalt der griechischen Kultur ausgerechnet das Ideal der Liebe als Leidenschaft herausgenommen und haben es mit dem beängstigendsten Konzept der klassischen Tragödie gepaart, nämlich dem Konzept, daß das tragische Schicksal nicht aus Schlechtigkeit, sondern aus Unwissenheit erwächst und deshalb unvermeidbar ist. Damit, scheint mir, war die Dämonisierung der Liebe vollzogen. Dann kam das Christentum. Und wiederum entnahmen wir nicht die Barmherzigkeit, die Agape aus der allumfassenden Humanität des Christus, sondern die paulinische Frauenangst und Frauenfeindlichkeit, den Sado-Masochismus der Anakoreten, das heißt der Säulenheiligen, der Geißler, der Inquisitoren und später der Puritaner. Von den Arabern, 700 Jahre Herrscher über Spanien, entlehnten wir zusätzlich dann das Konzept des Kismet, das zwei füreinander bestimmte Liebende zusammenführt und ihr Schicksal fortan bis in den unvermeidlichen Tod regiert. Von den Minnesängern kam die Verknüpfung der Liebe mit dem Tod. Der volkstümliche Niederschlag des wohlbehüteten Geheimnisses der manichäischen Lehre: daß die Erfüllung des Eros dessen Legierung ist. Der Mensch hat ja als Gattung nicht nur bei der Liebe, sondern bei der Religion beispielsweise immer schon die Angewohnheit gehabt, daß er sich selber Hürden errichtet, die ihm das Leben schwermachen. Und wenn er diese Hürden nicht hat, dann nimmt er seine Götter nicht ernst, dann nimmt er auch die Geliebte nicht ernst. Je schwieriger er es sich macht, den Gott, die Geliebte zu erreichen, desto mehr liebt er sie. Man mißt also offenbar den Genuß an dem Maße des Opfers, das man bringt, um ihn zu erreichen. Bei Romeo und Julia war das sicher der Balkon. Die ganze Geschichte von Romeo und Julia würde zu nichts zerfallen, wenn es erstens nicht das Heiratsverbot, das Liebesverbot gäbe und zweitens nicht das Hindernis des Balkons, auf den man klettern muß, zwischen den beiden bestanden hätte. Und ich glaube, daß dieser Balkon als Liebeshindernis bis zum heutigen Tage in der westlichen Welt existiert, wenn auch in sehr verminderter Form. Die sogenannte sexuelle Gleichberechtigung hat einen großen Teil des Balkons weggeräumt, woraufhin prompt auch viele von uns nicht mehr den gleichen Genuß in der sogenannten Liebe finden. Aber es gibt ja viele Kulturen, in denen man sehr zufriedenstellend sexuell miteinander lebt, ohne jemals dieses ganze Problem der Liebe gehabt zu haben. Beispielsweise als ich ein junger Völkerkundler war und erstmals in Afrika war und den verschiedenen afrikanischen Völkern, bei denen ich lebte, zu lehren versuchte, was unsere großen abendländischen Legenden Romeo und Julia, Tristan und Isolde usw. waren, gab es immer langes Schweigen, und dann pflegte der eine oder andere oder die eine oder andere zu sagen: ›But say, why didn't he take another woman?‹ – Warum hat er sich nicht 'ne andere Frau geholt? – Also, dieses Versessensein auf eine und nur auf eine, das macht sicherlich das Leben in der westlichen Welt sehr viel schwerer als in anderen Kulturen, wo das ganze Problem nicht besteht und man deshalb sehr viel glücklicher sexuell miteinander lebt.« (Borneman)

Im schärfsten Spiegel unserer Kultur, in der Literatur, ist dieses abendländische Konzept gut abzulesen. Es wimmelt hier nur so von Liebestragödien: Werther erschießt sich, Anna Karenina endet auf den Eisenbahngeleisen, Effi Briest stirbt an gebrochenem Herzen. Nur im Lustspiel gibt es Liebe als Genuß ohne Reue.

Unsere abendländische Tendenz zur Liebestragödie, zur Liebe bis zur Selbstaufgabe ist zweifellos ebenso ein Zeichen für Kulturhöhe wie Naturferne. Bei Naturvölkern wird unter Liebe fast ausschließlich Sex verstanden. Selbst auf der »Insel der Leidenschaft«, wie das polynesische Eiland Mangaia genannt wird, kommt Sehnen und Schmachten, wie der Völkerkundler Donald Marshall mitteilt, allenfalls die Bedeutung eines Balzverhaltens zu, das noch dazu von dem Balzenden selbst als komisch empfunden wird. In verschiedenen Eingeborenensprachen Afrikas und Polynesiens gibt es sogar nur ein einziges Wort für lieben und essen, was beweist, welche Rolle der körperlich materielle Aspekt der Liebe in diesen Kulturen spielt.

Die Liebe in ihrer geistigen Form, zumindest in jenen Ansätzen, die bei Naturvölkern zu beobachten sind, ist offensichtlich keine rein kulturelle Leistung des Menschen. Offenbar wurzelt sie in Triebstrukturen, die bis in die Tierwelt reichen, sie ist von der Natur also vorgeformt. Nicht nur beim Menschen, aber vor allem beim Menschen. Warum das so ist, erklärt die Verhaltensforschung mit der langen Brutpflegezeit, die eine besonders stabile, das heißt langdauernde Partnerbindung zur Voraussetzung hat.

Das am höchsten entwickelte Säugetier, der Mensch, ist gleichzeitig auch am längsten brutpflegebedürftig. Die Brutpflege wiederum ist abhängig von der stabilen Paarbindung, deren Beständigkeit weniger von der sexuellen Beziehung als von der emotionalen Verbundenheit, von der Liebe der Eltern zueinander getragen wird. Kann man also sagen, daß beim Menschen die Liebe bereits in der genetischen Struktur angelegt ist? Kommt der Mensch bereits zur Liebe programmiert auf die Welt? Ich stellte diese Frage dem Verhaltensforscher Prof. Eibl-Eibesfeldt (Bayrischer Rundfunk II, Oktober 1980).

»Ja, die Frage kann man sicher bejahen. Es gibt eine ganze Reihe von stammesgeschichtlichen Anpassungen, die den Menschen auf persönliche Partnerbindung hin programmieren. Und wenn Sie Liebe jetzt zunächst einmal als das definieren, was sie besonders auszeichnet, nämlich als individualisierte Bindung, dann können Sie feststellen, daß diese Form der Liebe sich wahrscheinlich überhaupt im Zusammenhang mit Brutpflege entwickelt hat, und zwar zunächst als Liebe der Mutter zu ihrem Kind. Beim Menschen sind sicher noch andere Mechanismen da. Die Liebe ist also zunächst etwas,

was in der Mutter-Kind-Beziehung entwickelt wurde oder weiter noch – im Rahmen der Brutpflege auch noch bei anderen Tieren. Wir sehen dann, daß alle Tiere, bei denen Erwachsene eine dauerhafte Partnerbildung eingehen oder zumindest vorübergehend sich verpaaren, daß bei denen eigentlich abgewandelte Mutter-Kind-Signale eingesetzt werden, um die Bindung zum anderen herzustellen... Liebe zeichnet sich eben durch die Fähigkeit, eine persönliche Bindung einzugehen, aus. Eine anonyme Liebe gibt es nicht. Die anonyme Gesellschaft tötet die Liebe, ist an und für sich für die zwischenmenschlichen Beziehungen höchst bedrohlich. Ich habe verschiedentlich darauf hingewiesen, daß wir mit der zunehmenden Anonymität an Lebensqualität verlieren, und zwar aus dem einfachen Grund, weil ja der Mensch ambivalent ist in seinen Beziehungen zum Mitmenschen. Die Entwicklung geht nun auf eine sichere zunehmende Anonymisierung der Beziehungen hin. Im Augenblick führt diese Anonymisierung zu einer ganzen Reihe von unangenehmen Entwicklungen, unter anderem auch die zunehmende Kriminalität.«

Die Verhaltensforschung erklärt die Liebe als im biologischen Programm wurzelnde Kraft, die im Dienst der Arterhaltung auf Vereinigung drängt. Und damit ist auch erklärt, warum wir nicht nur lieben wollen und sollen, sondern sogar lieben müssen, daß gleichsam seelische Energien zur Liebe zwingen. Sigmund Freud, der Begründer der Psychoanalyse, hat die psychisch-energetische Grundlage der Liebe als Basis für seine vielzitierte Libido-Theorie verwandt.

Freud versteht unter Libido die jedem Menschen innewohnende Kraft, die ihn zur Liebe drängt. Das Wort »lieben« steht hier für das ganze Bedeutungsspektrum, also für Mutter-, Eltern-, Freundes- und Nächstenliebe, ja sogar Vaterlands- und Schönheitsliebe, für die Liebe zu sich selbst und zugleich auch für die spezifisch geschlechtliche Lust an der körperlichen Vereinigung. Libido zielt also auf Liebesbeziehungen im weitesten Sinn des Wortes, sie enthält immer sowohl das Streben nach Lust und die Chance auf Lustgewinn wie auch das Wirksamwerden seelischer Energien.

Die auf Freud folgende Analytiker-Generation hat diese Erklärungen im wesentlichen bestätigt, hat sie präzisiert und systematisiert. Zum Beispiel hat der französische Analytiker René Allendy in seinem Buch »Die Liebe« vorzüglich die Wirkprinzipien der Liebe im Laufe der Persönlichkeitsentwicklung dargestellt.

»Die Entwicklung führt von der begehrlichen Liebe, die verschlingen, besitzen, den gewünschten Gegenstand in sich hineinversetzen will, zu den psychischen Formen der normalen Liebe, die nur bestimmte Eigenschaften ihres Gegenstands an sich ziehen will. Zum Schluß wird der Mensch aufgrund der Vorarbeit seiner Triebe fähig, auf vielerlei Arten zu lieben, mehr oder weniger primitiv oder in einer höher entwickelten Form:

In der primitiven Liebe ist das Ich voller Gier, dem All zu entnehmen, was es bekommen kann. Es hat Lust auf alle Dinge, aus denen es seine Persönlichkeit aufbauen wird. Zuerst liebt es Nahrungsmittel und Getränke und alles, was seinem materiellen Leben dienen kann...

Psychisch wenig entwickelte Menschen behalten ihr Leben lang diese Art Liebe bei, die vom Verschlingen und Sich-Nähren bestimmt ist. Sie lieben nur, was sie essen, und sie wollen fressen, was sie lieben... Was man Bürgerlichkeit nennt, ist die Übertragung der Liebe zur Nahrung, die auch nicht fehlt, auf die Liebe zum Geld, das man allen neidet... Bei allzu vielen gehört zum steigenden Selbstbewußtsein Überfluß im Keller oder in der Brieftasche. Auch die Sammler und Geizigen gehören in diese Gruppe. Die Raffinierteren ziehen die geistige Gefräßigkeit vor. Sie stürzen sich gierig auf den Erwerb von Kenntnissen. Oder aber sie wollen ihre Augen mit Erinnerungen anfüllen, und sie ziehen aus, alle Ecken und Enden der Welt zu erforschen... Sie wollen alles kennen, alles betrachtet haben, um ihr psychisches Wesen durch alle nur denkbaren Erfahrungen zu bereichern... All das gehört zur verschlingenden Liebe, die von den Theologen als böse Begierde, als Lüsternheit bezeichnet wird... Liegt bei einem Menschen die Betonung auf diesem Verschlingenden oder Verdauenden, so bleibt die Entwicklung stehen oder wird rückläufig... Man neigt zur Grausamkeit, zu Zwangsvorstellungen, zu Exzessen.« (René Allendy, Die Liebe. München o.J.)

Diese ganz im Dienst der Ich-Sucht stehende verschlingende Liebe entlarvt sich etwa mit Redewendungen, man spricht davon, etwas oder jemanden »zum Fressen gern zu haben«, jemanden »vernaschen zu wollen«. Diese Redewendungen zielen nur auf das

Habenwollen ab. Erst wenn das Ich genug hat, wenn es saturiert ist, geht es zu höheren Formen der Liebe über:

»Nach der verschlingenden Liebe und bevor man zum Opfer fähig wird, gibt es einen Übergang, den man ›Identifizierung‹ nennen könnte. Das Ich weitet den Bereich seiner Interessen aus. Das Ich-Bewußtsein überschreitet noch weiter die Grenzen des Körpers, weil es die Person mit einschließt, die es liebt... Die Liebe, die identifiziert, folgt ebenso natürlich der verschlingenden Liebe, wie die Nahrung zum Körper selbst wird, den sie erbaute... Die sich identifizierende Liebe verbindet vor allem Eltern mit ihren Kindern. Deshalb sind sie zu jedem Opfer bereit, sofern die Kinder keine Gedanken äußern, keine Neigungen zeigen, die ... den Zauber der Identifizierung stören. Es gibt ganz passive Identifizierungen. So erleben manche Mütter, als Gefühlsparasiten, alle Empfindungen ihrer Töchter, die ihnen ähneln, mit: alle Erregungen, alle Hoffnungen, alle Kümmernisse; durch ihre Töchter hindurch beginnen sie ein neues Leben...

Die höchste und selten verwirklichte Form der Liebe, die wir die selbstlose nennen, kann man an ihrer Bereitschaft zum Opfer messen. Sie deckt sich in gewisser Weise mit der Liebe des guten Willens, des Wohlwollens der Theologen; sie gilt dem Guten als ihrem Gegenstand und ist der Liebe zu uns selbst vergleichbar... Diese Selbstlosigkeit wird durch eine Verschiebung der Libido vom Ich nach außen bewirkt, durch Projektion des Gefühls oder Verbreiterung des Libido-Bereichs in der Weise, daß das Ich seine eigenen Wünsche nach Beglückung und Befriedigung auf das geliebte Du richtet... Es gilt, der geliebten Sache oder dem geliebten Wesen zu dienen und sich selbst zu vergessen... Damit verläßt das Gefühlszentrum des Ich die Grenzen seines Körpers, es weitet sich aus und schließt andere Wesen in sich ein... In diesem Vorgang beginnt das Individuelle seinen starken Zusammenhalt zu verlieren; die selbstlose, opferbereite Liebe bereitet die letzte Auflösung der Persönlichkeit vor, wie sie sich einmal im Tode vollziehen muß. Man versteht, warum Liebende so oft und so leicht zum Freitod bereit sind. Eine solche Liebe bahnt auf jeden Fall den Weg zum schicksalhaften unausweichlichen Ende... denn auch der Tod gehört zum natürlichen Kreislauf allen Seins...« (René Allendy a. a. O.)

Die wirklich reife Liebe setzt voraus, daß der Mensch die Fähigkeit, die Kunst des Liebens in sich entwickelt. Sie besteht darin, den Partner ungeachtet seiner Eigenschaften zu lieben, nicht an ihn den Anspruch des Idealen zu stellen, sondern an die Liebe zu ihm. Erich Fromm nennt den Grundsatz: »Ich liebe dich, weil ich dich brauche« kindlich-unreif. Von der reifen Liebe fordert er die Umkehrung des Liebesanspruchs: »Ich brauche dich, weil ich dich liebe« – eine Forderung, die auf Martin Luthers Wort hinausläuft: »Ich liebe dich, **weil** du meine Frau bist.«

Die selbstlose Liebe ist Ausdruck reifer Liebe, die gibt, aber nicht fordert, die keine Besitzansprüche stellt. Damit entlarvt sich zum Beispiel die Eifersucht, die allgemeinhin ja als Zeichen für echte Liebe gilt, als das genaue Gegenteil. Die Eifersucht ist von der Psychologie genau erforscht worden. Sie spricht a) für Verlustangst, b) für Minderwertigkeitsgefühle und c) für die Projektion eigener Untreue-Tendenzen.

Nur ein Mensch, der glaubt, den Partner zu besitzen, über ihn verfügen zu können, hat Angst, diesen Besitz zu verlieren. Der unter Minderwertigkeitsgefühlen leidende Eifersüchtige erhebt einen Besitzanspruch, weil er sich unfähig fühlt, ohne den Partner zu leben. Eifersucht resultiert seltener aus realen Anlässen als aus der Angst, verlassen zu werden. Eine dritte Ursache von Eifersucht sind schließlich noch unbewußte Projektionen eigener Untreue-Tendenzen auf den Partner: ihm werden Absichten unterstellt, die der Eifersüchtige eigentlich selbst hat, aber aus Angst oder aus Gründen der Moral verdrängt.

Eifersucht ist also kein Indiz für Liebe, sondern nur für die Unfähigkeit, reif zu lieben. Das wird deutlich auch an den Liebestragödien, die sich bei genauerem Hinsehen als Haßtragödien entpuppen.

Haß ist letztlich ein naher, wenn auch bösartiger Verwandter der Liebe: Die Voraussetzung des Hassens ist ein starkes emotionales Engagement wie bei der Liebe. Selbst in jeder Liebe steckt ein Gutteil Haß. Jede menschliche Beziehung, die Liebe gewährt, erfordert als Preis dafür ein bestimmtes Maß an Einschränkung der Freiheit. Dieser ständige Kompromiß weckt gesetzmäßigerweise Unlustgefühle, die der Liebende aber gerne hinnimmt. Dazu Spinoza, Lehrsatz 43: »Der Haß wird durch Erwiderung des Hasses verstärkt, kann dagegen durch die Liebe getilgt werden.«

Erst wenn man einmal vom geliebten Partner so enttäuscht oder gekränkt wurde, daß die Liebe stirbt, kommt jener Haß zum Vorschein, der bis dahin von der Liebe überdeckt war. Wie bei einem Riff unter der Meeresoberfläche, das erst bei Ebbe sichtbar wird, tritt der Haß nun in seiner ganzen Gestalt zutage.

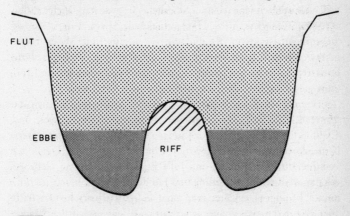

: kommt bei Ebbe ans Tageslicht

Seit die zuvor weitgehend geisteswissenschaftliche Psychologie sich in Richtung Naturwissenschaften entwickelt hat, seit sie zunehmend empirische Methoden anwendet, ist die Liebesforschung in eine neue Phase eingetreten. Vor allem die angelsächsische Psychologie hat mit einer Vielzahl von Untersuchungen Ursachen und Wirkungen der Liebe experimentell zu erforschen und zu beweisen versucht.

Die amerikanischen Sozialpsychologen Schachter und Singer hatten schon 1962 festgestellt, daß völlig gleichmütige Menschen durch die Substanz Epinephrin gezielt so in Erregung versetzt werden können, daß sie von anderen mit Ärger, Freude oder Hoffnung wie von einem Bazillus infiziert werden. Auf die Himmelsmacht Liebe angewandt, bedeutet das: Wer körperlich-seelisch erregt ist und einem ihm interessant erscheinenden Menschen begegnet, deutet seine eigene ungerichtete innere Erregung unter Umständen als »Liebe« oder gar »Leidenschaft« für das Zufallsobjekt. »Fehlattributionen« nennen das die Psychologen.

Die Erklärung, daß es durchaus nicht immer Charme, Liebreiz, Attraktivität sind, die Liebe wecken, sondern vor allem eine grundsätzliche Affektbereitschaft, bestätigt auch ein anderes Experiment:

In Britisch-Kolumbien schickte man Männern auf zwei verschieden hohen Brücken ein und dieselbe Frau entgegen. Bezeichnenderweise beurteilten jene Männer, die der Frau in siebzig Meter Höhe auf einer schwankenden Hängebrücke begegnet waren, sie als wesentlich attraktiver als die, die sie in nur fünf Meter Höhe getroffen hatten. Den eindeutigen Unterschied in der Beurteilung erklärten die Wissenschaftler mit dem unterschiedlich hohen Erregungspegel der Versuchspersonen.

Erregung weckt oder steigert die Liebe. Dafür spricht auch die Untersuchung der amerikanischen Wissenschaftler Kenrick und Cialdini, die herausfanden, daß junge Paare um so verliebter waren, je mehr sich ihre Eltern gegen die Verbindung stemmten. Die in der Fachliteratur als »Romeo-und-Julia-Effekt« bezeichnete Gefühlseskalation durch Behinderung und Hindernisse als weitgehend hormonell bedingt zu erklären mag allzu biologistisch erscheinen, trifft aber den Kern des Phänomens: wirklich leidenschaftliche Liebe hängt vor allem mit der grundsätzlichen affektiven Erregbarkeit eines Menschen zusammen, mit den tatsächlichen Vorzügen des Partners hat sie kaum etwas zu tun.

Neuesten Erkenntnissen nach ist Liebe auch eine Droge, die dazu Disponierte süchtig macht wie ein Rauschmittel. Die US-Psychologen und Eheberater Peele und Brodski berichten von Klienten, die an »zwischenmenschlicher Sucht« leiden und auf Verlust ihres Liebespartners mit Schlaflosigkeit, Herzrhythmusstörungen, Lethargie und Muskelstarre reagieren, also mit Symptomen, die genauso bei Heroinsüchtigen auftreten, denen der Stoff ausgegangen ist. Liebe stärkt das Selbstbewußtsein, vermindert damit als Angst erlebte Innenspannungen, sie lenkt ab und läßt damit Probleme kleiner erscheinen.

Simone de Beauvoir bemerkte: »Wahre Liebe sollte auf der gegenseitigen Erkenntnis zweier Freiheiten gegründet sein; die Liebenden werden sich dann sowohl als sich selbst als auch als den anderen erfahren; keiner würde die Transzendenz aufgeben, keiner verstümmelt werden. Zusammen würden die Werte und Ziele in der Welt manifestieren.«

Das erinnert stark an die Weisheiten von Spinoza zu diesem Thema. Spinoza, Hauptsatz 20: »Was die Ehe anbelangt, so ist gewiß, daß sie mit der Vernunft übereinstimmt, wenn die Begierde nach körperlicher Vereinigung nicht nur von der äußerlichen Schönheit, sondern auch von dem Verlangen, Kinder zu zeugen und weise zu erziehen, hervorgerufen wird und wenn außerdem die gegenseitige Liebe von Mann und Frau nicht nur die Schönheit, sondern vornehmlich die Freiheit des Gemüts zur Ursache hat.«

Was den Süchtigen zur Droge Mensch greifen läßt, ist nicht Liebe, sondern die Unfähigkeit, allein mit Problemen fertig zu werden. Wenn die Beziehung zu zerbrechen, der Stoff auszugehen droht, dann riskieren die Liebessüchtigen alles, um doch noch »einen Schuß« vom Partner zu bekommen.

Liebe als Sucht und Droge, so Brodski und Peele, ist enorm weit verbreitet, sie stabilisiert praktisch jede Durchschnittsehe, ist aber nur Notbehelf. Reife Liebe wollen die beiden Experten demgegenüber nur Paaren zubilligen, die sich nicht aneinanderklammern, die zusammenhalten, -leben und miteinander schlafen, auch wenn sie sich im Äußerlichen nicht mehr als »erste Wahl« empfinden.

Mit jedem neuen Forschungsergebnis erweist sich die Liebe als noch vielschichtiger und komplizierter als zuvor. Eine verbindliche endgültige Liebestheorie wird wohl niemals ihre Geheimnisse entschleiern. Allein schon deshalb nicht, weil die einzelnen Forschungshypothesen das Phänomen jeweils nur auf einen Aspekt einengen und deshalb nur zu Teilergebnissen führen können. Das zeigt zum Beispiel das Forschungsergebnis des Soziologenehepaars Elaine und William Walster von der Universität Wisconsin. In langen und sorgfältigen Befragungen und Tests fanden sie heraus, daß Liebe ein romantisches Tauschgeschäft auf Gegenseitigkeit ist – womit zweifellos eine in der Praxis häufig gelebte Form von Liebe gekennzeichnet ist, nicht aber die wichtigste und idealste:

»Menschen, die behaupten, daß sie fähig sind, Liebe zu geben, ohne an Gegenleistung zu denken, unterliegen der Selbsttäuschung... Je mehr man dem Partner geben kann und will, desto größer ist die Gegenleistung, die man erwartet... Obwohl man niemals genau das bekommt, was man haben will, kann man zumindest ein paar der Dinge bekommen, die man sich am meisten wünscht... Der Mensch fühlt sich in seiner Partnerbeziehung am wohlsten, wenn er genau das bekommt, was ihm seiner Meinung nach zusteht... Partner, die in einer ungleichwertigen Beziehung leben, versuchen gemeinsam, diese quälende Situation zu bereinigen. Gelingt das nicht, ist keine Rede mehr von Liebe, sondern von Scheidung.« (Elaine und William Walster, Liebe ist mehr. München 1979)

Liebestheorie und Liebespraxis sind offenbar tatsächlich zweierlei. Liebe wird anders gelebt, als sie gedacht und beschrieben wird. Das philosophische Ideal der selbstlosen, opferbereiten Liebe können die meisten Menschen offenbar nicht einmal annähernd erfüllen. Sei es, daß sie nie über das Verschlingen hinauskommen, sei es, daß sie zur Liebe als inneres Erlebnis überhaupt nicht fähig sind. Zu diesem Ergebnis kam jedenfalls die amerikanische Professorin Dorothy Tennov. In ihrem Buch »Love and Limerence« legt sie nach Befragung Tausender eindringlich dar, daß »Liebe« auf zwei grundsätzlich unterschiedliche Arten erlebt wird: mit relativ schwacher oder mit besonders starker Gefühlsaufwallung. Liebe, das bedeutet für die einen herzliche Gefühle, Zuneigung, Bedürfnis nach Gegenwart, für die anderen aber wahre Gefühlsstürme. Limerenz – ein eigens für das Zustandsbild »leidenschaftliche Liebe« geprägtes Kunstwort – befällt Menschen wie Wahnsinn, trifft sie wie ein Blitz aus heiterem Himmel... Die dazu Neigenden verlieben sich in ultimativer Form, die einer Besessenheit gleichkommt. Wenn Limerenz mit voller Wucht zuschlägt, verdunkeln sich alle anderen Bereiche.

Limerenzler sind süchtig – nach Sehnsucht. Im Gegensatz zu den nur Liebenden vermeiden sie es, Erfüllung geradewegs anzustreben. Sie halten sich lieber in empfindlicher Balance zwischen Unsicherheit und Hoffnung. Meist sind sie zu ängstlich und zu schüchtern, auch nur das geringste Zeichen von Zuneigung zu geben.

Komplizierende Hindernisse – der »Romeo-und-Julia-Effekt!« – heizen die Limerenz noch mehr an. Kommt es dagegen zur Erfüllung, läßt die Intensität der Gefühle schlagartig nach. Die Leidenschaft der Limerenzler entlarvt sich damit als eine Sucht nach Sehnsucht – ein Phänomen, das die Liebesforschung als »Mangelerleben mit Suchtcharakter« definiert, als eine Abhängigkeit, die masochistisch genossen wird.

»Sehnsucht«, sagt der Psychoanalytiker und Philosoph Dieter

Wyss, und er beschreibt damit das Zustandsbild des extremen Limerenzlers, »ist die zwanghaft wiederholte Distanzierung, der ständige Rückzug vom Liebesobjekt, damit die Lust an der Sehnsucht immer wieder aufs neue genossen werden kann.«

Sogar der bekannte Liebesforscher Professor Ernest Borneman hält die Liebe für letztlich unerklärbar (a.a.O.): »Mir scheint, daß Liebe sich dadurch auszeichnet, daß sie das Nichtanalysierbare ist, oder sie ist jener Teil des Gefühls der Menschen, den sie nicht subjektiv, individuell zu analysieren vermögen. Das heißt, Liebe sagt am Ende wohl über die Fähigkeit des Individuums, die eigenen Gefühle analysieren zu können, mehr aus als über ebendieses mysteriöse Ding, was wir da Liebe nennen. Liebe bringt anderes mit sich. Sie bringt Dankbarkeit für gewährte Freuden. Sie bringt Erinnerungen an gute und schlechte Zeiten, die man gemeinsam verbracht hat. Sie birgt das Wissen über die Fähigkeit, daß man dem Geliebten besser dienen kann als anderen Menschen unseres Geschlechts. Liebe enthält wahrscheinlich etwas von dem Gefühl, das wir unseren Eltern, unseren Kindern, unseren Freunden entgegenbringen, das ich meiner Katze entgegenbringe. Liebe ist das Klima, in dem Selbstsucht sich in Hilfe verwandelt. In dem Sinne, scheint mir, ist Liebe vielleicht sogar der Mikrokosmos des ganzen menschlichen Systems.«

Nicht nur des menschlichen Systems. Ich wage zu behaupten, des individuellen Systems. Unterstützt werde ich in dieser Ansicht z.B. von Teilhard de Chardin.

Er meint: »In ihrer vollen biologischen Realität betrachtet, ist die Liebe (das heißt die Anziehung, die ein Wesen auf ein anderes ausübt) nicht auf den Menschen beschränkt. Sie ist allem Leben eigentümlich und verbindet sich in verschiedener Weise und in verschiedenem Grade mit allen Gestalten, in denen die organische Materie nach und nach erscheint. Bei den uns noch nahen Säugetieren erkennen wir sie leicht in ihren verschiedenen Ausdrucksweisen: sexuelle Leidenschaft, väterlicher oder mütterlicher Instinkt, soziale Solidarität usw. Weiter entfernt oder tiefer am Baum des Lebens sind die Analogien weniger klar. Sie werden immer schwächer und sind schließlich nicht mehr wahrzunehmen. Doch hier muß ich wiederholen, was ich vom »Innen der Dinge« gesagt habe. Wenn nicht schon im Molekül – gewiß auf unglaublich rudimentärer Stufe, aber doch schon angedeutet – eine Neigung zur Vereinigung bestünde, so wäre das Erscheinen der Liebe auch auf höherer Stufe, in ihrer menschlichen Form, physisch unmöglich. Im Prinzip müssen wir voraussetzen, daß sie zumindest in einem Anfangszustand in allem Seienden vorhanden ist, um dann ihre Gegenwart bei uns mit Sicherheit festzustellen. Wenn wir rings um uns die steigende Flut bewußter Wesen beobachten, die sich vereinigen, so sehen wir, daß sie tatsächlich nirgends fehlt. Schon Platon hat dies gefühlt und dafür in seinen Dialogen die unsterbliche Ausdrucksform gefunden. Später ist die Philosophie des Mittelalters mit Denkern wie Nikolaus von Kues praktisch auf dieselbe Idee zurückgekommen. Mit den Kräften der Liebe suchen die Fragmente der Welt einander, auf daß die Welt sich vollende.« (Teilhard de Chardin, Der Mensch im Kosmos. München 1980)

Narzißmus – eine Form moderner Liebe?

Es gibt derzeit phantastische Theorien und phantastische Orientierungsvorschläge zum Thema Liebe. Im Moment befinden wir uns allerdings noch inmitten einer Wende, während der noch unfähiger geliebt wird, als es künftig sein soll, vielleicht sogar noch unfähiger, als es einst war. Ein Kennzeichen dieser Wende ist neben der kollektiven Identitätssuche ein Phänomen, das gerade mit dem Wort »der neue Narzißmus« beschrieben wird.

Und dieses Phänomen betrifft den einzelnen wie die Gesellschaft. Der Narzißmus ist ein Zeitproblem, das sich nicht von ungefähr stellt: An die Stelle des fürsorglichen Miteinanderlebens ist im Wohlfahrtsstaat zwangsläufig eine zur Verantwortung unfähige Ich-Sucht getreten, die auf eine spezifische Unfähigkeit zur Liebe zusteuert. »Das Zeitalter des Narzißmus« hat, wie der amerikanische Sozialkritiker Christopher Lasch in einem Buch dieses Titels darlegt, den Typus des infantil selbstbezogenen, sich gegen emotionale, moralische und soziale Bindungen sperrenden Menschen hervorgebracht, der durch ein hemmungsloses Streben nach Ich-Genuß gekennzeichnet ist. Im Gegensatz zum durchaus gesunden Egoismus fehlt dieser narzißtischen Haltung nicht nur die Fähigkeit, Liebe empfangen, sondern auch geben zu können.

»Spieglein, Spieglein an der Wand:
Wer ist die schönste Frau im ganzen Land?«

Also sprach der Spiegel – und damit begann das Drama:

»Frau Königin, Ihr seyd die Schönste hier,
aber Schneewittchen ist noch tausendmal schöner als Ihr.«

Was war geschehen? Der Spiegel hatte der Königin noch jeden Morgen die beruhigende Gewißheit vermittelt, die Schönste zu sein. Eine gewisse Beruhigung, die gerade immer einen Tag lang angehalten hatte. Der Haß, den sie nun auf das Schneewittchen richtete, war grenzenlos. Vor allem deshalb, weil sie sich ohnmächtig und verraten vorkam und eigentlich nicht wußte, was sie tun sollte. Ihre Abhängigkeit vom Spiegel, als die Schönste bewundert »zu werden«, machte sie blindwütig; ihr Zorn brachte sie um.

Anders Ludwig XIV., der Sonnenkönig, der da beschloß: »Damit ergeht der Beschluß: L'état c'est moi«, der Staat bin ich. So einfach war das für ihn mit seiner absolutistischen Macht, etwas zu erklären, das für Millionen verbindlich war.

Und heute, in der Zeit machbarer Illusionen, in der Zeit der illusionären Machbarkeit? »Die Sonne bin ich«, steht auf dem T-Shirt des schönen jungen Mannes, der im Café Größenwahn an der Eingangstüre lehnt. Eine Augenweide. Er sieht, daß alle es sehen, und das braucht er.

Unsere drei Helden könnten sich von Jahrhundert zu Jahrhundert zuwinken, denn sie gehören im Club der Narzißten auf die vordersten Plätze. Alle drei haben eines gemeinsam: **Sie können nicht auftanken und vom Erhaltenen zehren, sondern sie müssen ununterbrochen vermittelt bekommen, daß sie okay sind.** Und eigentlich möchten sie erfahren, daß sie noch besser als okay sind. Denn das ist das typische Kennzeichen eines narzißtischen Menschen: Er ist sozusagen **in puncto Bestätigung ein Faß ohne Boden**. Sein Selbstgefühl ist abhängig von einem andauernden Zufluß an Anerkennungen. Er ist ein Vampir, der von den Blicken seiner Opfer lebt.

In der Sage über Narcissos gibt es unterschiedliche Wiedergaben. Als klassische Variante konnte sich jene Fassung am besten in unserer Kulturgeschichte halten, die Ovid in seinen Metamorphosen beschreibt. Demnach hat der schöne Jüngling Narcissos sowohl Frauen wie Männer aufgereizt – und alle abgewiesen. Weil er so unsäglich schön war, geschah es ihm, daß auch er sich in Narcissos – also in sich selbst – verliebte; konkret: in sein Spiegelbild, das er in einer Quelle erblickte.

Das Drama begann, als die Nymphe Echo dem Schönen so sehr verfiel, daß sie ihn unbedingt haben wollte. Verkennend, daß er sich selbst genug war, nahm sie seine Abfuhr persönlich und beging Selbstmord, d.h., sie starb an gebrochenem Herzen – nicht ohne vorher die Götter um Rache gebeten zu haben. Das gleiche Schicksal hatte zuvor seinen abgewiesenen Freund Ameinias ereilt. Das Urteil der Götter war hart: lebenslängliche unerfüllbare Selbstliebe für Narcissos. Die Folge: Selbstmord durch Ertrinken. Zur Narzisse verwandelt ewig wiedergeboren.

Es kann aber auch ganz anders gewesen sein: Vielleicht fiel er hinein, als er seinen Vater, den Flußgott Kephisos, in der Quelle zu entdecken glaubte? Oder suchte er dabei seine Mutter, die Quelle seiner Herkunft – und ging daran zugrunde?

Kurzum, wie der Zürcher Analytiker Emilio Modena interpretiert, sollte die Geschichte vor allem den Jünglingen eine Warnung sein. Denn egal, welche Erzählung nun tatsächlich die wahre ist: Narcissos scheint ein rechter Rebell gewesen zu sein, der durch seine Sprödigkeit alle frustrierte. Statt dem Liebesgott zu dienen, lungerte der Schöne in der Gegend herum und streifte allein durch die Wälder – und das in Thespia von Böotien, wo die Knabenliebe sozusagen zu Hause war. So soll die Geschichte vor allem den in Wallung gebrachten, aber stets abgewiesenen Männern als Struwwelpeter-Parabel gedient haben: »Wenn ihr schönen Jünglinge uns nicht zu Willen seid, werdet ihr so enden wie Narcissos.«

Jeder Mensch kommt als Narzißt auf die Welt: Der Säugling ist so mit sich selbst beschäftigt, daß er überhaupt noch kein Interesse (interesse = darin sein) an seiner Umgebung haben kann. Würde dieser Zustand beibehalten oder eines Tages wieder eingenommen werden, so könnte man von der Krankheitsform Schizophrenie sprechen: **Der Schizophrene ist ein absoluter Narzißt**, weil er sich stärker an seiner Wahnwelt orientiert als an der wahrnehmbaren Welt, die wir Wirklichkeit nennen.

Sigmund Freud definierte den Narzißmus der Babys als **primär**, also als ersten und ursprünglichen Narzißmus – man kann ihn auch den »unschuldigen Narzißmus« nennen. Der »krankhafte Narzißmus« wurde von Freud als **sekundärer** Narzißmus bezeichnet. Er gilt als psychotische Reaktion auf die Welt, eine Art beleidigter Rückzug auf sich selbst – weil die Liebe, die man geben wollte, nicht angenommen wurde.

> Er liebte, was ihm ausging, wieder ein
> und war nicht mehr im offnen Wind enthalten
> und schloß entzückt den Umkreis der Gestalten
> und hob sich auf und konnte nicht mehr sein.
> (Rilke: Narziß)

Gemeint ist hier die ganz frühe Phase der Mutter-Kind-Beziehung, in der das Kleinkind nach dem ersten Entdecken, daß es nicht allein ist auf der Welt, nach Austausch strebt: Wird es hier tief enttäuscht, beständig überrumpelt oder seelisch vergewaltigt, dann wird es nicht lernen, an sich selbst zu glauben. Statt des Selbstgefühls »ich bin okay, wie ich bin« entsteht das andauernde streßerzeugende Gefühl: »Ich muß mich anstrengen, so zu werden, wie ich glaube sein zu sollen.« Die große Energieverschwendung beginnt. Die fortwährende Außenorientierung verhindert eine gesunde seelische Entwicklung zu einem reifen Selbst, das seine Mitte in sich trägt. Die wesentliche Hürde in der Entwicklung zu einem reifen Erwachsenen entdeckte Sigmund Freud in der Schwierigkeit, den Ödipuskomplex zu bewältigen. Für den Menschen von heute sieht der Psychoanalytiker Horst Eberhard Richter das zentrale Problem im Gotteskomplex, der Illusion vom Anspruch auf egozentrische gottgleiche Allmacht.

Das Hauptproblem des narzißtischen Menschen unserer Zeit scheint folgendes zu sein: Gefällig und charmant gelingt es ihm überall, so gut anzukommen und verwöhnt zu werden, daß er zwar Anerkennung und Bewunderung erfährt, aber er übersieht dabei, wo seine eigentlichen Wünsche und Bedürfnisse liegen. Nur scheinbar satt zu sein befriedigt nicht. Das Drama ist noch größer bei einem intelligenten, wachen und sensiblen Kind, da dieses feinfühliger die Bedürfnisse seiner Eltern spürt und versucht – dem Gebot der Liebe zu den Eltern folgend –, nur diese zu erfüllen. Das klingt ideal – ginge es nicht auf Kosten der eigenen Selbstentwicklung. Die bleibt dabei auf der Strecke. Eigene Gefühle wie Wut, Angst oder der Wunsch nach intensiver Nähe und Zärtlichkeit werden unterdrückt oder gleich ganz abgespalten.

Was hat nun Narzißmus mit Krankheit zu tun? Krankheit ist meist die Reaktion auf eine seelische Verletzung, die das Toleranzmaß dieser Persönlichkeit überschritten hat: die Seele braucht Zeit zur Regeneration. Über die Krankheit »darf« der Mensch pausieren, also sich vom Zwang zu funktionieren zurückziehen und regredieren und damit in einen Zustand zurückfallen, in dem er noch verwöhnt wird. Im Krankheitszustand wird jeder wieder zum Zentrum der Welt – wie einst als Baby. Niemand ist böse, wenn man nicht anruft oder schreibt, wenn man sich nicht um die anderen kümmert. Man ist krank, muß sich jetzt vor allem um sich selbst kümmern und alles tun, um wieder gesund zu werden. Ja mehr noch: Man bekommt Blumen und Obst, wird verwöhnt mit besonders viel Zuwendung und Aufmerksamkeit. Damit steigt das Selbstwertgefühl, der Körper wird verwöhnt und wieder versöhnt – mit der Ruhepause läßt sich das Gefühl der psychischen Identität regenerieren, man kommt wieder zu sich, man hatte Zeit zum Nachdenken, man weiß wieder besser, wer man ist und was man will bzw. machen wird. Allerdings hat die Krankheit selbst wieder verletzenden Charakter, weil sie einen auf deutlichste Weise mit der menschlichen Unvollkommenheit und Ohnmacht gegenüber der Krankheitsentstehung konfrontiert (»daß mir das passieren mußte«). Insofern ist Krankheit meist gleichzeitig Sühne dafür, daß man seinem eigenen übersteigerten Ich-Ideal vielleicht nicht genügt hat.

Letztlich hat die Krankheit aber meist die Funktion, das **Selbstwertgefühl zu steigern**, die **positive Beziehung zum eigenen Körper wiederzufinden** und das **Gefühl der psychischen Identität** zu stärken, alles drei wesentliche Merkmale des narzißtischen Selbst. Und wie Sigmund Freud schreibt, führt eine seelische oder körperliche Krankheit fast immer zur Erstarkung der narzißtischen Position, der Narzißt tankt auf. Viel schlafen, viel in der Badewanne liegen und hypochondrische Eigenschau sind weitere Tankstellen für die narzißtische Persönlichkeit, wenn zuwenig Anerkennung von anderen kommt.

Ist der heutige Narzißt nur ein moderner **Egoist**, der bloß an sich denkt? Der klarste Unterschied liegt wohl darin, daß der Menschentyp, den wir als Egoisten bezeichnen, nur nimmt – und sich damit natürlich des höchsten Glücksgefühls, des freiwilligen und gezielten Gebens, beraubt. Der Narzißt kann geben. Seine Besonderheit ist allerdings die eingeschränkte Weitsicht, die er dadurch erhält, daß er alles in egozentrischer Form auf sich konzentriert. Er ist so damit beschäftigt zu gefallen, es allen recht zu machen, von allen Bewunderung und Anerkennung zu erfahren, daß er egoistisch wirken mag, ohne es zu sein. Wenn er anderen wirklich nichts gibt, dann rührt das daher, daß er deren Bedürfnisse gar nicht sieht.

So bekommt er oft den Vorwurf zu hören, er habe ja kein echtes Interesse an den anderen. Oder wie mir letzthin ein typischer Narzißt sagte, nachdem er immer nur von sich geredet hatte: »So, jetzt haben wir eigentlich genug über mich gesprochen, laß uns doch mal etwas von dir reden: Sag mal, wie gefällt dir eigentlich mein neuer Film?«

Narzißmus hat vor allem mit Selbstbewußtsein, Selbstwertgefühl, Selbstachtung, Selbstfindung, Selbstwerdung, Selbstsicherheit, Selbständigkeit, Selbstverwirklichung zu tun. Wo bleibt da vor lauter **Selbst** noch Raum für einen anderen, für den Partner, also Raum, sich selbst und einen anderen zu lieben?

Diese Form der Lebenskunst setzt Selbstverwirklichung voraus – die höchste Stufe der individuellen Persönlichkeitsentwicklung. Was dann kommt, ist die sogenannte Selbst-Transzendenz, die Fähigkeit, sich selbst einmal von außen zu betrachten, das Selbst einmal etwas warten zu lassen oder in den Hintergrund zu rücken, nicht so sehr aus Masochismus, sondern mehr aus sozialer Klugheit.

Da Narzißmus aber immer mit der Abhängigkeit von anderen zusammenhängt, heißt das Ziel, den Narzißmus zu überwinden. Der erste Schritt dazu ist, sich selbst zu seinem Narzißmus zu bekennen.

Eine von Anfang an gesunde Persönlichkeitsentwicklung braucht Platz und Zeit, um zu lernen, wie man mit sich selbst umgeht. Die eigenen Bedürfnisse wollen entdeckt, erfahren und der Umgang mit ihnen trainiert werden. Die wichtigsten Erfahrungen macht man dann, wenn man einfach so ist, wie man ist. Doch wie soll der junge Mensch das lernen, wenn er immer nur **reagiert** statt **agiert**; wenn er mehr darauf achtet, was er tun **soll**, als darauf, was er tun **will**; wenn er, ohne es zu wissen, sich laufend an den Erwartungen der **Außenwelt** anstatt an seiner **Innenwelt** orientiert – um sich nur ja die Liebe seiner Eltern nicht zu verscherzen! Was in einer derartigen Entwicklung fehlt, ist das neugierige und angstfreie Entdeckendürfen eigener Bedürfnisse, um sie kennenzulernen und auf diese Art mit ihnen umgehen zu lernen und mit den vielfältigen – eben zu einem kompletten Menschen gehörigen – Seelenanteilen Freundschaft zu schließen.

Sich anzunehmen, wie man ist, heißt das Lernziel in der Psychotherapie, in der der Mensch eine wesentliche emotionale Erfahrung nachholen kann, eine Erfahrung, die ihm in der Erziehung versagt geblieben ist: das Gefühl, angenommen zu werden, auch wenn man nur einfach so ist, wie man ist. Das ständige Gefühl, besser sein zu müssen, hat oft zu jahrzehntelanger Verdrängung des eigenen Selbst geführt.

Ein verunsichertes, verarmtes Ich ist stets zu grandioser Illusion verführbar – worauf es dann leicht nach innen zusammenklappt, in Depressionen verfällt, in Momenten, da die Anerkennung von außen nachläßt. So ist der Mensch, der auf Partys, in In-Lokalen und in der Glamour-Szene die Blicke aufsaugt – wie eine Blume die Sonnenstrahlen –, um dann allein zu Hause in tiefe depressive Apathie zu verfallen – wie eine Blume, die ihre Blütenblätter in der Nacht schließt. Doch die Blume wird sich am nächsten Morgen auch dann wieder öffnen können, wenn es regnet. Das narzißtisch verarmte Ich ist aber eher mit der Marionette »Nimmersatt« zu vergleichen, die nur dann lächeln wird, wenn von außen am richtigen Faden gezogen wird. Es ist wie eine Art Sucht nach neuer Zufuhr an Anerkennung, Bewunderung und Zuwendung – eine schillernde Seifenblasen-Identität.

Ist der Narzißt nun ein Gebeutelter zwischen Grandiosität und Depressivität, zwischen Angst vor allzu großer Nähe in einer Partnerschaft und der Angst vor dem Alleinsein, dem horror vacui, der Konfrontation mit der inneren Leere, die Panik auslöst?

Der Narzißt ist neidisch, eifersüchtig und verunsicherbar, sympathisch und gefällig, aber auch launisch und gefährdet, von Sektenfängern und Schmeichlern fehlgeleitet zu werden.

Es geht nicht um narzißtisch oder nichtnarzißtisch – denn letztlich ist jeder ein wenig Narzißt. Die Frage heißt vielmehr: Handelt es sich um gesunden oder kranken Narzißmus?

Man spricht von **krankhaftem Narzißmus**, wenn jemand sein Selbstgefühl lediglich auf seinem Status und seinem Besitz aufbaut, ohne selbst dahinterzustehen, und sich dadurch in übersteigertem Maß wichtiger nimmt, als er ist. Das Krankhafte liegt vor allem im Übersteigerten. Er wird für die anderen unglaubwürdig und kommt sich selbst insgeheim als Hochstapler vor.

Das muß nicht heißen, daß ein kranker Narzißt ins Nervenkrankenhaus eingeliefert gehört, sondern daß er zuviel Energie mit seinem Narzißmus vergeudet und wahrscheinlich auch nicht fähig ist, eine länger andauernde Partnerschaft mit entsprechendem emotionalem Austausch zu führen.

Der **gesunde Narzißt** wird ein Leben neuen Stils führen, indem er die Möglichkeiten unserer Zeit nutzt – ohne ihr abhängiger Sklave zu werden: er kann das Leben zu zweit genießen, aber auch etwas mit sich anfangen, wenn er allein ist. Er genießt es, anerkannt, bewundert, gemocht und geliebt zu werden, aber er kann auch auftanken und davon zehren. Er muß nicht dauernd Komplimente bekommen. Er liebt es, verwöhnt zu werden – emotional, sexuell, finanziell. Er kann aber auch geben, ohne auf den Tauschwert achten zu müssen – also seinen Partner verwöhnen, ohne gleich darauf zu achten, was ihm das bringt. Genießen und Verwöhnen – zwei Begriffe, die bei wirklich reifer Lebenskunst zusammengehören.

Die zwei Typen des Narzißten von heute:

»Zwei Seelen wohnen, ach! in meiner Brust«, erkannte Dr. Faust. Die moderne Hirnforschung nennt es »Hemisphärendominanz«, womit sie dasselbe ausdrücken will: Unser Gehirn, Steuerzentrale der Persönlichkeit, besteht aus einer linken und einer rechten Hälfte, wie die zwei Halbkugeln des Globus Hemisphären genannt. In der linken Hemisphäre sitzen die eher »männlichen« Eigenschaften (z. B. räumliches Vorstellungsvermögen oder logisches Denken), wie sie für die Tätigkeit eines Ingenieurs, Architekten oder Piloten nötig sind. In der rechten Hemisphäre sind die eher »weiblichen« Fähigkeiten angesiedelt (z. B. soziale Kommunikation, assoziatives Denken oder Farbgefühl), wie sie die Innenarchitektin, Malerin oder Hebamme braucht. Da jeder Mensch zwei Hirnhälften besitzt, stecken in ihm auch alle Fähigkeiten. Bei einer Frau sind die weiblichen Eigenschaften meist ausgeprägter als die männlichen; beim Mann umgekehrt. Aber wie es maskuline Männer und feminine Frauen gibt, so gibt es natürlich auch feminine Männer und maskuline Frauen. Das hat weniger mit dem Geschlecht und oft auch wenig mit dem geschlechtstypischen Erscheinungsbild zu tun, mehr mit dem Geschlecht der Seele, der unbewußten Geschlechts-Identität. Man kann nach außen hin sehr männlich wirken, aber in der Seele ein Softy sein. Eine Frau mag sehr weiblich erscheinen, aber in der Seele ein männlicher Karrieretyp sein. Die folgende Tabelle zeigt den aktiven und den passiven Narzißmustyp. Hier wird deutlich, weshalb zwei narzißtische Menschen oft so unterschiedlich wirken können.

Der **aktive** Narzißt	Der **passive** Narzißt
• ist **abhängig** vom Beifall der Menge, glaubt an die eigene Grandiosität: »Ich bin der Star«;	• ist **abhängig** von einem Star: »Ich bin die Frau von ..., der Fan von ..., ... und der / die / das ist grandios«;
• neigt zu **Neid**, denn es könnte ihm sein Pseudo-Status streitig gemacht werden;	• neigt zu **Eifersucht**, denn er könnte aus seiner Fan-Position verdrängt werden;
• ist im Persönlichkeitstyp **schizoid**. Er sieht sich selbst als Mittelpunkt der Welt;	• ist im Persönlichkeitstyp **depressiv**. Er kreist um einen scheinbar omnipotenten Mittelpunkt der Welt;
• neigt zu **Eigenbrötelei**;	• neigt zu **Depressionen**;
• hatte in der Familiengeschichte vermutlich eine **Mutter**, die zu nah war;	• hatte in der Familiengeschichte einen **Vater**, der wahrscheinlich zu fern war;
• hat Angst vor zuviel **Nähe** in der Partnerschaft;	• hat in der Partnerschaft Angst vor dem **Alleinsein** bzw. vor dem Verlassenwerden;
• neigt zu **Sadismus**;	• neigt zu **Masochismus**;
• neigt zu **Exhibitionismus** (»Schau, Mama, was ich kann / bin / habe.«)	• neigt zu **Voyeurismus** (Wo ist der Papa, der mir die Verantwortung für mein Leben abnimmt?«).

Im Sinne einer Folie à deux können beide sich zu einem passenden neurotischen Paar ergänzen, das der Zürcher Psychotherapeut Jürg Willi als Kollusion analysierte. Das geht so lange, bis einer von beiden anfängt zu reifen und damit seinen Narzißmus überwindet.

Aber man kann seinen Narzißmus nur überwinden, wenn man ihn akzeptiert hat. Ein Match, das man nicht antritt, kann man nicht gewinnen. Die Gefahr besteht darin, in einer narzißtischen Form scheinbarer Selbstverwirklichung steckenzubleiben. Ziel bleibt die Selbsttranszendenz, also über sein eigenes kleines Ich hinauszuwachsen. Das ermöglicht nicht nur eine neue Form von Beziehungsfähigkeit, sondern auch eine reife Kombination aus persönlicher und gemeinschaftsorientierter Verantwortung für eine Kulturgesellschaft von heute bis morgen.

Die Überwindung des Narzißmus fängt mit echter Kommunikation an. 1983 war das internationale UNO-Jahr der Kommunikation. Jetzt gilt es, Kommunikation nicht nur zu predigen, sondern neu zu praktizieren. Und womit fängt Kommunikation an? Vielleicht damit, dem anderen in die Augen zu blicken, um ihm **hinter** die Augen zu schauen und nicht nur, um sich selbst darin widerzuspiegeln.

So erfahre ich mehr von ihm und von mir und von uns beiden.

Das Phänomen Narzißmus ist meist einseitig psychoanalytisch erklärt worden. Ich meine, man sollte es als kulturhistorischen Ausdruck einer Übergangszeit sehen.

Denn ein Narzißt ist schließlich einer, der sich weniger manipulieren lassen will, der den gegebenen Normen und Verhaltensmustern nicht traut. Das Nicht-Einlassen, die Distanzierung zu anderen und auch die Tatsache, daß der Narzißt letztlich mit seinem Zustand nicht zufrieden ist, birgt Chancen, ja zwingt ihn im Laufe der Zeit geradezu, nach neuen Wegen zu suchen. Änderung kann man nur durch Labilisieren der bestehenden Stabilität einleiten, durch Verweigerung oder Nichtannahme angebotener, aber unbefriedigender Lebenskonzepte. Der Narzißt als Zeitgeistphänomen ist ein Avantgardist der derzeitigen Wende.

Vom Verliebtsein und Lieben

Gegenseitige Anziehung erfordert, daß die Distanz voneinander geringer ist als die Kraft, die zueinander führt. Auch wenn das Ziel, die reife Liebe, ein ausgewogenes oder auch aufregendes Wechselspiel darstellen soll, eine dynamische Balance aus Nähe und Distanz in Form einer lebendigen Harmonie, so steht doch am Anfang meist nur die Anziehung zueinander. Wenn wir davon sprechen, daß Verliebtsein blind macht, dann heißt das nichts anderes, als aus Freude über die Entdeckung eines Menschen, den wir als begehrenswert und faszinierend empfinden, hinwegzusehen über irgendwelche Nachteile oder unpassende Eigenschaften, die er gleichzeitig besitzt. Im Zustand des Verliebtseins möchte ich am liebsten die ganze Zeit mit diesem Menschen zusammensein. Plötzlich erscheinen mir sämtliche anderen Dinge unwichtig. Und tatsächlich, wenn ich durch die Straßen gehe, erlebe ich eine andere Welt, als wenn ich eine verklärende Brille auf den Augen hätte, als wenn ich einen Kopfhörer auf den Ohren hätte, als wenn ich einen Film im Kopf hätte, der eigentlich immer nur die eine Frau zeigt, in die ich gerade verliebt bin.

Jetzt bin ich verletzbar, jetzt habe ich Angst vor dem Verlust, jetzt habe ich – psychologisch gesprochen – die Verantwortung für mein Glücksgefühl auf den Menschen übertragen, in den ich verliebt bin: von ihm allein hängt es ab, ob ich glücklich oder unglücklich bin, ob ich strahle oder leide, ob ich die Welt umarmen will oder aber mich aufgeben, verzweifeln und die Welt am liebsten verlassen möchte. Ich bin abgehoben, ich schwebe oder aber im negativen Sinne: Ich bin gefährdet. Denn Verliebtsein wirkt wie ein Antidepressivum. Verliebtsein kann süchtig machen. Dieses Phänomen des Verliebtseins ist eine Ursache dafür, warum die zweithäufigste Todesart bei Jugendlichen zwischen 16 und 20 Jahren der Selbstmord ist. Die Erklärung: Wenn ich die Verantwortung für mein Leben an einen anderen Menschen abgegeben habe und dieser verläßt mich, dann ist die Verantwortung für mein Leben im Moment auch weg. Mein Leben scheint sinnlos geworden zu sein, und dann kann ich es gleich wegwerfen!

Anders die Liebe: Wenn es gelingt, im Laufe des Verliebtseins die Gefühle zueinander vom Verknalltsein oder Verliebtsein in Liebe und dann eventuell weiter in reife Liebe überzuführen, dann schwindet die Ambivalenz, die mit dem Verliebtsein verbunden war. **Solange** ich das Verliebtsein **brauche**, solange ich den anderen Partner brauche, habe ich auch im selben Ausmaß **Angst vor dem Verlust** des Partners, Angst um den Verlust dieser Form von Liebe, die mir vorübergehend totalen Lebenssinn gibt. Wenn die Verliebtheit in **Liebe** übergegangen ist, dann bedeutet das, daß es mir gelungen ist, **Selbstliebe und Partnerliebe miteinander zu verbinden.**

Ich spüre, daß ich alleine leben könnte, ich weiß, daß ich auf die Liebe des Partners nicht angewiesen bin, um existieren zu können. Die Liebe ist in diesem Fall nicht mit existentieller Angst verbunden, die im Fall des Verliebtseins auftritt, wenn sie mir verlustig zu gehen droht. So kann ich die reife Liebe als Ergänzung schätzen, als Erfüllung, als eine Kraftquelle, die mein Leben freier macht, reicher macht. Und ich erlebe vor allen Dingen die Erfahrung, daß Geben glücklicher macht als Nehmen.

An dieser Stelle stimme ich Erich Fromm zu, der da sagt: »Gerade in der Handlung des Gebens erlebe ich meine Kraft, meine ›Wohlhabenheit‹, meine Potenz... Nicht der, der hat, ist reich, sondern der, der viel gibt.« (Erich Fromm, Die Kunst des Liebens. Frankfurt 1979)

Zur Freundschaft

In den meisten Partnerschaften ist das Verliebtsein noch nicht in reife Liebe übergegangen. Die Partner sind entweder verliebt oder führen eine Art geschwisterliche Beziehung. Anders bei Freundschaften. Normalerweise entwickelt sich eine Freundschaft über Interessengleichheit oder Sympathieempfindungen hin zu einer tragfähigen Beziehungsform, die mit freundschaftlicher Liebe oder liebevoller Freundschaft überschrieben werden könnte.

> »Von allem, was die Weisheit zur Glückseligkeit des ganzen Lebens in Bereitschaft hält, ist weitaus das wichtigste der Besitz der Freundschaft.« (Epikur)

Der klassische Unterschied zwischen Partnerschaft und Freundschaft liegt vor allem darin, daß bei der Freundschaft eben nicht die Verliebtheit und die sexuelle Anziehung im Vordergrund stehen. Das führt dazu, daß Freundschaften wesentlich weniger mit Besitzanspruch verbunden sind und damit auch ehrlicher, d. h. weniger egoistisch geführt werden. Ein Beispiel: Sie wollen einmal woanders hin in Urlaub fahren, irgendwohin, wo Sie noch nie waren, und sie versuchen herauszubekommen, welche Gegend im Moment am besten zu Ihnen passen würde. Fragen Sie nun Ihren Partner bzw. Ihre Partnerin um Rat, so wird Ihr Partner bzw. Ihre Partnerin unbewußt berücksichtigen, daß Sie durch Ihre Reise vorübergehend getrennt sein werden oder er/sie fährt mit. Er/sie wird Ihnen also abraten von der Reise oder aber Ihnen ein Reisegebiet empfehlen, das ihn/sie selbst auch interessiert: denn Ihre Entscheidung hat Konsequenzen für die Partnerschaft. Anders in der Freundschaft: Der Freund läßt sich dadurch definieren, daß er Ihnen wohl sein will, daß er Ihnen das empfiehlt, was er als gut für Sie empfindet. Die Entscheidung, die Sie treffen, wird nicht mit Konsequenzen für ihn verbunden sein, und wenn, dann nicht mit schmerzlichen.

Dies ist ein Grund dafür, warum ich der Ansicht bin, daß der Ehepartner nicht gleichzeitig auch noch der beste Freund sein sollte.

Polarität und Geschlechtsunterschiede

Was ist wertvoller, die Ackerkrume oder die Pflugschar? Wahrscheinlich die Pflugschar, sagen die, die vor einem ungepflügten Feld stehen und arbeiten wollen. »Oder können Sie mit einer Ackerkrume pflügen oder den Boden bebauen?« fragt mich der Bauer.

Natürlich ist die Ackerkrume wertvoller, sagt der Theoretiker, die Pflugschar ist doch nur totes Material. Ersetzbar, aus der Ackerkrume aber wächst die Frucht, das Leben.

Wieso fragt man sich so oft, was wertvoller ist? Kommt das von unserem letztlich destruktiven Entweder-oder-Denken?

Hier wird die **Polarität** deutlich. Und die Notwendigkeit, daß beide Seiten – Ackerkrume und Pflugschar – zueinander gehören: eins allein ohne das andere kann nichts erreichen. Ich glaube, daß die Zeit reif ist für Synthesen, daß wir uns lösen müssen von Trends oder Definitionen »der Mann sei so« oder »die Frau sei so«. Schauen wir uns einmal um, was wir in unserem Freundes- und Bekanntenkreis, an unserer Arbeitsstelle oder auf Empfängen oder Partys erleben. Denn das durch Augenschein Wahrnehmbare ist für mich verbindlich für die aktuelle Situation des Geschlechterverhältnisses, für den Zeitgeist in bezug auf die Mann-Frau-Beziehung. Da können wir doch sehen, daß im Vergleich zu der Situation vor zehn

Jahren Männer wie Frauen eher bereit sind, miteinander konstruktiv ins Gespräch zu kommen. Die Zeit der gegenseitigen Verachtung und der gegenseitigen Beschimpfungen ist vorüber. Was wir heute erleben, ist vielmehr eine Situation, die mit einer Werkstatt oder einem Diskussionsforum vergleichbar ist. Mann und Frau begegnen sich in den Bereichen, die sie gemeinsam haben, die sie teilen können miteinander und in denen sie gemeinsam herausfinden können, wo sie sich so sehr unterscheiden. Wie siehst du die Welt; wie sehe ich die Welt? Wo können wir die verschiedenen Sichtweisen dem anderen so vermitteln, daß es tatsächlich eine gegenseitige Bereicherung darstellt? Wo sind wir einander ähnlich, ja fast identisch, und wo sind wir verschieden voneinander.

Da fällt mir wieder das Paar ein, das sich ernsthaft darüber stritt, ob ein bestimmtes Autobahnstück, das sie beide öfters fuhren, nun besonders viele Kurven oder besonders viele Berge aufwies. Jeder von beiden war felsenfest davon überzeugt, »recht zu haben«. Er bestand darauf, daß es eine besonders kurvenreiche, sie, daß es eine besonders bergige Strecke sei. Sie hatten sich richtig in ihre entgegengesetzten Positionen verkrallt. Erst als ich mich, sozusagen als Katalysator bzw. als neutraler Dritter, einschaltete, kamen wir dahinter, daß beide recht haben konnten: er fuhr die Strecke immer mit seinem Porsche, sie mit ihrem 2 CV. Natürlich erlebten sie dieselbe Strecke dadurch vollkommen unterschiedlich.

Der Streit und die damit verbundenen Kränkungen und Schmerzen waren das Lehrgeld für den Lernschritt gewesen, dem anderen sein subjektives Anders-Sein lassen zu können: zu akzeptieren, daß er ist, wie er ist.

Ein paar Thesen

Man kann sehr viel über die Geschlechtsunterschiede zwischen Mann und Frau durch Beobachten erkennen, in Diskussionen herausarbeiten oder einfach durch Nachdenken feststellen. Meiner Ansicht nach geht es vom Blickwinkel der polaren Ergänzung aus nicht darum, zu bewerten und zu bekämpfen, sondern darum, durch mehr Wissen vom »Anderssein des anderen Geschlechts« gemeinsam zu mehr Lebensfreude zu gelangen. Wenn der andere das Gefühl hat, von mir verstanden zu werden, wird er mir einen

Schritt entgegenkommen, was es mir erleichtert, ihn zu verstehen. Ich meine nicht Symbiose und Verschmelzung, ich meine konstruktive Annäherung und mehr Effizienz im gemeinsamen Bewältigen dieses Lebens. Dazu gehören Geschlechtsunterschiede, die bislang noch als Problem erlebt, aber heute immer mehr als gegeben, als selbstverständlich akzeptiert werden. So wie ich von der Luft nicht verlange, daß ich sie trinken, und vom Wasser nicht erwarte, daß ich es atmen kann. Das Akzeptieren der bestehenden Geschlechtsunterschiede gibt mir Kraft und Freiraum, mich um die Aufgaben zu kümmern, wo wir tatsächlich etwas ändern sollten. **Meine Hoffnung geht dahin, daß wir die Problemursachen für den derzeit desolaten Zustand unserer Lebensverhältnisse dann klarer erkennen, wenn wir im Partner nicht mehr den Aggressor und den Gegner sehen, sondern mit ihm kooperativ nach den Wurzeln der eigentlichen Probleme suchen und dort ansetzen.**

Es gibt einige wahrscheinlich unüberwindliche Geschlechtsunterschiede, die sich bei positiver Betrachtung als nutzbar erweisen können:

1. Frauen **spüren** oft nicht, was Männer als »Fairneß« bezeichnen.
2. Frauen sind in den Augen der Männer: egozentrisch, maßlos, hemmungslos, gewissenlos. (Ein Beispiel: Die sogenannte schlechtfahrende Frau verursacht tatsächlich weniger Unfälle als der Mann, benimmt sich aber dennoch im Straßenverkehr gelegentlich »rücksichtslos«, was ihr gar nicht bewußt ist; es ist die Kollision zwischen ihrem eher personenorientierten Weltbild und dem von Männern entwickelten formalen Straßenverkehrssystem.)
3. Männer sind in den Augen der Frauen: naiv, manipulierbar, verführbar (durch Spielzeug, Autos, Kriegswaffen etc.).
4. Männer sind gefährlich, weil vielfach kopforientiert und noch zuwenig naturorientiert.
5. Der Mann darf fremdgehen, solange er sich nicht an eine feste Alternativ-Partnerin bindet. Er muß als (potentieller) Vater und Ernährer erhalten bleiben (ein Relikt aus der Steinzeit).
6. Die Frau darf nicht fremdgehen: er will sicher sein, daß er keine fremde Brut aufzieht (noch ein Relikt aus der Steinzeit). Dazu ein Umfrageergebnis eines Genfer Psychoanalytikers, der seine Patienten bat, sich zwei Situationen vorzustellen:

a) Mein Partner schläft mit mir, denkt dabei aber an jemand anderen.
b) Mein Partner schläft mit jemand anderem, denkt dabei aber an mich.

Was ist schlimmer für Sie?

Bei der Umfrage unter den Patienten wählten 70% der Frauen die erste Situation, 70% der Männer die zweite Situation als Antwort (Quelle: G. Krug, Eifersucht, Stern 24/85).

7. Fazit: Verkürzt formuliert, ist die **Frau** in den Augen des Mannes **charakterlos**, der **Mann** in den Augen der Frau **unreif**.

> C.G. Jung war überzeugt, »daß das Bewußtsein der Frau mehr durch das Verbindende des Eros als durch das Unterscheidende und Erkenntnismäßige des Logos charakterisiert ist. Bei Männern ist der Eros, die Beziehungsfunktion, in der Regel weniger entwickelt als der Logos... In vielen Fällen hat der Mann das Gefühl (und er hat nicht ganz unrecht damit), daß einzig Verführung oder Verprügelung oder Vergewaltigung noch die nötige Über›zeugungs‹kraft hätten« (C.G. Jung, Welt der Psyche. München o.J.).

Was meint die Frau, was der Mann will

»Beide Geschlechter wollen bumsen, aber der Mann will es, fürchte ich, im Dienste dessen, was er für ein höheres Ziel hält. Kreativität, Verjüngung, Macht, Rache, Selbstwerdung, Selbstverwirklichung, Erfüllung des Versprechens, das sein Vater in ihm sah, solche Nebensächlichkeiten...

Die Frage bleibt, was will der Mann? Nach lebenslanger Untersuchung dieses Themas lautet meine Antwort: mehr.

Ich weiß es, weil jemand einmal bei mir volltrunken auf dem Boden lag und mit den Fäusten darauf hämmerte. Ich war völlig mystifiziert, rang die Hände und jammerte: Was willst du denn? Denn sie lassen einen raten, die Männer; wenn sie betrunken sind, lassen sie einen noch länger raten. Aber nachdem ich das zwanzigmal ausgerufen hatte, hob er doch seinen Kopf und sagte: ›Mehr.‹ Daher weiß ich es.« (Renate Rubinstein, Nichts zu verlieren und dennoch Angst. Notizen nach einer Trennung. Frankfurt 1980)

Was meint der Mann, was die Frau will?

»Das Glück des Weibes heißt: er will.« – »Siehe, jetzt eben ward die Welt vollkommen! also denkt jedes Weib, wenn es aus ganzer Liebe gehorcht.« (F. Nietzsche, Also sprach Zarathustra. In: Werke in drei Bänden, Band 2. Hg. K. Schlechta. München 1966)

Diese Einstellung von Nietzsche wird leicht verständlich, wenn man sich an die Worte seiner Freundin Lou Andreas-Salomé erinnert, die Partnerschaftlichkeit oder selbst einen Halt wollte: »Daß du mich gar so überzeugt zur Herrin wolltest, ließ die Liebe fliehen...« (zit. nach Ingrid Staehle, Nietzsches große Liebe. SZ, München, 13./14. 10. 84)

»Alle Gesetze sind von Alten und Männern gemacht. Junge und Weiber wollen die Ausnahmen. Alte die Regel.« (Goethe, Maximen und Reflexionen.)

Was wollen Mann und Frau wirklich?

Die Frau will zum Mann aufschauen können, aber wehe, er schaut auf sie herunter! Stimmt das? Das Ergebnis einer repräsentativen Untersuchung aus dem Jahre 1984 (McCann S. 26) spricht dafür. (McCann-Erickson, Der kleine Unterschied.)

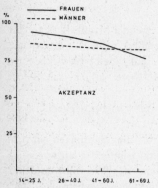

Akzeptanz: Eine Frau kann selbstverständlich die gleichen Freiheiten und Rechte beanspruchen wie ein Mann
(88% Frauen, gesamt;
84% Männer, gesamt)

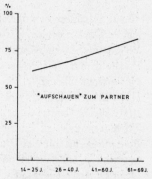

Aufschauen: Ich möchte zu einem Mann aufschauen können
(70% Frauen, gesamt)

Wieviel Zeit wollen Mann und Frau miteinander verbringen?*

Als in einer Gruppensitzung gerade einmal das Thema auf die gewünschte Zeit des Zusammenseins mit dem Partner kam und auch gerade gleich viele Männer und Frauen anwesend waren, stellte ich die Frage nach der gewünschten Dauer des Zusammenseins: »Wieviel Prozent Ihrer Tageszeit möchten Sie gerne mit Ihrem / Ihrer Partner/in gemeinsam verbringen und wieviel ohne ihn / sie?«

Bitte lesen Sie jetzt nicht weiter, sondern stellen Sie sich selbst einmal diese Frage, eventuell auch gleich einmal Ihrem Partner bzw. Ihrer Partnerin!

In der Gruppe ergaben sich folgende Verteilungen:

Ziemlich einheitlich antworteten die Frauen, sie wollten etwa drei Viertel ihrer Zeit, die Männer, sie wollten etwa ein Viertel ihrer Zeit gemeinsam mit dem Partner verbringen!

Sie können sich vorstellen, daß dieses Ergebnis die Teilnehmer eine gesamte Gruppensitzung lang beschäftigt hat.

Möchten Sie tauschen?

Die Frau hat den Mann im Lauf der Frauenbewegung und Frauenemanzipation zunehmend mehr aus seiner Verantwortung für sie entlassen. Und, fragt man sich, fühlt sie sich wohl, wollte sie das, ist sie heute gerne eine Frau? Ja: Das Frausein erscheint den Frauen zunehmend attraktiver. In einer Repräsentativumfrage im Herbst 1984 wurde den Frauen die Frage gestellt: »Wenn Sie noch einmal geboren würden, würden Sie dann lieber als Mann oder wieder als Frau zur Welt kommen?« Diese Frage hatten im Jahr 1976 64% mit »ja, wieder als Frau« beantwortet. Acht Jahre später, im Jahr 1984, waren es bereits 13% mehr, 77% bekannten sich dazu, lieber wieder als Frau geboren werden zu wollen.

Was die Männer angeht, so möchten die Männer im Jahre 1984 zu 87% auch im Fall einer zweiten Geburt »lieber Mann bleiben« (Quelle: infas, Herbst 1984/SZ, München, 11. 12. 84).

---

* ein nicht-repräsentatives Befragungsergebnis

> Wie sieht die Verteilung der Frauen in den maßgeblichen Positionen aus? Im Bundestag liegt der Anteil der weiblichen Abgeordneten bei 9,8%, in den Konzernen auf den obersten Ebenen bei 2,6%, bei den Beamten im Ministerialratsrang 2,4%, und z. B. bei den Professoren der Frauenheilkunde stehen 117 männlichen gar nur 3 weibliche Professoren gegenüber (Der Spiegel, Hamburg, 9/1984).

Den Frauen wird langsam bewußt, daß sie schließlich doppelt so lange leben, als das noch vor 100 Jahren der Fall war. Der Frauenjahrgang 1871 erreichte ein Durchschnittsalter von 38 Jahren. Heute läßt sich in der Statistik exakt das doppelte Alter, nämlich 76 Jahre, als zu erwartendes Alter für die Frauen ablesen. Und es ist tatsächlich so, daß viele Frauen erst zwischen 35 und 40 beginnen, sich selbst zu finden. »Da fing ich eigentlich erst an zu leben«, höre ich oft genug in meinen Therapien. Gleichzeitig mehrt sich die Zahl der Frauen, die erst in den späten Dreißigern sich entschließen, doch noch ein Kind zu bekommen. Für diese Lebensgestaltung – also zuerst ohne Familie, als Geliebte, als Single oder als Karrieristin zu leben, dann als Mutter mit oder ohne Mann – gibt es noch keine Vorbilder. Jede Frau, die ihr Leben so einteilt, ist quasi Pionier in einer neuen Rolle. Sie kann nichts richtig oder falsch machen, sondern nur versuchen, sich selbst treu zu sein und über eigene Bedürfnisse und Notwendigkeiten herauszufinden, wo für sie der »richtige Weg« liegt.

Ein anstrengendes Unterfangen ist das für jede Frau und auch für den Mann, der ihr Partner ist. Oder ist er nur konfrontierter Reibungs-Partner? Denkt man an die großen Revolutionen zurück, so scheint der Widerstand gegen die mächtigen Vertreter der herrschenden Verhältnisse der Auslöser für kreative Kräfte, Solidarität und humanere Lebensverhältnisse. Ist es da verwunderlich, daß wir in einer Zeit materiellen Überflusses und politischer Freiheit einen Kampf auf dem psychologischen und soziologischen Feld beobachten können, in dem sich die Frau gegen die vermeintliche Knechtschaft durch den Mann wehrt?

Solange die Frau Emanzipation mit Gleichberechtigung verwechselt, wird sie im Mann den Sündenbock sehen. Emanzipation bedeutet Unabhängigkeit. Haben beide einmal ihre Unabhängigkeit voneinander erreicht, können Mann und Frau gemeinsam an der Erweiterung ihrer Freiräume arbeiten.

Die Zeiten sind vorbei, in denen Alice Schwarzer meinte: »Die Aufhebung von Geschlechtsrollen muß Ziel jedes emanzipatorischen Strebens sein, so wie die Aufhebung der Klassen.« Das war natürlich als vorübergehender Protest verständlich, nachdem die Frau über Jahrhunderte hinweg als dumm dargestellt oder sogar dumm gemacht bzw. für dumm gehalten wurde.

> Die Frau ist »weniger klug und in größerem Maße der Falschheit und dem Irrtum ausgeliefert«, »sie braucht auch weniger Nahrung« (Aristoteles).
>
> »Frauen haben lange Haare, aber einen kurzen Verstand.« (Thomas von Aquin)
>
> »Mühsames Lernen oder peinliches Grübeln, wenn es gleich ein Frauenzimmer darin hochbringen sollte, vertilgen die Vorzüge, die ihrem Geschlechte eigentümlich sind.« (Kant)
>
> »Frauen können wohl gebildet sein, aber für die höheren Wissenschaften, wie Philosophie und gewisse Produktionen der Kunst, die ein allgemeines fordern, sind sie nicht gemacht.« (Hegel)
>
> »Schon der Anblick der weiblichen Gestalt lehrt, daß das Weib weder zu großen geistigen noch körperlichen Arbeiten bestimmt ist.« (Schopenhauer)

Es stimmt zwar, daß der Mann mit 35 kg Muskeln 12 kg mehr als die Frau besitzt und 20% mehr Muskelkraft damit produzieren kann. Es stimmt auch, daß die linke Hirnhemisphäre, in der die eher männlichen Fähigkeiten wie logisches Denken oder räumliches Vorstellungsvermögen lokalisiert sind, als dominante Hirnhälfte bezeichnet wird. Es stimmt auch, daß ein Mann mehr Hirnmasse besitzt. Aber all diese Wertungen sind letztlich nur Folgen der Angst des Mannes, einen eventuellen Geschlechterkrieg verlieren zu können. Die **Lösung**, nämlich die **Gemeinsamkeiten** zwischen den Geschlechtern zu **nutzen** und die **Unterschiede** zwischen den Geschlechtern zu **schätzen**, setzt voraus, **mit einseitigen Bewertungen aufzuhören**. Das gelingt uns dann, wenn wir keine Angst mehr voreinander haben, sondern uns statt dessen zusammentun, um miteinander die wesentlichen Ängste zu bewältigen.

Wenn er nun einmal besser räumlich denken kann als sie, sie dafür sprachlich versierter ist als er, weshalb diese Unterschiede bekämpfen? Es war einst überlebenswichtig, daß er als Jäger schweigen konnte und sich in der Gegend gut auskannte, wohingegen sie beim Feuerhüten zu Hause die Sprache erfand, um die Kinder zu erziehen.

> »Es begab sich, als die Tiere noch wilder waren. Der Mensch war auch wild. Furchtbar wild sogar. Er wurde erst ein bißchen zahm, als er mit der Frau zusammengetroffen war, die ihm gesagt hatte, sie habe keine Lust, in so wilder Weise zu leben wie er. Sie suchte sich eine hübsche trockene Höhle, um darin zu schlafen... Dann streute sie sauberen Sand auf den Boden und zündete ganz hinten in der Höhle aus Holz ein Feuerchen an und hängte noch die Haut eines Wildpferdes vor die Höhle und sagte: ›Wische dir die Füße ab, mein Lieber, bevor du eintrittst; so, nun wollen wir den Haushalt anfangen.‹« (Rudyard Kipling)

Das »Queen of the house«- und »King-of-the-road«-Bild ist ja gar nicht neu, sondern nur wieder einmal aktuell. Es gibt heute zum ersten Mal in der Geschichte des Menschen so viele Möglichkeiten für Mann und Frau, daß beide eine optimale Form der Beziehung zueinander selbst wählen müssen, weil sie nicht wie früher von den Umständen zu einer bestimmten Lebensform genötigt sind. Sie dürfen alles. So müssen sie wissen, was sie wollen, um das Richtige, sprich Passende, zu wählen und anderes zu meiden. Der Preis für diese Freiheit in einer Zeit, die Maßstäbe nicht aus Mangel heraus diktiert, sondern aus Überfluß heraus fehlen läßt und dadurch grenzenlos erscheint, ist die Aufgabe, entscheiden zu können. So völlig allein gelassen, mit überkommenen Traditionen versorgt, aber als Anfänger, mit der Verantwortung für sein Leben auch umgehen zu können, flieht der einzelne hin zu natürlichen Maßstäben, den persönlichen Bedürfnissen oder der inneren Stimme. Dabei werden Geschlechtsunterschiede wieder aktualisiert und als gegenseitige Bereicherung geschätzt. Insbesondere seit sich nach jahrzehntelangem Mißbrauch des Wortes »Emanzipation« auch in der Bevölkerung die ursprüngliche Wortbedeutung durchsetzt und Emanzipation eben nicht »Gleichberechtigung«, sondern »Unabhängig-Werden« heißt. Das ist das wesentliche Ziel für die Frau und nicht minder für den Mann. Nach der Befreiung aus der Sklaverei kann ein Mensch sich freiwillig binden, nach der Befreiung aus Abhängigkeiten sind Bindungen möglich, die auch Partnerschaft genannt werden dürfen. Zwei Partner schließen sich zu einem Team zusammen. Natürlich wird abwechselnd »geherrscht« und »gedient«, aber was zählt, ist die Kompetenz. Nicht Macht-Autorität, sondern Wissens-Autorität gibt demjenigen die jeweilige Vormachtstellung, der auf dem entsprechenden Gebiet erfolgreicher, weil dort fähiger ist.

»**Dienen lerne beizeiten das Weib** nach ihrer Bestimmung;
Denn durch Dienen allein gelangt sie endlich zum Herrschen,
Zu der verdienten Gewalt, die doch ihr im Hause gehöret.
Dienet die Schwester dem Bruder doch früh, sie dienet den Eltern,
Und ihr Leben ist immer ein ewiges Gehen und Kommen,
Oder ein Heben und Tragen, Bereiten und Schaffen für andre.
Wohl ihr, wenn sie daran sich gewöhnt, daß kein Weg ihr zu sauer
Wird und die Stunden der Nacht ihr sind wie die Stunden des Tages,
Daß ihr niemals die Arbeit zu klein und die Nadel zu fein dünkt,
Daß sie sich ganz vergißt und leben mag nur in andern!
Denn als Mutter, fürwahr, bedarf sie der Tugenden alle,
Wenn der Säugling die Krankende weckt und Nahrung begehret
Von der Schwachen, und so zu Schmerzen Sorgen sich häufen.
Zwanzig Männer verbunden ertrügen nicht diese Beschwerde,
Und sie sollen es nicht; doch sollen sie dankbar es einsehn.«
(Goethe, Hermann und Dorothea)

Ist es nicht optimal, wenn beide ihre unterschiedlichen Fähigkeiten zusammentun und diese miteinander kombinieren? Die Natur macht es uns vor, daß z. B. nur so ein Kind entstehen, geboren und aufgezogen werden kann.

C.G. Jung hatte ziemlich klar erkannt, wo die wesentlichen Geschlechtsunterschiede liegen. Über die jeweiligen körperlichen Fähigkeiten und die geschlechtstypischen seelischen Besonderheiten hinaus sah er die maßgeblichen Unterschiede zwischen Mann und Frau in ihren jeweiligen Einstellungen und verschiedenartigen Weltbildern.

»Die bewußte Einstellung der **Frau** ist im allgemeinen viel exklusiver persönlich als die des Mannes. Ihre Welt besteht aus Vätern und Müttern, Brüdern und Schwestern, Gatten und Kindern. Die übrige Welt besteht aus ähnlichen Familien, die sich gegenseitig zuwinken, im übrigen sich aber wesentlich für sich selbst interessieren. Die Welt des Mannes ist das Volk, der Staat, Interessenkonzerne usw.

Die Familie ist bloß Mittel zum Zweck« – also Sache – »eines der Fundamente des Staates.« – »Persönliche Beziehungen sind« der Frau »in der Regel wichtiger und interessanter als objektive Tatsachen und ihre Zusammenhänge. Die weiten Gebiete des Handelns, der Politik, der Technik und Wissenschaft, das ganze Reich des angewandten **männlichen Geistes** fällt bei ihr in den **Bewußtseinsschatten**, dagegen entwickelt sie eine weitläufige Bewußtheit der persönlichen Beziehung, deren unendliche Nuancierung dem **Manne** in der Regel entgeht.« (C.G. Jung, Die Beziehungen zwischen dem Ich und dem Unbewußten. Olten 1966)

Oder wie Jean Paul sagte: »Die Frau verliert – ihrer ungeteilten, anschauenden Natur zufolge – sich, und was sie hat von Herz und Glück, in den Gegenstand hinein, den sie liebt ... keine Frau kann zu gleicher Zeit ihr Kind und die vier Weltteile lieben, aber der Mann kann es. Er liebt den Begriff, das Weib die Erscheinung, das Einzige.« (Jean Paul, Levana. 1910)

Der Dichter und Psychologe Jean Paul fand für sich vor knapp 200 Jahren die Erklärung darin, daß die Frau die Welt einheitlicher, weniger gespalten oder gar zerrissen erlebe. Sie empfindet weniger Ambivalenz als der Mann und hat dadurch weniger Entscheidungsschwierigkeiten als er. »Ein Mann hat zwei Ich, eine Frau nur eines...« (Jean Paul, Levana. 1910)

Erinnert man sich an die Geschlechtschromosomen, so fällt auf, daß die Frau zwei gleiche X-Chromosomen, der Mann zwei verschiedene, nämlich X- und Y-Chromosomen in jeder Körperzelle besitzt. Der Mann hat also auch ein X, die Frau aber kein Y.

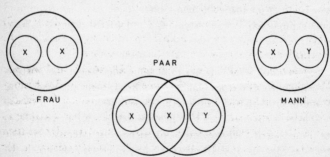

Der in der Mitte liegende Kreis soll das Gemeinsame symbolisieren: die Androgynie. Die Beziehung zwischen den beiden äußeren Kreisen miteinander ist eher von ergänzender Natur, und zwar polar zueinander. Ein Paar hat, ist und kann mehr, als wenn man die Fähigkeiten von Frau und Mann einzeln miteinander addieren würde. Getreu dem Gesetz: »Das Ganze ist mehr als die Summe seiner Teile.«

Was ist eigentlich Androgynie?

Der allseits beobachtbare Bankrott einer einseitig männlich ausgerichteten Machbarkeits-Ideologie zeigt sich in der Schulmedizin, in den ökologischen Katastrophen und in der Kernwaffen-Problematik, auf dem Energiesektor, im Abfallbereich und im Bildungssystem, letztlich auf allen Gebieten unseres öffentlichen, zum Teil auch des privaten Lebens.

Der Einfluß der Frauenbewegung und die konkrete Einmischung der Frau in die heutige Politik und Geschäftswelt sind äußeres, sichtbares Zeichen dafür, daß die als weiblich geltenden Werte mehr berücksichtigt werden müssen, wenn wir wieder zu mehr Ganzheitlichkeit, Gesundheit und natürlichen ökologischen Regelkreisen zurückfinden wollen.

Für die Mann-Frau-Beziehung heißt das Schlagwort Androgynie (von andro = männlich, gyn = weiblich). Es entspricht dem Bild des **ganzheitlichen Menschen, also des Mannes, der auch seine weibliche Seite, und der Frau, die auch ihre männliche Seite in sich erkennt, annimmt und zuläßt.** Wenn ich das Weibliche in mir mit dem Männlichen in mir in Einklang bringe, brauche ich nicht mehr gegen das andere Geschlecht zu kämpfen.

Anders gesagt: Geschlechterkampf ist immer ein Zeichen für einen außen ausgetragenen Kampf zwischen zwei Parteien, die innerhalb der eigenen Seele nicht in Harmonie sind.

Ein Beispiel: In der Sauna oder am FKK-Strand sind wir nur Menschen. Erotik und sexuelle Anziehung treten in den Hintergrund, wir sind nackt und stellen fest, daß der männliche und der weibliche Körper sich nackt erstaunlich ähneln. Aber wie sieht es aus auf den Tummelplätzen der menschlichen Balzrituale? Schauen wir in die Ballsäle und Diskotheken, an die Promenadestrände der

Urlaubsorte oder z. B. auf eine Bauernhochzeit: die Tracht verstärkt die Geschlechtsunterschiede. Der Busen wird hochgebunden, die Anzahl der am Ausschnitt hängenden Silbermünzen steht pikanterweise für die Anzahl der Milchkühe im häuslichen Stall, die Männer zeigen gepolsterte Schultern, einen ledernen Hosenlatz und andere Kraftsymbole.

Das Spiel ist klar: Mann und Frau sind androgyn, klar. Aber zur erotischen Spannung braucht es wie zur Erzeugung eines Funkenbogens zwischen Minus- und Pluspol sowohl **Unterschiedlichkeit** als auch **Distanz**, also den richtigen Schuß **Polarität**.

Zur Beziehung von Schein und Sein

Anziehung setzt gegenseitige Spannung voraus, und Spannung ist erst dann möglich, wenn ein gewisses Maß an Gegensätzlichkeit und Polarität, an Widersprüchlichkeit und Geheimnis vorhanden ist. So ist ein Lächeln erotisch aufregender, wenn es aus einem Mund kommt, der mit gesunden, potentiell gefährlichen Zähnen ausgerüstet ist, als wenn einen ein zahnloser, ungefährlicher Mund anlächelt. Die Werbung für Herrenartikel, die die Zärtlichkeit der Frauen mobilisieren möchte, zeigt Frauen mit rotlackierten Krallen und keine mütterlichen Hände mit farblosen gestutzten Fingernägeln.

Es reizt mich erotisch, an meiner Seite einen Partner zu sehen, »den ich domestiziert habe«, der potentiell unnahbar ist, gefährlich ist, mir gegenüber zwar Krallen und seine Beißwerkzeuge zeigt, aber nicht angreifen wird. Das gibt mir das Gefühl von Stärke und Dominanz, von Geliebtwerden und Beschütztwerden.

Welcher Flirt-Partner reizt am meisten?

Es ist der Geheimnisvolle und Unnahbare, der reizt, der für alle anderen unerreichbar ist – nur nicht für einen selbst! Der sich nur für mich interessiert und mir damit signalisiert, daß er die einmalige Besonderheit meiner Existenz, wie ich sie subjektiv für mich empfinde, entdeckt hat und als solche zu schätzen vermag.

Schein und Sein ist in der Natur nicht, wie einige Naturanhänger denken mögen, identisch. Es geht mir nicht um das Beklagen einer in der menschlichen Kultur so verbreiteten Doppelmoral, die sich in dieser Verlogenheit in der Natur nicht findet. Es geht mir darum aufzuzeigen, daß ein gewisses Maß an Unterschiedlichkeit von Schein und Sein die Effizienz der Natur tatsächlich stark erhöhen kann. Deutlich wird das z. B. am Phänomen Mimikry: ein Lebewesen versucht zu vermeiden, so auszusehen, wie es aussehen müßte, es versucht zu vermeiden, als solches erkannt zu werden. Dieses Phänomen haben wir bei Pflanzen, die sich als Tiere tarnen, oder bei Tieren, die sich als Pflanzen tarnen, oder bei Tieren, die sich als ein anderes Tier tarnen. Die zweite Art, wie die Natur zwischen Schein und Sein unterscheidet, bezieht sich nicht auf die Angst vor Feinden, sondern auf das Anlocken der Geschlechtspartner. Vor allem bei Vögeln und Katzen können wir beobachten, wie sie sich aufplustern, um vorzugeben, stärker zu sein, als sie sind. Der Pfau schlägt ein Rad, dessen Federn nur von der sichtbaren Seite gefärbt sind. Die Natur spart wie der Kulissenmaler am Theater, der auch nur die für das Publikum sichtbaren Seiten bemalt. Natürlich könnte man einwenden, die Natur sei vollkommen unschuldig. Die Blumen würden sich nur deshalb so schön färben und nach oben ranken, um von den Insekten durch ihre Farben auch entdeckt zu werden. Wissen wir, ob die Insekten nicht auch lieber zu den schönen Blumen gehen? Blumen wollen nur befruchtet werden, sagt der Biologe. Blumen wollen gefallen, sagt der Dichter. Beide haben recht. Wenn es um die Effizienz geht, ist beinahe alles erlaubt.

Wenn ich mir selbst gefalle, wenn ich mich mag, so wie ich bin, werde ich mehr Selbstsicherheit und mehr Selbstvertrauen ausstrahlen und damit erfolgreicher sein. Wenn ich anderen gefalle, wenn andere mich so mögen, wie ich bin, werde ich daraus Energie tanken, Wärme beziehen, Lebensfreude teilen. Dies ist ein Regelkreis mit dem natürlichen Ziel, gegenseitigen Austausch möglichst effizient zu gestalten.

Es ist trotzdem erstaunlich: Obwohl die Menschen mehr denn je Geld, Mühe und Zeit investieren, um eine möglichst positive Wirkung zu erzielen, weckt der Mensch die meiste Sympathie, der am natürlichsten wirkt.

Natürlichsein heißt sich a) zum neutralen Menschen und b) zu seiner Geschlechtsrolle zu bekennen.

Da gibt es die Untertreibung: Eine Frau sieht sich vielleicht nur als

Mensch, sie verleugnet ihren weiblichen Anteil, sie kleidet sich unauffällig und neutral, sie wird im Extremfall magersüchtig, um die Rückbildung der typisch weiblichen Körperformen und das Ausbleiben ihrer Periode zu erzeugen – und wird dadurch von der Konfrontation mit dem Andersgeschlechtlichen scheinbar verschont.

Da gibt es die Übertreibung: Der aggressive Macho, der Mann, der statt seiner Gefühle nur ein Poker-face zeigt, der eher zuschlägt als streichelt, einen Killer-Blick trägt und kein Mitleid kennt. Seine Verleugnung des eigenen weiblichen Anteils führt dazu, daß er sich mit extrem-einseitig weiblichen Frauen umgibt, die ihn durch den Kontrast zu sich selbst als unverkennbar männlich erscheinen lassen.

Das Normale wäre wieder die goldene Mitte, die vorhandenen Unterschiede zwischen Mann und Frau als solche zu schätzen, sie nicht zu verleugnen und sie nicht überzubewerten. Die Grundlage dafür ist, **den gegengeschlechtlichen Anteil in einem selbst** zu kultivieren, um den Geschlechtspartner zwar als anders zu respektieren, aber nicht als fremd und unbekannt zu empfinden. Denn wie wir wissen, haben wir ja eigentlich nur Angst vor dem Unbekannten. Und so gibt es wieder eine Erklärung mehr dafür, daß wir die Angst vor dem äußeren Geschlechtspartner durch innere Integration bewältigen können.

Die vier Partnertypen

Der Schillernde oder Bunte

Die Angst des Bunten besteht vor dem Schwarzweiß, den Farben der Richter und Notare. Bloß nicht festlegen, nicht auf Formeln, Verträge und Verfügungen einlassen; man weiß ja nie, man kann ja nie genau wissen, ob das auch auf Dauer das Richtige und Beste ist. Domani, wir werden sehen, die Zeit wird es entscheiden, es fügt sich. Da gibt es Menschen, die mit 22 heiraten und mit 23 ein Haus bauen – mit einem Kredit von den Eltern natürlich und mit einer Bankbürgschaft – und mit 38 Großeltern werden. Denn durch die Einkommensteuererklärungen der letzten Jahre und die Vorlage der letzten Gehaltsstreifen war die Bank sehr zuvorkommend gewesen. Der Bunte, der das hört, bekommt nicht nur eine Gänsehaut, er bekommt wahrscheinlich einen Ausschlag. Alles, was mit Einengung, Festgelegtsein zu tun hat, was man im herkömmlichen Sinne mit Spießigsein bezeichnet, ist ihm suspekt, läßt ihn fliehen.

Eine andere Angst des Bunten liegt in der Horrorvorstellung, morgen derselbe sein zu müssen wie gestern, dadurch kalkulierbar und prognostizierbar zu werden, vielleicht gesagt zu bekommen: »Du brauchst mir gar nicht zu sagen, was du willst, ich kenne dich doch.« Hier würde der Bunte blaß werden oder fliehen, sich selbst bedauern und sich bei irgend jemandem ausweinen. Er muß nur verstehen, daß niemand ihn versteht, das reicht schon, dann ist es gut. So betrachtet ist es natürlich kein Wunder, daß sich gerade Bunte von der Hier-und-Jetzt-Überbewertung der Psychotherapie der späten siebziger Jahre besonders angezogen fühlten. Es war die Zeit, als die Jugend no future im Munde führte. Doch der Widerspruch läßt sich auf die Dauer nicht so ohne weiteres kaschieren: Leben bedeutet Hoffnung haben, also an die Zukunft glauben. Und Leben bedeutet auch Konstanz, Stetigkeit, Voraussagbarkeit. Das, was man im allgemeinen Charakter nennt, das ist beim Bunten schwer zu entdecken. Denn er zeigt seinen Charakter nicht. Eher schillernd, fast chamäleonhaft, besitzt er eine phantastische Anpassungsfähigkeit, die es der Umwelt und insbesondere seinem Partner sehr schwer macht, ihn zu fassen, seine verläßlichen und vertrauenswürdigen Seiten zu erkennen. Als reizvoll und bezaubernd wird er beschrieben, in Gesellschaft und auf Partys wird er geschätzt und umworben, doch als Partner fürs Leben? Aber auch er findet immer wieder depressive oder gar masochistische Partnerangebote, so daß der Bunte eigentlich selten zu spüren bekommt, wie anstrengend er für den anderen sein kann. Für ihn zählt die Effizienz, das Äußere, für ihn zählt, wie es aussieht, ob es Spaß macht. Wie er etwas erreicht, das ist ihm meist egal. So hält er nicht nur aus Angst vor dem Festgelegtwerden, sondern auch, weil es ihm zu langwierig und langweilig erscheint, wenig von üblichen gesellschaftlichen Spielregeln. Man findet ihn deshalb selten in Vereinen oder Verbänden, findet bei ihm keine Bausparverträge oder Briefmarkensammlungen. Zu Hause fühlt er sich eher dort, wo es tatsächlich auch oft bunt zugeht: in Filmstudios, Werbeagenturen oder in der Kunstszene, sei es auf der Bühne oder im Atelier, in der Galerie oder in der Modeboutique. Vergängliches berauscht ihn, Beständiges flieht er. Für ihn gilt, daß seine Konstanz im Wandel liegt; er ist daran erkennbar, daß er stets ein anderer ist. Für tolerante und durchblickende Freunde ein reizvoller bis anstrengender Typ.

Der Bunte und die Liebe René

Erinnert man sich an Shakespeares Worte, daß alle Menschen nur Spieler ihrer Lebensrolle sind, dann hat es der Bunte am besten erwischt – zumindest für sich selbst. Denn er lebt seine Probleme, agiert sie aus, wie die Psychoanalytiker sagen, was oft auf Kosten anderer, meist der Nahestehendsten geht. Doch was der Ergebene schluckt, der Erhabene gar nicht an sich herankommen läßt und der Beständige verdrängt, das wird vom Bunten laut gelebt. Dramatik und Pathos sind deshalb für ihn beliebte Spielarten der Kommunikation. Und die Rolle auf der Bühne des Lebens ist mehr ein Rollenrepertoire, aus dem geschöpft wird; das Leben wird zum Spiel. So ist er in der Liebe eher ein Meister des Beginns, des Flirts und der ersten Wochen, ja vielleicht sogar noch der Flitterwochen. Doch beim Übergang vom Verliebtsein zum Lieben, vom anfänglichen Berauschtsein zum gemeinsamen Alltag beginnen meist die Probleme.

Der Bunte ist eine Mischung aus Blume, Vogel, Kind und einem unbekannten Zauber, den man in Märchen und Liebesromanen findet. Wer das mag und vor allem, wer weiß, was er sich da einhandelt, wird eine Weile lang eine sicher nicht langweilige Beziehung führen. Wichtig ist vor allem zu wissen, daß der Bunte die Worte nicht so genau nimmt, auch wenn er selbst im Moment felsenfest daran glaubt, zu wissen und auch zu fühlen, was er sagt. Doch ob er es morgen auch noch weiß?

Klienten vom Typ des Bunten, die in meine Praxis kommen, leiden meist unter Partnerproblemen. Dahinter liegen überwiegend Identitätsprobleme, die sowohl mit der Geschlechtsrollen-Identität als auch mit dem Selbstwertgefühl zusammenhängen. Höhenflüge, grandiose Ideen und Allmachts-Phantasien fordern von einem immer wieder, zu landen und geeignete Landeplätzchen ausfindig zu machen, um das »Erden«, das Leben auf festem Boden zu üben.

Schließlich ist es für viele Partner einfach überfordernd, dauernd einen Überflieger oder schwebenden Luftschloßherren neben sich zu haben. Gehen bedeutet schließlich, immer ein Bein auf der Erde zu haben, während das andere zwar in der Luft ist, aber schon den nächsten Erdkontakt anpeilt. Und gemeinsam miteinander gehen setzt nun einmal voraus, daß der andere nicht ständig entschwebt – und dann vielleicht noch Vorwürfe macht, daß man zu nüchtern sei und nicht bewundernd genug aufschaut.

Der Beständige

Er ist ein Experte im Betonieren alter Gewohnheiten, im Absichern einmal erworbener Lebensmuster. Seine Angst ist ziemlich offensichtlich: es ist die Angst vor dem Wandel, die Angst vor Veränderung. Wenn er sich ein Leben ganz nach seinem Gusto einrichten könnte, wäre es die vollkommene Symbolisierung des ewigen Gleichbleibens und der Unvergänglichkeit. Denn ihm gibt Sicherheit, was verläßlich ist. Konservative Parteien, ein solides Auto und eine Position mit Rentenanspruch, am besten eine Beamtenposition. Menschliche Beziehungen werden einmal geschaffen oder »geerbt« von den Eltern, der Kindheit oder noch von der Schulzeit und treu gepflegt. Früher galt der Beständige als der Garant für eine gute Ehe, denn auf sein Wort kann man sich verlassen, er wird treu und zuverlässig für die Familie sorgen...

»Bescheidenheit ist eine Zier« gilt ihm als Leitspruch, denn in einem demutgetragenen Lebensstil ist er am wenigsten der Mode, Kritik und anderen Anfechtungen seiner einmal festgelegten Lebenslinie ausgeliefert. Man könnte ihn beschreiben als den Mann, der von seinem Freund zu einem Abstecher nach Paris mitgenommen wird und der abends, statt das Nachtleben zu besuchen, lieber in einen Vortrag »über das Nachtleben von Paris« geht. Was sein Vorgesetzter an ihm schätzt, sind seine Pünktlichkeit und seine Zuverlässigkeit, seine klare Trennung von Beruf und Privatleben; seine Ordentlichkeit und die Beruhigung, sich auf ihn verlassen zu können, wird dann zum Problem, wenn es um Teamarbeit geht. Denn er will rasch zu Lösungen kommen, die einmal getroffenen Entscheidungen mit aller Gewalt durchsetzen und gegen alles und jedes verteidigen, selbst wenn sie vielleicht inzwischen überholt sind. Flexibilität und Offenheit für neue Verhältnisse sind ja genau die Bereiche, die er vermeiden möchte, die er als bedrohlich erlebt und deshalb nicht mag. Nur äußert er sich darüber selten spontan, er fühlt sich eher unverstanden und abgelehnt, weil er Schwierigkeiten und Widerstand erlebt, obwohl er doch alles richtig gemacht und sich sogar besonders bemüht hat, alles ganz genau zu machen.

Verständlich, daß so ein Mensch dazu tendiert, zum Sonderling zu werden, oder, um sich des Wohlwollens der Vorgesetzten zu versichern, daß er zum Radfahrer wird, zu einem, der nach oben buckelt, dafür nach unten tritt. Was ihm fehlt, wird ihm im Berufsleben beigebracht werden. Denn seine offiziell erwünschten Verhaltensweisen werden meist nur im persönlichen Kontakt mit ihm problematisch. Schließlich lebt er weitgehend als Mensch nach Vorschrift. Er ist fast eine Inkarnation staatlich und moralisch geforderter Richtlinien. Aber letztlich weiß man auch von der Macht streikähnlicher Aktivitäten: wenn Zollbeamte Dienst nach Vorschrift verrichten, bricht der normale Grenzverkehr zusammen, wird das zum Leben gehörige Maß an relativierenden Regeln weggelassen, funktioniert es nicht mehr. Das ist eigentlich eine sehr eindrucksvolle Analogie dafür, daß der Mensch eben nicht alles mit einmal fixierten Regeln kontrollieren kann, daß es immer etwas Spielraum für Zufälle, für das Schicksal, für die Ausnahmen und für die Möglichkeiten der Entwicklung geben muß. Selbst die aufs genaueste berechneten Brücken über die Alpentäler sind mit einem gewissen Spiel auf Rollen gelagert, wo sie je nach Temperatureinfluß »gehen können«, so wie scheinbar Statik repräsentierende Gletscher »wandern«, wie sogar ganze Erdteile, die einst den einzigen festen Halt auf dieser Erde versprechen sollten, nicht statisch sind, sondern auf der Erdkugel schwimmen und ihre Position stets leicht verändern. Die Einsichten in stete Wandlungen müssen vom Beständigen laufend unterdrückt, verdrängt oder verleugnet werden. So finden die größten Schwierigkeiten in ihm selbst statt, weil er eigentlich immer wieder vom Leben selbst mit der Tatsache konfrontiert wird, daß er im Vergleich zu anderen, offenbar glücklicheren Menschen einseitig lebt.

Oft kommt diese Einsicht erst in einer Therapie, insbesondere in einer Gruppentherapie, wo er sich wieder einmal im Recht, aber letztlich als Außenseiter oder Unverstandener fühlt. Zur Therapie kam er mit starken Ängsten vor der natürlichen Wahrheit selbstverständlich nicht direkt freiwillig, sondern meist über den Umweg neurotischer oder meist psychosomatischer Symptome. Stellen Sie sich einmal vor, wieviel Energie allein dafür verwendet werden muß, um den Lebensprozeß so statisch wie möglich zu gestalten und sich auch noch vor den ringsum sichtbaren Zeichen gesunder Veränderung zu schützen. Typisch sind für den Beständigen psychosomatische Symptome wie Rückenschmerzen, Kopfschmerzen und Verdauungsbeschwerden, alles Symptome, die mit Verspannung, Aggression, Unterdrückung und Blockierung zu tun haben. In der Therapie erfährt er dann oft unter schmerzlichen Windungen und Ausflüchten, daß er sich mit der Tatsache abfinden muß, daß leben lernen bedeutet, daß es keinen vollkommenen Menschen, ja nicht einmal einen fertigen Menschen geben kann, im Gegenteil, daß richtig zu leben heißt, unfertig zu leben, mitten im Lebensweg einer neuen Erkenntnis gemäß die Richtung ändern zu können.

Der Beständige und die Liebe

Wer noch leidet außer dem Beständigen selbst, das ist sein Partner. Denn gerade Partnerschaft ist der Lebensbereich, in dem einmal verabredete Abmachungen laufend neu modifiziert werden müssen – Abmachungen wollen schließlich gelebt sein. Jeder ist einen Tag später einen Tag älter, zum Teil reifer, aber auf alle Fälle distanzierter zu früher. Und Distanz ermöglicht lernen, also das noch Passendere mit der Umwelt und den anderen Menschen arrangieren. Partnerschaft ist Austausch, überzeugen, aber auch überzeugen lassen, ausprobieren und entdecken, aber auch erkennen und verändern. Partnerschaft ist der Bereich, wo ich dann, wenn ich möchte, nicht gleich abschalten kann, weil der andere ja auch noch seine Interessen verfolgt. Partnerschaft ist Lebendigkeit und Wandel, ein Spiel mit Variationen zum Thema Improvisation. Denn das Morgen hat noch niemand einstudiert. Mag es dem Beständigen allein möglich sein, durch Beibehalten aller Bedingungen das Morgen wie das Heute zu gestalten, dann wird sich auch nichts ändern. Aber welcher Partner macht das mit? Das hält doch auf die Dauer keiner aus. Und genau dieser Punkt ist oft die Ursache des Dilemmas, denn der einst ruhige und verläßliche Fels des Beständigen erntet nun den

Vorwurf, ein fader, rigider, ja gelegentlich sogar tyrannischer Mensch (geworden?) zu sein, weil im Lauf der Beziehung eben noch mehr Bedürfnisse als nur das nach Sicherheit wach wurden.

Die unbewußten Motivationen, ein Beständiger zu werden, stammen aus den frühen Kindheitserfahrungen, mit denen ihm vermittelt wurde, daß er nur dann, wenn er alles ordentlich und den Wünschen der anderen gemäß macht, keine Angst vor Liebesverlust zu haben braucht. Jetzt, im Erwachsenenalter, reproduziert er sozusagen ganz brav das Programm seiner Kindheit und hofft so unbewußt, keine Angst haben zu brauchen und geliebt zu werden, wenn er nur alles »richtig« macht.

Vor lauter Angst vor seinem überstrengen Gewissen greift er unbewußt zu einem Trick, indem er in die Rolle seines Gewissens schlüpft und sich der Angst entzieht, indem er selbst sein Gewissen wird. Er hat also kein Gewissen mehr, er ist sein Gewissen selbst.

Der Ergebene

Der Ergebene ist froh, wenn er auch einmal etwas abbekommt. Er ist nicht unbedingt schlechter bestrahlt als andere, ein Unglücksrabe oder ein vom Schicksal Vernachlässigter. Nein, seine Besonderheit liegt darin, daß er einseitig »läßt«, anstatt auch zu tun. Er läßt sich anrufen, quälen, erfreuen, mitnehmen, überreden usw. Sein Tun besteht aus Warten, Hoffen, Wünschen. Er bekommt dann etwas, wenn man ihm etwas gibt, denn sein ganzes Streben ist darauf ausgerichtet, Menschen zu finden, die sein Spiel mitspielen, sie zu »halten« und über sie oder von ihnen etwas zu bekommen. Die Verantwortung übergibt er einfach anderen: Ich schenke mich dir, bin demütig und fordere gar nichts. Letztlich fordert er alles, nämlich die Erfüllung seiner Sehnsüchte, die Befriedigung seiner Wünsche, ein vorgekautes Lebensglück. Und das funktioniert. Immer wieder findet er Menschen, die sich freuen, wenn er sagt, ich liebe nur dich und will nur dir nachfolgen; ich freue mich an deinem Glück, ich stelle mich und meine Bedürfnisse gerne für dich zurück. »Nur du, du allein, sollst mein ganzer Inhalt sein.« Insbesondere von emanzipierten Frauen geschädigte Männer oder von unverständigen Männern enttäuschte Frauen sprechen auf diesen scheinbar engelhaften Typ an. Je bedingungsloser der Ergebene sich schenkt, um so weniger wird man ihn wieder los. Durch das anhängliche bis klettenhafte Verhalten kommt jeder Partner nämlich schon sehr bald auf die Idee, sich zu lösen. Aber so einfach geht ein Ergebener nicht, da er Angst davor hat. Er hat wahrscheinlich die größte Angst von allen vier hier beschriebenen Partnertypen, weil gerade das Alleinsein und die damit verbundenen Forderungen nach eigenständigen Entscheidungen bei ihm existentielle Angstgefühle auslösen. Nähe, Wärme spüren, nur wissen, daß jemand da ist, das genügt ihm schon. Er ist ein Experte im Streitvermeiden, ein Könner in Anpassung, ein Künstler im Verwöhnen des anderen. Nur das eine nicht: Bitte, verlaß mich nie, laß mich nie alleine. »Ich kann nicht leben ohne dich.« Die Angst ist letztlich eine dreifache:

Ich habe Angst davor, daß mich der andere verläßt (weil er einen anderen Menschen lieber hat oder allein leben möchte etc.).

Ich habe Angst, etwas falsch zu machen, so daß mein Partner mich verlassen würde.

Ich habe Angst, allein zu sein, weil ich glaube, es alleine nicht zu schaffen – schließlich habe ich das noch nie erlebt und trau' mir das auch gar nicht zu.

Das Dilemma liegt darin, daß die Autonomie tatsächlich so lange nicht erlebt werden kann, solange man sie nicht ausprobiert hat. Natürlich wäre ein Leidensdruck vorhanden, der den Anstoß gibt, sich aus diesen demütigen Abhängigkeiten zu befreien. Aber zu dem Energieverschleiß, der zwangsläufig ist, um die genannten Ängste auszuhalten oder sie zu beschwichtigen, kommt noch der Energieaufwand hinzu, der notwendig ist, um die Frustrationen zu ertragen, die daraus entstehen, daß die eigenen Bedürfnisse stets nur zum Teil befriedigt werden. Denn der Partner ist zum einen nicht immer gewillt, auf seine ihm bekannten Bedürfnisse, auf deren Erfüllung der Ergebene still leidend hofft, einzugehen. Außerdem bleiben noch viele Bedürfnisse, die der Partner nicht kennt. Bedürfnisse müssen nun einmal selbst erspürt und geklärt werden.

Der Ergebene und die Liebe

Die Tragik liegt darin, daß der Partner des Ergebenen in einer Falle ist. Der Partner spielt ein Spiel mit und übernimmt die Funktion des Autors und Regisseurs für den Ergebenen. Wenn dem so ist, dann ist der Ergebene zwar glücklich wie ein Schauspieler über ein gutes Engagement, aber die Rollenverteilung bleibt starr und verhindert Reifung, Wachstum und authentische Selbstverwirklichung.

Spielt der Partner dieses einseitige Spiel nicht mit, so erzeugt er eine tragische Enttäuschung im Ergebenen und bricht sein Herz, bis dieser ein neues Opfer gefunden hat. In den meisten Fällen wird eher ein neuer Partner gefunden als aus dem Zerbrechen der Beziehung gelernt. Ich empfehle in solchen Fällen gern das Konzept des Fluchthelfers, also vorübergehend eine lockere Beziehung, um nicht gleich wieder in die alten Fehler zu verfallen und dennoch gefeit zu sein vor einem unreflektierten sehnsuchtsgetriebenen Rückfall in die alte Beziehung. Der Fairneß halber muß der »Fluchthelfer« natürlich darüber aufgeklärt und bereit sein zu dieser lockeren Beziehung, um sich nicht hinterher benutzt und enttäuscht zu fühlen. Seine wichtige Funktion besteht darin, einmal dazusein, wenn ein moralisches Down-Gefühl droht, als Intimpartner sexuelle Entzugserscheinungen zu bannen und dafür Selbstbestätigung zu vermitteln, was alles zusammen die Gefahr eines blinden Rückfalls enorm vermindern kann. Die aber wohl wichtigste Funktion des »Fluchthelfers« besteht darin, als Diskussionspartner, als Sparringspartner sozusagen, als Reibungsgegenüber zur Verfügung zu stehen. Denn der Ergebene neigt dazu, keinen Freundeskreis gepflegt, sondern allein auf seinen Meister fixiert gelebt zu haben. In der Phase, die Liebe zu entdecken, sich zu trauen, die Selbstliebe auszuprobieren, wird im wahrsten Sinne Angst vor dem Leben durch Liebe zum Leben bewältigt. Begleiter in dieser Phase können Selbsterfahrungsgruppen oder ein Therapeut sein, der in der zeitbegrenzten Beziehung geeigneter Übungsmeister sein kann, dem man sich anfangs noch in gewohnter Manier unterwirft, um ihn im Laufe der Therapie nur noch als Spiegel für die authentische, d.h. einmalige und bedürfnisorientierte Lebensentfaltung zu erkennen. Das Gefühl dafür wächst, daß Liebe nicht nur ein Geben ist, sondern wie jeder lebendige Akt ein Austausch, ein Geben und auch Nehmen, ein Bieten und auch Fordern, ein Erfüllen und auch Bitten. Indem er das Gegenteil von dem lernt, was er bisher betrieben hat, indem er sich traut, tatsächlich genau das auszuprobieren, wovor er früher regelrecht Horror hatte, nähert der Ergebene sich dem Ausgleich für seine bisherige Einseitigkeit, kommt er der Ganzheit des menschlichen Lebens und damit seiner Mitte als gesunde Persönlichkeit näher.

Der Erhabene *Michael*

Sie war so richtig fertig, weil sie schon wieder ein Wochenende alleine zugebracht hatte, obwohl sie doch fest mit ihm befreundet war. Er war auch nur eine halbe Stunde von ihr entfernt in der gleichen Stadt, aber er wollte sie nicht sehen, er wollte lieber arbeiten, d.h., das war ihre Interpretation, er mußte leider dieses Wochenende durcharbeiten, das war seine Formulierung gewesen. Sie wollte nur wissen, was sie falsch macht. »Das kann doch nicht sein, daß der auf nichts anspringt«, klagte sie ihrem Bruder. »Was soll ich denn nur tun, um ihn mehr zu fesseln, ich komme einfach nicht ran an ihn.«

Was sie noch nicht wußte, war die Tatsache, daß sie an einen Erhabenen geraten war. Einen Typ, den man auch in der Version des »coolen« kennt oder in der Version des »lonely woolf«, eben in Rollen, in denen er nicht greifbar ist, in denen er vor Manipulationen gefeit ist und trotzdem sich nicht als Sonderling verstecken muß. Gott sei Dank stellt unsere Gesellschaft jedem auch vom normalen Bürgerleben »ver-rückten« Menschen positive Rollen zur Verfügung. Er war einer, der Angst hatte vor zuviel Nähe. Angst vor möglicher Verschmelzung. Und genau das hatte er schon einmal erlebt.

Je mehr er versuchte, sich abzugrenzen, um so aufdringlicher wurde seine damalige Partnerin. Nichts konnte er mehr alleine machen, so kam es ihm vor; überall wollte sie sich einmischen, obwohl sie nicht einmal verheiratet waren. Sein jetziges System war eigentlich eine sehr gute Lösung, und als richtiger Erhabener lebte er alleine und pflegte einen interessanten Bekanntenkreis. Einen richtigen Freund hatte er eigentlich nicht, war aber überall dabei, auch beliebt – und begehrt. Was wollte er mehr? Für die intimeren Stunden hatte er seine Freundin, die er sich aber lieber ein bißchen auf Distanz hielt, damit sie ihn nicht auffraß. Irgendwie war ihm schon bewußt, daß seine Bekannten außer den Lokalbesuchen, den Vernissagen, den Kollegentreffs und gelegentlichen Intimkontakten auch mehr Ähnlichkeit und Nähe mit ihren jeweiligen Partnern austauschten. Aber solch ein enges Zusammenleben fand er spießig und einengend. Seine Arbeit erlaubte es ihm, mit Menschen Kontakt zu haben, aber immer gleich dann wieder zum Schreibtisch zurückzukehren, wenn er genug hatte, wenn er wieder Abstand und Alleinsein brauchte. Doch wenn er ganz ehrlich zu sich war, dann spürte er die Einsamkeit, die er lange verdrängte. Aber eines Tages würde sie ihm wahrscheinlich helfen, etwas zu ändern, nämlich dann, wenn sie als Leidensdruck erlebt, stärker als die Angst vor Veränderung würde. Der Auslöser zum Selbst-Hinterfragen kann von allen möglichen Seiten kommen: von einer Partnerin, die den Erhabenen verläßt, obwohl er ihr doch viel geschenkt und sie auch nicht bedrängt hat. (Hätte er sie nur liebevoll bedrängt, hätte er ihr gar nicht so viel zu schenken brauchen, sie wäre gerne bei ihm geblieben!) Oder aber er spürt einen Mangel in sich. Oder er wird von seinen Geschwistern, Eltern oder Bekannten darauf hingewiesen, daß er zwar ein freies, unabhängiges, aber letztlich armes Leben führt, nämlich das eines Zuschauers oder eines Kameramannes, der die Menschen auf Distanz beobachtet, irgendwie dabei ist, aber nicht im Geschehen mitmischt.

Der Erhabene und die Liebe   *Michael*

Die Angst des Erhabenen ist seine Angst vor realer Nähe. Die Ursache liegt meist in einer Verschmelzungsangst, die entsteht, weil er keine ausreichend stabilen Ich-Grenzen besitzt. So vermeidet er zu lange oder zu intensive Nähe mit einem anderen Menschen. So als wenn man Öl und Wasser in ein Glas gibt und kräftig umrührt – eine Horrorvorstellung für den Erhabenen. Denn die Folge ist eine vorübergehende Vermischung, die sich als trübe Flüssigkeit darstellt. Jeder weiß, daß nach diesem heftigen (leidenschaftlichen) Vermischen die ursprüngliche Trennung wieder entsteht: eine ganz klare Trennungslinie zeigt an, wo das Wasser aufhört, das Öl beginnt. Das Vertrauen in die natürliche Einsamkeit des Menschen, die durch die intime Begegnung mit einem anderen nicht aufgehoben werden kann, besitzt der Erhabene nicht. Er muß sich schützen. Es könnte ja sein, daß er eine Ausnahme darstellt. Denn das Gefühl, etwas Besonderes zu sein, hat der Erhabene schon von klein an. Und sein geübtes Selbstschutztraining mit der Folge, von nichts verführbar, knackbar, erschütterbar zu sein, gibt ihm auch die Bestätigung für das Selbstbild, anders, etwas besser als die anderen zu sein, die auf alles hereinfallen. Er fällt auf nichts herein, außer auf sich selbst. Außer auf sein Programm, das einer, der sich nicht einläßt, für besser hält. So versäumt er halt viel. Das wiederum hat zur Folge, daß er wenig Erfahrungen macht und lange keine Falten bekommt. Er sieht lange Zeit jung aus, was auch nicht schlecht ist in einer Gesellschaft, in der Jugend noch hochrangig gehandelt wird.

Aber auch bei ihm kommt das Alter, in dem er weniger Wert auf Äußerlichkeit, dafür mehr Wert auf wahre Menschlichkeit, Vertrautheit und Innigkeit legen würde, wenn er dazu nur in der Lage wäre.

Um mit Hilfe der Liebe zu einem ganzheitlichen Leben zu gelangen und spezifische Ängste zu überwinden, müßte er dann beginnen, sich dem Tod zu stellen, was wieder nur über den Weg der Konfrontation mit genau den Dingen geht, vor denen er Angst hat. Positive emotionale Neuerfahrungen werden ihn als Gegengewicht zu angstgespeisten Vermeidungen zu der Erkenntnis führen, daß er bereits stabiler ist, als er dachte. Sein Fehler war die ganze Zeit gewesen, durch andauernde Vermeidung nicht erfahren zu dürfen, daß Nähe und Distanz Geschwister sind, daß er sich viel Energie spart und konstruktiveren Lebensgenuß frei zur Verfügung bekommt, wenn er sich nicht dauernd schützen muß. Klugerweise fängt er mit kleinen Schritten an, sich zu ändern, um sich nicht selbst zu übernehmen. So ganz neue und ängstigende Erfahrungen brauchen beim ersten Mal viel Kraft und dann Zeit zur Verarbeitung. So findet er es z.B. besser, das Wochenende bei seiner Freundin zu verbringen, als sie zu sich zu bitten, auch wenn sie bei ihm mehr Platz hätten, aber er will frei sein, jederzeit zu gehen. Und zwar zu sich nach Hause, wo es nur nach ihm riecht, wo niemand seine Spuren hinterlassen hat.

In den meisten Fällen wird es ein nicht einfacher Prozeß werden, die gegenteiligen ängstigenden Lebensbereiche zu integrieren, um einem geliebteren Leben näher zu kommen. Einige konkrete Versicherungen einer gewissen Unabhängigkeit, wie z.B. getrennte Autos und evtl. auch getrennte Schlafzimmer, lassen aber eine erfüllende und dauerhafte Liebesbeziehung durchaus möglich erscheinen.

Der Urlaub als Übungsplatz

Der Urlaub wird heute immer mehr als Testfeld benutzt, um sich und seinen Partner besser kennenzulernen, um in entspannter und sinnlicher Atmosphäre herauszufinden, wo die Ähnlichkeiten und wo die Unterschiede liegen. Ein Übungsplatz für die Partnerschaftsformel: Laß uns unsere Gemeinsamkeiten sowie den Raum zwischen uns lieben lernen.

Dazu ein Beispiel aus meiner Praxis:

Die Sekretärin Monika freute sich die ganze Zeit darauf, einmal rauszukommen aus ihrem öden Büroeinerlei. Endlich unter lustigen Menschen sein, tanzen, lange Nächte, miteinander reden, lachen, den nächsten Morgen lange ausschlafen dürfen, vielleicht sogar Frühstück ans Bett, Aperitif am Pool, Spiele am Strand – und das den ganzen Urlaub lang, einfach so und nicht mehr. Hauptsache: keine Planung und keine Termine, dafür viel Improvisation und Spontaneität.

Ihr Freund Peter, Ingenieur mit vielen sportlichen Hobbys, wollte in seinem Urlaub auch viel erleben. Er hatte schon für beinahe jeden Tag ein Programm vorbereitet. Endlich mal Ruhe von alldem Trubel, endlich einmal Ruhe vom Telefon und dafür Zeit für sich haben, die Natur genießen, morgens ganz früh raus, möglichst schon zum Sonnenaufgang; nicht viel reden, sich einfach frei fühlen, ohne Zwang, einfach so, nicht mehr.

Sie strahlten nicht gerade, als sie losfuhren, weil es eben doch viel später mit der Abfahrt geworden war; sie war noch nicht fertig gewesen, und er wurde ungeduldig. Erst im Stau am Brenner hatten sie sich wieder etwas beruhigt und fingen eigentlich erst jetzt an, sich **gemeinsam** *freuen zu können auf ihren Urlaub. Die ersten beiden Tage liefen auch noch recht gut. Jeder war damit beschäftigt, sich zurechtzufinden, sich umzustellen und erst einmal richtig anzukommen. Doch auf einmal verfielen sie immer mehr ins Streiten. Mit ganz kleinen Gereiztheiten fing es an, plötzlich steckten sie mitten drin im Urlaubskoller. Da wußte keiner von beiden mehr, warum sie eigentlich gemeinsam in den Urlaub gefahren waren.*

Sie faßte sich ein Herz und bat ihn, mit ihr darüber zu reden. Was daraus wurde, war ein langes Grundsatzgespräch, nach dem jeder den anderen ein bißchen mehr, eigentlich ganz neu kennengelernt hatte. Beiden wurde klar, daß die Aggressionen, die sie jetzt auf einmal gegeneinander verspürten und die sie einander so fremd erleben ließen, die Folge ihrer ganz unterschiedlichen Erwartungen an ihren Jahresurlaub waren: **Sie** *will* **hin zum Trubel,** **er** *will* **weg von allem. Er** *ist eher introvertiert,* **sie** *dagegen sehr* **extravertiert,** *d. h., er kann still genießen, liebt eher das Beschauliche und fühlt sich von zuviel Lärm und Trubel leicht überfordert. Das erinnert ihn dann gleich wieder an die Hektik im Büro, das macht ihn einfach nervös. Sie dagegen, wie gesagt eher extravertiert, mag Abenteuer und Abwechslung und haßt es, wenn nichts los ist, Langeweile. Zu diesen großen Unterschieden kommt noch hinzu, daß* **er** *ein Morgentyp,* **sie** *dagegen ein Abendtyp ist. Erst als sie merkten, daß der Urlaub nur offenbarte, wie verschieden sie eigentlich waren, kamen sie sich wieder etwas näher. Sie mußten einsehen, daß jeder von beiden Riesenerwartungen an den Urlaub mitgebracht hatte und zusätzlich vom anderen ganz stur erwartet hatte, er solle das gleiche wollen.*

Sie beschlossen gemeinsam, den anderen mehr so sein zu lassen, wie er ist, und sprachen offen über ihre Wünsche und Erwartungen gegenüber ihren teuren Wochen im Ausland, aber auch gegenüber dem anderen. Der neue Kompromiß sah jetzt so aus, daß abwechselnd jeder einen Tag so gestaltete, wie er wollte; dadurch waren beide bereit, am nächsten Tag mehr auf den anderen einzugehen. Und sie machten nicht mehr alles unbedingt gemeinsam, was zur Folge hatte, daß sie sich nach einigen allein verbrachten Stunden richtig aufeinander freuten, um die Erlebnisse zu erzählen. Es wurde dann noch richtig schön – und zwar für beide.

Was war passiert? Die Mißverständnisse begannen mit der stillschweigenden Voraussetzung, man wolle gemeinsam dasselbe. Die **nachfolgenden** aggressiven Ausbrüche zeigten, daß beide von ganz verschiedenen Erwartungen ausgegangen waren. Die **Rettung** in dieser Situation bestand darin, die destruktiven Sticheleien umzuwandeln in eine konstruktive Kommunikation, in offenes Reden miteinander. Diese Kommunikationsfähigkeit spricht für die persönliche Reife der beiden, die dadurch auch wiederum gestärkt wurde. Ein Regelkreis: Wie ich auch in meinem Buch »Geheimnisse der Kommunikation – Einblicke in die Wissenschaft der Seele« darzustellen versuchte, hilft das Vertrauen in die eigene Kommunikationsfähigkeit, die eigenen Bedürfnisse besser zu verfolgen – und diese schrittweise Selbstverwirklichung wiederum stärkt die Fähigkeit zum partnerschaftlichen Kompromiß, der im richtigen Fall nicht als Opfergabe empfunden wird. Nur durch konkret erlebte Erfahrungen gelingt es uns, den angestrebten, natürlich-gesunden Egoismus zu entwickeln, der eben nicht auf Kosten des anderen gehen muß, sondern zwei Menschen einander echter zeigt und dadurch näherbringt.

Besser ist es natürlich, sich vorher mit dem Partner zu unterhalten und die einzelnen Erwartungen und Vorstellungen abzuklären, statt die Urlaubszeit mit Streit und Streß zu vergeuden. Deshalb möchte ich drei Regeln vorschlagen:

1. Realistische Erwartungen ansetzen und entsprechende Vorbereitungen treffen, vorher die Erwartungen klären: **was** willst du, **wer** will **was**, Alternativen einplanen, offen und frei sein für Neues, für Abenteuer.
2. **Mehr in der Gegenwart leben** und dadurch mehr **erleben**. Viele Menschen sind gebremst in ihrer Fähigkeit, den Augenblick zu genießen. Sigmund Freud hat einmal gesagt, zum gesunden Leben gehöre es, sowohl arbeits- als auch liebesfähig zu sein. Ich möchte ergänzen, auch noch genußfähig zu sein. Die meisten Menschen haben Schwierigkeiten, ihren gesunden Egoismus zu leben, sich zu ihren spontanen Bedürfnissen zu bekennen, diese zu artikulieren und zu verfolgen. Urlaub als Lustfaktor also, um sich selbst und auch den Partner besser kennenzulernen, herauszufinden, was einem selbst und was dem Partner am meisten Spaß macht, womit man seine Lebensfreude steigern kann.
3. **Nein sagen zu lernen**, wenn man gerade nicht will, dafür deutlicher »ja« zu seinen Bedürfnissen, zu ihnen stehen und Hemmungen aus übertriebener Höflichkeit, Peinlichkeit oder etwa aus Gründen wie »das geht doch nicht«, »das kann man doch nicht machen« einfach abstellen. Vielleicht ist der Partner froh, wenn ich öfter sage, was ich will? Aber es geht natürlich nicht nur ums Sagen, es geht auch ums Tun.

Zum Schluß noch das Wort eines besonders genußfähigen Urlaubers. Ich meine Albert Einstein. Er begründete, warum er viel lieber mit einer Frau verreist, als zu Hause zu bleiben: »Wenn Frauen in ihrem Heim sind, hängen sie an ihrer Einrichtung. Sie fuhrwerken den ganzen Tag darin herum. Bin ich aber mit einer Frau auf Reisen, so bin ich das einzige Möbelstück, das ihr zur Verfügung steht, und sie kann es nicht lassen, den ganzen Tag um mich herumzusausen.«

Partnerschaft und Ehe

Alle fünf Minuten wird in Deutschland eine Ehe geschieden, ein sicheres Zeichen dafür, daß die einst als lebenslang und unauflöslich verstandene Ehe nicht mehr so selbstverständlich ist, wie sie einmal war. Die Ehe ist zwar auch heute noch die von der Mehrzahl der Menschen angestrebte und gelebte Form des Zusammenlebens, aber sie wird auch immer häufiger in Frage gestellt, sie wird anders gelebt, sie wird von den Partnern anders verstanden als früher. Das wird auch am Begriff Partnerschaft deutlich, der bis vor kurzem noch eine rein geschäftliche Verbindung bedeutete.

Neben der Ehe entwickelten sich viele andere Formen des partnerschaftlichen Zusammenlebens. Im Klima der Liberalisierung aller Lebensbereiche gibt es einmal die Wohngruppen, die zunächst als Kommunen bezeichnet wurden. Vielen jungen Leuten erschienen sie als aussichtsreiche Alternative zur Ehe. Jedoch die Idee der Wohngemeinschaften als Basis für ein Zusammenleben, das oft nicht nur das Teilen von Küche und Badezimmer, sondern auch von Geschlechtspartnern betraf, hat sich als unzulänglich erwiesen.

Die heute am häufigsten gelebte Alternative zur herkömmlichen Ehe ist die »Partnerschaft ohne Trauschein«, ein durchaus eheähnliches Verhältnis, quasi eine nicht legitimierte Ehe in intimer, Tisch, Bett und Badewanne teilender Gemeinschaft. Die absoluten Zahlen dieser Partnerschaften ohne Trauschein erfaßt keine Statistik. Aus der stetigen Abnahme der Eheschließungen in den letzten Jahren läßt sich jedoch schließen, daß diese »wilden Ehen«, wie man sie früher nannte, zahlreich sind und offenbar eine naheliegende und praktikable Möglichkeit darstellen.

»Ehen ohne Trauschein« zeichnen sich zumeist durch einen hohen Anspruch auf Gleichberechtigung aus, und zwar, was die Rechte und auch was die Pflichten betrifft. Man teilt sich die niederen Arbeiten gerecht, um dem anderen die Möglichkeit zu geben, sich nach Kräften und Vorliebe zu verwirklichen. Das funktioniert freilich nur, wenn beide Partner berufstätig sind.

Gar nicht so verschieden von den »wilden Ehen« sind oft Beziehungen, in denen die Partner über Jahre hinweg nicht nur ohne Trauschein, sondern auch ohne gemeinsame Wohnung leben. Die Tatsache, daß sie nie in einer gemeinsamen Wohnung gelebt hatten, beurteilt Jean-Paul Sartre als essentiell verantwortlich für die lebenslange innige Verbindung mit Simone de Beauvoir. Gibt es also doch die »verbindende Liebe«, die ein wirklich freies Leben ermöglicht, nämlich frei von der Einsamkeit und frei von der dauernden Anpassung an den Lebenspartner? Nach Auskunft von Sartre gibt es diese erst dann, wenn beide einander in ihrem **kulturellen Niveau entsprechen**, wenn sie **die Welt mit denselben Augen** sehen und wenn man sich gegenseitig **des anderen sicher sein** kann. Eine mutige Form, der Eifersucht zu begegnen. »Wenn eine Beziehung einmal diese Stabilität erreicht hat, daß sie fast eine einzige Individualität geschaffen hat – aus zwei ›Du‹ wirklich ein ›Wir‹ gemacht hat –, ist sie unerschütterlich. Dieses ›Wir‹ habe ich mit Simone de Beauvoir erreicht, ein ganzes Leben hindurch; und nur sehr gelegentlich, wenn ich eine nicht bloß oberflächliche Beziehung hatte mit einer anderen Frau. Das hat in meinem Leben gezählt.« (J.-P. Sartre, ZEIT, Hamburg 1977)

Viele Menschen leben jedoch gerade heute entweder ganz allein oder mit häufig wechselnden Partnern. Man geht gemeinsam zum Essen, gemeinsam zum Skifahren, gemeinsam ins Bett, der Partner muß dabei nicht unbedingt immer derselbe sein. Ist dieser Trend zum Single-Dasein bereits eine richtige Bewegung?

Das Alleinleben als Single unter dem Motto »lieber allein als gemeinsam einsam« hat jedoch sicherlich keine allzu große Zukunft. Zwar wird es künftig mehr freiwillig Alleinlebende geben, aber ein Ausweg, der die entscheidenden Lebensprobleme löst, ist das nur für wenige Menschen.

Das Hauptthema beinahe jeder psychotherapeutischen Gruppe, die ich als Teilnehmer, Co-Leiter oder als Leiter erlebte, war die Beziehung. Wer in einer Beziehung lebte, litt darunter, daß es so oft Spannungen und Streit gab, oder zweifelte daran, daß sie überhaupt zusammenpassen würden. Wer aber gerade in keiner Beziehung lebte, litt wiederum darunter, daß er sich allein fühlte.

Also zusammenleben oder alleine bleiben?

Verheiratete leben generell gesünder als Nicht-Verheiratete.

Aber: Für Frauen ist die Sterblichkeitsrate höher, wenn sie verheiratet sind, für Männer dagegen, wenn sie allein leben. In unserer modernen Industriegesellschaft ist für Männer der Streß größer, nicht verheiratet als verheiratet zu sein (Gove 1979).

»Der Mann von heute erwartet von seiner Frau, daß sie zwei Jobs erfüllt: den einen zu Hause, den anderen in ihrer Firma« (New York Times 1980/81, zit. nach psychologie heute, Weinheim 10/84); das entspricht einer Arbeitszeit für die Frau von 80 bis 100 Stunden die Woche.

Und wie wohl fühlen sich die Menschen in der Ehe?

23% der Frauen geben ununterbrochenen Ärger an; 24% der Frauen kennen gar keine glücklichen Ehen (vgl. McCann-Erickson, Untersuchungen. Frankfurt–Köln–Hamburg 2/1984).

Was passiert, wenn zwei Menschen sich zusammentun?

Verblüffend deckungsgleich sind die Entwicklungstendenzen, egal ob ich die Paare in meinen Therapien oder meinem Freundes- und Bekanntenkreis betrachte: Die im Annäherungsverhalten, im Flirtverhalten, im Stadium des Kennenlernens noch vorhandene Angleichung an den anderen Geschlechtspartner ist ziemlich rasch weg, wenn beide beschlossen haben, eine Beziehung einzugehen, »zusammen zu gehen«, es zu probieren.

Es scheint, als ob beide Geschlechter, Mann und Frau, dann plötzlich das Signal bekommen hätten, anders zu werden. So, wie bei der Befruchtung, wo das Ei lockt und die Spermien sich abmühen und gegeneinander kämpfen, da unter Millionen nur einer gewinnen kann. Ich weiß nicht, ob Sie schon einmal Mikroskopaufnahmen einer Befruchtung gesehen haben; im Moment, da ein Sperma es geschafft hat, die Eiwand zu durchstoßen, ist alles total anders, der Wettkampf ist vorbei, das Halali wird abgeblasen, das neue Leben beginnt, es herrschen neue Spielregeln. In einer Zweierbeziehung scheint es so zu sein, daß plötzlich neue Verhaltensmuster und neue Wertordnungen, neue Identitäten gelebt werden. Was ändert sich zum Zeitpunkt des Zusammengehens? Der **Frau** wird vermittelt, es endlich geschafft zu haben. Dabei erinnert sie sich an die jahrzehntelange Programmierung, die ihr vorschrieb, einen passenden Mann zu finden, Hauptsache, den Richtigen zu finden, zu ködern, einzufangen und festzuhalten. Automatisch entwickelt sie sich tendenziell wie ein befruchtetes Ei: sie beginnt nach außen hin träge zu werden. Im Vergleich zu ihrer vorherigen Single-Flexibilität wird sie unproduktiver und unkreativer, dafür lebt sie auf den Mann gerichtet. Sie empfindet es subjektiv wahrscheinlich als eine Steigerung, als eine Erhöhung und Konzentration ihrer Energien auf das Zuhause, auf die gemeinsame Beziehung, aber ich bezweifle stark, ob es vom Mann so gesehen und geschätzt wird, und ich bezweifle, daß es ihrer eigenen Entwicklung und der Beziehung dienlich ist.

Was passiert beim **Mann**? Langsam, fast unmerklich, aber wirksam, hat er fortan weniger Chancen, sich zurückzuziehen. Und – es wird nicht mehr gebuhlt um ihn, er wird nicht mehr verlockt oder provoziert. Sie hat ihn. Wenn sie geheiratet haben, ist er juristische Verpflichtungen eingegangen; wenn sie nur zusammenleben oder eine Beziehung führen, dann liegen gesellschaftliche Erwartungen und moralische Verpflichtungen auf ihm. Erinnern wir uns an die Überlegenheit der Frau in puncto soziale Intelligenz und Empathie sowie verbale Fähigkeiten, dann muß sich der Mann geradezu schützen vor ihr, um seine Individualität bewahren zu können. Das kann ich auch immer wieder bei meinen Patienten beobachten, der Mann in einer Beziehung hat häufig regelrecht Angst, sie könne ihn total verwalten.

Bei vielen Beziehungen stimmt es mich traurig, wenn ich spüre, wie stark zwei Partner einander in ihrer Kreativität und Produktivität sowie in der Entfaltung ihres Phantasielebens lähmen können. Ich kenne Menschen, die vor ihrer Beziehung aufgeschlossen waren, etwas gestalteten, malten und Musik machten. Und kaum haben sie sich verliebt und der Partner teilt die Hobbys nicht, verschwinden die Sachen in der Kiste. Dann drei oder fünf oder sieben Jahre später, plötzlich, wenn die Beziehung nicht mehr existiert, blüht der gleiche Mensch wieder auf, kleidet sich neu ein, gönnt sich eine neue Frisur, baut wieder einen zu ihm passenden Bekannten- und Freundeskreis auf – und kommt auch wieder zurück zu seiner Kreativität. Diese Wandlung ist oft bei Frauen noch deutlicher zu beobachten, weil der Mann häufiger seine ihm wieder zur Verfügung stehende Vitalität und Kreativität in seine Arbeit einfließen läßt.

Und woher kommt diese Unterdrückung eigener Entfaltungsbedürfnisse der »Beziehung zuliebe«? Ich glaube, weil wir nicht gelernt haben, Selbstverwirklichung und Hingabe miteinander zu kombinieren. Wir sind noch zu sehr an den statischen Vorstellungen einer Ehe oder Partnerschaft fixiert.

Gemeinsam älter zu werden aber bedeutet, gemeinsam zu reifen und die daraus »erwachsenen« Nähe- und Distanz-Erlebnisse wie in einer kostbaren Erfahrungs-Schatztruhe zu hüten.

Ehe – Scheidung – neue Ehe

Die Scheidungsraten nehmen immer mehr zu. Liegt es wirklich daran, daß die Ehe als Form des Zusammenlebens veraltet ist, daß »die Ehe abgewirtschaftet hat«, oder gibt es andere Gründe dafür?

Die Tatsache, daß die zweiten Ehen erwiesenermaßen besser und für beide befriedigender sind, zeigt ganz deutlich, daß auch Eheführen gelernt sein will. Da man es jedoch nicht in der Schule lernt, sondern nur durchs Tun, ist es kein Wunder, daß die erste Ehe meist ein turbulentes bis chaotisches Übungsfeld darstellt. Selbst wenn sie zerbricht, gibt sie den Geschlagenen die Chance, die Lernerfahrungen in Zukunft zum Wohl einer neuen Beziehung und zum Wohl des neuen Partners anzuwenden.

Schließlich lernt man nur durch Leiden, sagte Sigmund Freud. Ich meine, diese Sichtweise macht es leichter, Scheidung nicht mehr einseitig mit Scheitern gleichzusetzen. Trennung heißt nicht, daß der Partner schlecht oder böse war, sondern daß er nicht mehr zu einem paßt. »Bis daß der Tod euch scheidet« wird heute von vielen Paaren so umgedeutet, daß sie sich dann scheiden lassen, wenn sie den Tod ihrer gemeinsamen Liebe erkennen mußten.

Es gibt noch einen weiteren Grund für die hohe Zahl der Scheidungen. Die meisten Menschen versäumen es, sich ausreichend emotional vom Elternhaus zu lösen, so daß oft viele Übertragungsgefühle auf den Partner projiziert werden. Die Frau sieht im Ehemann unbewußt noch einen Teil des Vaters, der Mann in seiner Frau noch viel von seiner Mutter. Angst vor Nähe, Angst vor Verschmelzung, aber auch Angst vor dem Verlassenwerden, Gründe für Eifersuchtsszenen und Machtstreitigkeiten rühren oft daher, daß der Partner unbewußt benutzt wird, sich von der Bindung an den gegengeschlechtlichen Elternteil zu befreien.

Dasselbe kann natürlich passieren, wenn als Partner genau der Anti-Typ vom Vater bzw. von der Mutter gewählt wurde, denn auch hier liegt ja eine elternabhängige Partnerwahl vor. Und Abhängigkeit drängt immer irgendwann zu Befreiung. Dafür muß dann der erste Ehepartner herhalten.

Ein dritter Grund für Ehescheidungen liegt in unserer maßlosen Anspruchshaltung, Selbstverwirklichung und Partnerschaft in jeweils intensiver Form miteinander verbunden leben zu können. Die meisten Menschen überfordern sich, wenn sie diese beiden Ansprüche in unserer heutigen Zeit zu extrem verfolgen.

Eine wissenschaftliche Untersuchung sollte klären, aus welchen Gründen überhaupt geheiratet wird, was während der Ehe als Belastung empfunden wird, wie die Vorstellungen von einer neuen Beziehung aussehen.

Zwei Psychologinnen, Eva Dane und Hertha Collin, konnten 82 Personen durch eine Zeitungsanzeige für ihre ausführliche Fragebogenaktion gewinnen und erhielten so folgende Antworten (Psychologie heute, Weinheim, Januar 1985).

Vorrangiger Heiratsgrund war der Wunsch nach Geborgenheit und Nicht-mehr-allein-Sein.

Tabelle 1: Heiratsgründe (Mehrfachnennungen)

Frage: »Aus welchen der folgend aufgeführten Gründe haben Sie geheiratet?«	gegangene Frauen (n = 25) %	verlassene Frauen (n = 25) %	verlassene Männer (n = 32) %
Wunsch nach Geborgenheit	60	44	56
Nicht mehr allein zu sein	36	36	59
Gemeinsame Weltanschauung/ Interessen	36	36	50
Um sich vom Elternhaus zu lösen	24	24	25
Übereinstimmung im Sexuellen	16	24	28
Kind war unterwegs	16	12	28
Kinderwunsch	16	8	25
Aus Wohnungsgründen	12	8	28
Aus finanziellen Gründen	16	8	9
Um Hilfe, Unterstützung zu erhalten	8	4	–
Aus anderen Gründen: Liebe*	12	28	18

* Der Heiratsgrund Liebe war in unserer Untersuchung nicht als Antwortkategorie vorgegeben, er wurde spontan genannt.

Belastungen bestanden zumeist in Form von Disharmonie und Desinteresse.

Tabelle 2: Belastungen in der Ehe

Frage: »Im folgenden sind einige Belastungen aufgeführt, die in einer Ehe vorkommen können. Welche traten in Ihrer Ehe auf und haben Sie belastet?«	gegangene Frauen (n = 25)		verlassene Frauen (n = 25)		verlassene Männer (n = 32)	
	Trifft zu		Trifft zu		Trifft zu	
	ja %	teil- weise %	ja %	teil- weise %	ja %	teil- weise %
Mein Partner nahm sich zuwenig Zeit für mich	71	13	32	44	28	28
Es gab zwischen uns sexuelle Schwierigkeiten	68	12	36	28	25	53
Ich litt unter außerehelichen Beziehungen meines Partners	24	12	40	12	26	16
Ich fühlte mich in meiner Ehe isoliert	29	42	16	32	16	25
Ich fühlte mich in meiner persönlichen Freiheit eingeschränkt	48	28	24	20	9	28
Für meine ganz persönlichen Bedürfnisse war zuwenig Geld da	33	29	32	20	6	28
Ich fühlte mich oft durch finanzielle Schwierigkeiten belastet	29	33	32	20	16	22
Neben den Familieninteressen ging ich eigenen Interessen nach, die mein Partner nicht teilte	48	24	8	24	28	40
Ich war sehr eifersüchtig	28	13	16	24	22	41
Ich fühlte mich durch den Beruf zu stark beansprucht	18	9	20	12	28	34
Ich litt unter beengten Wohnverhältnissen	8	4	0	8	0	16
Es gab häufiger Meinungsverschiedenheiten wegen der Kinder	50	11	13	20	35	29
	(n = 18)		(n = 15)		(n = 17)	

(%-Werte beziehen sich auf die aufgeführten Antwortkategorien gegenüber der nicht aufgeführten »trifft nicht zu«.)

Die Hoffnungen fußen auf verbesserter Partnerschaftsfähigkeit.

Tabelle 3: Vorstellungen von neuer Partnerschaft (freie Antworten)

Frage: »Wie würden Sie sich eine neue Ehe/ Partnerschaft vorstellen?«	gegangene Frauen (n = 25) %	verlassene Frauen (n = 25) %	verlassene Männer (n = 32) %
Mehr partnerschaftliches Verhalten	60	72	44
Offene Kommunikation zwischen Partnern	72	76	44
Gemeinsame Interessen	56	32	38
Sensibel sein für Gefühle	48	64	19
Freiraum für den einzelnen	60	32	19
Gegenseitiges Akzeptieren der eigenen Persönlichkeit	48	24	41
Sexuelle Übereinstimmung	32	8	19

Sexualität

> »Bei den **Frauen** hinterläßt der Seitensprung Spuren im Herzen und beim Mann nicht. Für den **Mann** ist das wie ein Glas Wasser trinken. Dann trinkst du ein Glas guten Wein und vergißt, was du vorher getrunken hast. Im Herzen war ich meiner Frau immer treu.« (Sandro Pertini, italienischer Staatspräsident)

Vor dem Hintergrund des neuen, umfassenden Wissens über Androgynie und Polarität, den Zusammenhang von Liebe und Angst, Gesundheit, Erfolg und Lebensfreude wird sich im Lauf der Zeit neben einer neuen Partnerschaftsbeziehung auch eine neue, eine zeitgemäßere Sexualität entwickeln. Ein sichtbares Zeichen der Evolution, die einige als Wendezeit, andere als Übergang zum neuen Zeitalter bezeichnen, liegt im neuen sexuellen Verhalten der Geschlechter.

Treten sexuelle Störungen auf, werden sie deutlicher als jemals zuvor als Folgen von Identitäts- oder Partnerproblemen erkannt und von den Partnerberatern als solche behandelt werden. Der einzelne selbst wird anhand seiner sexuellen Zufriedenheit und auch der Veränderung sexueller Beziehungen mehr über sich selbst entdecken können.

> »Nach vorsichtigen Schätzungen liegen bei der Hälfte der Ehen entweder zur Zeit sexuelle Störungen vor, oder es bahnen sich solche für die Zukunft an.« (Masters und Johnson, Impotenz und Anorgasmie. Frankfurt 1973)

Welche Rolle spielt die Sexualität in der Ehe? Eine wissenschaftliche Untersuchung aus dem Jahre 1982: Dr. Josef Schenk und Horst Pfrang, Sexualmedizin. Wiesbaden 1982.

Ein Aufruf im Bayerischen Rundfunk und der Zeitschrift »Brigitte« machte es möglich, daß sich für eine Umfrage über Ehebeziehungen beim psychologischen Institut der Universität Würzburg insgesamt 631 Paare, d. h. 1262 Menschen meldeten. Die Männer waren im Durchschnitt 37, die Frauen 34 Jahre alt. Interessant ist für unsere Belange, was Männer und Frauen getrennt zu den Bereichen Bedeutung der Sexualität, Befriedigung über Sexualität und Erlebnis Eheglück berichtet haben. So messen z. B. 378 Männer der Sexualität große Bedeutung bei, aber nur 165 Frauen. Man wollte weiter wissen, ob es sich dabei auch um verheiratete Partner handelt, die so stark divergieren. Die beiden Forscher ließen sich ein geniales Verfahren einfallen, wie die Fragebögen anonym gehalten bleiben können und trotzdem erkennen lassen, wer mit wem verheiratet ist: Jeder Partner kennzeichnete seinen Fragebogen mit der Summe aus den beiden Geburtsdaten der Partner. So konnte man die Angaben der miteinander verheirateten Partner kombinieren und kam zu dem Ergebnis, daß z. B. die Bedeutung der Sexualität für beide Partner nicht signifikant miteinander korreliert. Bringt man dieses Ergebnis in Zusammenhang mit den obigen Zahlen und der Aussage, daß wesentlich mehr Männer als Frauen der Sexualität überhaupt eine Bedeutung zumessen, so kann man davon ausgehen, daß viele sexuell interessierte Männer eine Partnerin haben, die dafür wenig Verständnis hat.

Tabelle 1: Bedeutung der Sexualität für das Leben, getrennt nach Geschlecht
Reaktionen: 1 = völlig unwichtig, 5 = sehr wichtig. Angaben in Prozent

Geschlecht	Bedeutsamkeit					
	1	2	3	4	5	undefiniert
Frauen	3,0	4,6	30,0	36,0	16,3	0,001
Männer	0,5	3,0	20,5	43,0	33,0	0,001

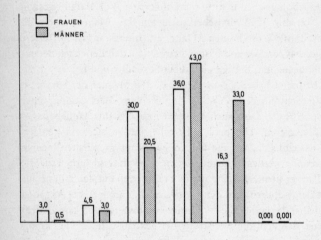

Welche Stellung wird der Sexualität in einer Beziehung eingeräumt? Die Frau überschätzt das sexuelle Interesse des Mannes, das dennoch zweifellos stärker ist als ihres. Der Mann hingegen unterschätzt wiederum die Bedeutung der Sexualität für die Frau, die nachgewiesenermaßen tatsächlich etwas unter seiner liegt: 252 Ehefrauen meinten, daß für ihre Ehemänner die Sexualität das erst-, zweit- oder drittwichtigste ist, doch nur 192 Ehemänner sagten das von sich selbst auch. Umgekehrt stuften 359 Ehemänner den Rang der Sexualität für ihre Ehefrauen auf einen der letzten drei Plätze ein, wobei nur 319 Frauen selbst der Sexualität so wenig Bedeutung zuerkannten.

Tabelle 2: Stellung der Sexualität bei Inhalten der Ehe, getr. nach Geschlecht
Angabe in Prozent, ohne Berücksichtigung der fehlenden Antworten

Geschlecht	Rang						
	1	2	3	4	5	6	7
Frauen	1,3	7,4	16,0	18,0	24,5	20,1	12,8
Männer	2,1	11,6	20,1	24,3	20,3	13,4	8,1

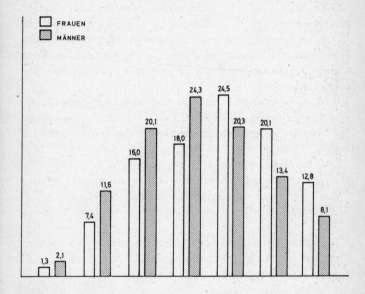

Weiter galt es, die allgemeine Behauptung wissenschaftlich zu untersuchen, ob es in unglücklichen Ehen in der Regel tatsächlich keine befriedigende Sexualität gibt. Tatsächlich erwies sich in der Stichprobe von doch immerhin über 1200 Teilnehmern, daß das Eheglück mit sexueller Befriedigung hoch korrelierte, und zwar bei Männern noch etwas höher als bei Frauen. Sicher kann man davon ausgehen, daß eine harmonische sexuelle Beziehung das Gefühl von Eheglück steigert oder, anders herum gesehen, wirklich gegenseitig befriedigende Sexualität erst in einer glücklichen Beziehung möglich ist. Der Trend zeigt allerdings, daß es einen bemerkenswerten Geschlechtsunterschied gibt: für die Frauen steigt die Bedeutung der

Sexualität dann an, wenn die Qualität der Partnerschaft besser wird; bei Männern ist es tendenziell eher umgekehrt. Letztlich bedeutet das, daß sich jene Ehemänner eigentlich als glücklicher darstellen, denen Sexualität weniger bedeutet und die damit den Frauen eher entgegenkommen.

Natürlich ist die Einstellung zur Bedeutung der Sexualität ein idealer Austragungsort für die Wettkämpfe zwischen den Geschlechtern. Hier zeigt sich, ob das Paar überhaupt miteinander kommunizieren kann, denn Partner, die einander gut kennen und die auch miteinander reden können, werden selbst dann zu einer befriedigenden Lösung kommen, wenn sie in ihren sexuellen Wünschen oder in der Einschätzung der Sexualität große Unterschiede entdecken mögen.

Wenn direkt über Sexualität diskutiert wird, dann sehen sich die Männer eher unterlegen und sehen die Frau als Siegerin an. Die Korrelationen in der Untersuchung haben folgende drei Ergebnisse zutage gefördert:

- Es gibt einen negativen Zusammenhang zwischen der Häufigkeit des Koitus und dem Streit über sexuelle Beziehungen, d.h., Sexualität und Streit um Sexualität vertragen sich nicht miteinander.
- Je wichtiger den Männern die Sexualität war, um so empfindlicher reagierten sie auf Mängel, und um so eher taten sie etwas dagegen.
- Je wichtiger Sexualität für die Frau ist, um so weniger streitet sie über das Thema, was verständlich ist, da eine sexuell interessierte Frau ihrem sexuell interessierten Mann eher entgegenkommt und damit keine Dissonanzen auftreten.

Das Forschungsergebnis zeigt, daß sich im Streit über Sexualität die Männer leicht als Verlierer erleben, was vielleicht damit zusammenhängt, daß Männer sich in Streitsituationen, die den privaten Sektor, das Gefühlsleben und die Mann-Frau-Beziehung betreffen, der Frau sprachlich nicht gewachsen fühlen. Streit ist die soziale Domäne der Frau. Sie hat seit Jahrtausenden ihre Fähigkeiten trainiert und heute leicht die Position der souveränen Siegerin.

Tabelle 3: Gewinner bei Auseinandersetzungen über Sexualität
Angaben in Prozent

Sichtweise	Gewinner				
	nur Mann	meist Mann	abwechselnd	meist Frau	nur Frau
der Frau	1,3	17,4	65,2	15,2	0,0
des Mannes	1,1	7,5	62,9	24,5	2,9

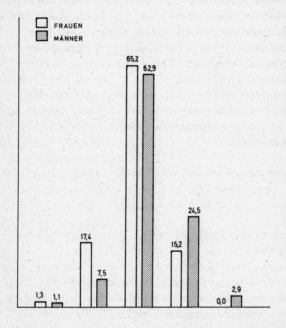

»In der Woche vier schadet weder ihm noch ihr« war die Maßgabe von Martin Luther im 16. Jahrhundert. Heute halten sich zwar die Paare, die überhaupt noch miteinander schlafen, in der Mehrzahl auch an diese Frequenz, wesentlich verbreiteter ist allerdings, daß der einzelne nicht zu seiner normalen Beischlafhäufigkeit kommt. Die Ursache mag darin liegen, daß die Partner, wenn sie zusammenwohnen, sich zu wenig oder zu selten begehren oder daß die Menschen alleine leben und in der heutigen Zeit – man denke an die Schlagwörter wie »Zeitalter des Narzißmus« oder »die schizoide

Gesellschaft« – nicht in der Lage sind, eine dauerhafte Verbindung zu Sexualpartnern einzuhalten.

Ich sehe in diesem Mißstand, daß viele Menschen in ihrer Zeitplanung nicht berücksichtigen, sich auch um tatsächlich gelebte Sexualität zu kümmern. Eine weitere Ursache für die derzeitige Situation, die gekennzeichnet ist durch Klagen über Streß und Depressionen. Allein die körperliche Bewegung in der Sexualität, verbunden mit Lustgefühl, würde neben der Energiezufuhr durch Selbstbestätigung, Erfolgserlebnis, Anerkennung und Austausch von Streicheleinheiten einem positiven Aufladen gleichkommen.

So führte z.B. eine wissenschaftliche Untersuchung zu dem Ergebnis, daß körperliche Inaktivität Depressionen erzeugt bzw. daß regelmäßiges körperliches Training die psychische Leistungsfähigkeit verbessert, da die Konzentration der Beta-Endorphine abnimmt. Allerdings war der Fortschritt, also das Abklingen der Depressionen mit Hilfe eines Trainingsprogramms, erst nach acht Monaten erreicht (Lobstein, D.D. [Box 10039, LU Station, Lamar University, Beaumont, TX 77710]: 15th International Congress of the International Society of Psycho-Neuro-Endocrinology, Wien, 15. bis 19. Juli 1984).

Wie war das früher?

Denken wir nur einmal 76 Jahre zurück: Auf dem Kongreß deutscher Neurologen und Psychiater in Hamburg 1910 sollten die Gedanken von Sigmund Freud über den Zusammenhang von Sexualität und Neurose diskutiert werden. Doch es kam nicht dazu: »Dies ist kein Diskussionsthema für eine wissenschaftliche Versammlung, dies ist Sache der Polizei!« Mit diesen Worten würgte der Geheime Medizinalrat Prof. Weygandt eine mögliche Diskussion von vornherein ab.

»Es ist nicht sehr erfreulich, über diese Details zu reden«, so lautete der Schlußsatz der einzigen Seite über Sexualität in dem großen psychologischen Werkes »Principles of psychology« des berühmten Psychologen William James im Jahre 1890.

Um diese Zeit hat meine Urgroßmutter gerade geheiratet. Wie hatte die Sexualmoral ihrer Jugendzeit ausgesehen? »Wenn du ein

Bad nimmst, so streue etwas Sägemehl über das Wasser, damit dir der Anblick deiner Scham erspart bleibt.« So lautete ein Leitspruch im Mädchenkalender 1884.

Die Zeiten haben sich sehr geändert. Wenn heute eine junge Frau erfährt, daß man sie für sexy hält, ist sie meist stolz auf dieses Attribut. Um die Jahrhundertwende aber war es noch ein Schimpfwort, d. h., damals jemanden sexy zu nennen kam einer Beleidigung gleich.

Das »richtige Verhalten der Frau in der Gesellschaft« ist stark den unterschiedlichen Moden unterworfen. Eine Frau hatte es oft sehr leicht, sich falsch zu verhalten:

Um 1900: wenn sie mit ihm zu rasch ins Bett ging. Als tugendsam galt Liebe ohne Sex;

um 1970: wenn sie nicht mit ihm ins Bett ging. Der Zeitgeist proklamierte Sexualität mit oder ohne Liebe;

um 1985: wenn sie mit ihm nicht ins Bett ging, obwohl sie wollte, oder wenn sie mit ihm ins Bett ging, obwohl sie nicht wollte. Der neue Zeitgeist sieht vor, sich authentisch zu verhalten, dann mit jemandem sexuell zu verkehren, wenn das Gefühl dabei ist, bzw. auch dann mit jemandem sexuell nicht zu verkehren, selbst wenn man mit ihm liiert ist, wenn das Gefühl gerade nein sagt.

Und wie sieht es beim Mann aus?

Der Mann ist unter anderem heute vielfach lustlos oder gar impotent, weil er mit drei neuartigen Themen konfrontiert wird, die für seine Vorfahren noch kein Problem darstellten:

1. Er ist sexuell **überreizt** durch die optischen Darstellungen in unserer übersexualisierten Zeit; man braucht sich nur einmal die Kioskauslagen anzusehen.
2. Der Mann ist vielfach **verängstigt** durch die emanzipierte bzw. nicht-emanzipierte Frau von heute, die ihre Selbständigkeit einübt, den Mann nach wie vor häufig zum Sündenbock macht und beim Ausprobieren ihrer neuen unabhängigen Rolle sicher nicht auf Anhieb den richtigen, d. h. Kooperationswilligkeit signalisierenden Ton trifft.

3. Der Mann ist gehörig **verunsichert** in seiner Rolle. Die alten Muster greifen nicht mehr, die neuen sind ihm noch unbekannt. Und was macht der Mensch normalerweise, wenn er nicht durchblickt, wenn er irritiert ist oder sogar verängstigt? Er wird passiv, er zieht sich in sich selbst zurück, es geht erst einmal nichts mehr.

Noch ein Wort zum Dilemma der Leistungs-Sexualität

Unsere Zeit ist vom Wert der Leistung geprägt. Es beginnt bei der Vorschulerziehung, im Kindergarten, bei der »richtigen« Geburt, ja eigentlich schon bei der Geburtsvorbereitung und Schwangerschaftsgymnastik.

Es muß »richtig« ausgetragen werden, es will am Ende auch »richtig« gestorben sein.

Viele Vertreter der eigentlich leistungsfreien Lebensorientierungen wie z.B. bei den Grünen entpuppen sich bei näherer Betrachtung als eine neue Art Spießer, dem es darum geht, zwanghaft »richtig« zu leben, die Lebenslust nicht durch ein Zuviel, Zuschnell, Zulaut, Zuherzinfarktgefährdend zu vertreiben, sondern durch ein Zuwenig, nämlich Geschwindigkeitsbegrenzung, Ernährungsbeschneidung, Genußbeschneidung. Gesundheitsapostelei und engstirnige politische Haltungen können die Lebenslust toal untergraben. Bescheidung ja, Beschneidung nein. Natürliche »Sünden« müssen sein; ich glaube, sie sind die Würze des Lebens. Es geht doch darum, über die scheinbar wichtigen Dinge des Lebens und über sich selbst lächeln zu können. Immer wieder geht es um die Kunst, sich zu engagieren und gleichzeitig Distanz zur Sache zu haben, darüberstehen zu können, um während des Engagements fürs Detail nicht den Blick für das Ganze aus den Augen zu verlieren, d.h., sowohl eintauchen zu können, um mit sämtlicher Energie für eine Aufgabenlösung kämpfen zu können, aber gleichzeitig auch sich der Relativität, der Bedeutung dieser Aufgabe und seiner selbst bewußt zu sein.

Ein plastisches Beispiel hierfür ist die Sexualität.

Der Orgasmus bei einem sexuellen Zusammensein mit einem Partner, der mich liebt und den ich liebe, ist sicher eins der höchsten

Glücksgefühle, eine Kombination aus geistig-seelisch-körperlichen Höhepunkten, wenn ich ganz bei mir und ganz bei dir und ganz entrückt zugleich bin. Und wann kann ich das? Durch Tun und Lassen: Wenn ich mich drum kümmere, wenn ich dran bleibe, wenn ich mein gesundes egoistisches Ziel verfolge, zu einem Höhepunkt zu gelangen, und zugleich mich verliere, mich selbst vergesse, mich transpersonalisiere, mich transzendiere.

> **Emanzipation bedeutet nicht,**
> daß die Frau eine Gleichberechtigung mit dem nichtemanzipierten Mann anstreben soll.
> **Emanzipation bedeutet**
> »Befreiung aus dem Zustand der Abhängigkeit und Beschränkung« (Brockhaus Lexikon 1974) und ist damit eine Forderung, die sich an die ***Frau und*** den ***Mann*** richtet.

Zwölf Kommunikationsregeln für die Partnerschaft

Die Art und Weise, in der Mann und Frau in der Partnerschaft miteinander umgehen, bestimmt ihr Lebensgefühl. Die UNO hatte das Jahr 1983 gar zum »Internationalen Jahr der Kommunikation« ausgerufen. Erhoffte man sich Rettung aus der Beziehungskrise durch neue Kommunikationsregeln? Doch man vernahm eigentlich gar nichts. »Es wurde nicht angenommen«, sagten Experten zum ausgerufenen Motto.

Nun, wenn Kommunikation nicht »von oben« vermittelt werden kann, muß sie eben an der Basis, also in der Partnerschaft selbst, eingeübt werden.

Ich habe hier einmal zwölf typische Kommunikationsfallen aufgeführt, die durch richtige Kommunikation gemeistert werden können. Vielleicht kennen Sie aus Ihrer eigenen Beziehung noch weitere derartige Beziehungsfallen, mit denen Sie diese Liste für sich erweitern können?

Doch nun einmal zu den zwölf Kernfallen und ihren Gegenstükken, den zwölf Kommunikationsregeln für die Partnerschaft von heute:

1. Jeder Satz, der mit »**nur weil du**« beginnt, drängt den Partner automatisch in die Verteidigungsposition. Er schaltet jetzt sofort auf das Programm »Angriff – verteidigen«. Das Konstruktive des Gesprächs ist im Moment beim Teufel, vielleicht sogar die Fairneß. Ein solcher Gesprächsstil hat keine Aussicht, das gegenseitige Verständnis zu verbessern. **Ich-Sätze** dagegen (ich bin wütend..., ich sehe bei dir..., ich wundere mich...) kann der Partner annehmen.
2. Jeder Satz, der mit »**ja, aber**« beginnt, blockt die Aussage des eben Gehörten sofort ab. Deshalb lieber **zuhören** und das Gesagte wirken lassen, als sich sofort zu verteidigen; Rechtfertigungen und nachträgliche Begründungen führen nicht zueinander, wohl aber die Erkenntnis, wie der andere es sieht.
3. **Jetzt erst recht:** Scheinbares Fehlverhalten des Partners rechtfertigt noch lange keine Rache. »Sie kam zu spät, also war er sauer«, »er zieht sich zurück, also nörgelt sie«, »sie nörgelt, also zieht er sich zurück...« Das Dilemma kann Jahrzehnte andauern – bis einer, der/die Klügere bzw. seelisch Stärkere, nachgibt, und zwar aus Herzensgüte oder aus Kalkül. Denn es gibt keine Gerechtigkeit in der Partnerschaft! Hemmende Beziehungsmuster lassen sich nicht durch Rache lösen, sondern nur durch **Klären und Verzeihen**.
4. Nichtannehmen von Komplimenten (»das sagst du bloß so...«) und das Nichtannehmen von Liebesbezeugungen (»das meint er sicher nicht ehrlich, der will nur wieder was...«) vergiften die Atmosphäre. Jeder bekommt soviel Liebe ab, wie er sich selbst zugesteht: wenn sich jemand zuwenig geliebt fühlt, ist das meist die Folge seiner unbewußten nicht-liebenswerten **Selbsteinschätzung**, weniger ein »Fehler« des Partners. Auch beim »Sich-lieben-Lassen« trägt man die Verantwortung dafür selbst. Man läßt es schließlich nicht nur tun, sondern man läßt es auch zu.
5. **Körpersprache:** Wer zwar nette Sachen sagt, den Partner dabei aber nicht ansieht, ihm den Rücken zukehrt, abwertende Handbewegungen oder eine grantige Miene dazu macht, signalisiert damit, daß er wenig Achtung vor dem Partner hat und dessen Würde nicht respektiert. Also erreicht er meist das Gegenteil von dem, was er vom Partner will. Unbewußt reagieren wir

nämlich stärker auf die Form als auf den Inhalt, also mehr darauf, »**wie** man etwas sagt«, als darauf, »**was** man sagt«. Mit der richtigen Geste zum richtigen Zeitpunkt am richtigen Ort erreichen Sie wesentlich mehr als durch lange Reden. Schließlich sagt der Volksmund nicht nur, daß Taten mehr als Worte zählen, sondern auch, daß ein Bild mehr sagt als tausend Worte. Eine Geste z. B. ist in diesem Sinne Tat und Bild zugleich.

7. **Eifersucht** ist meist die Folge von drei eigenen persönlichen Schwächen: a) Besitzdenken (er/sie »gehört mir«!), b) Minderwertigkeitsgefühle (»andere sind besser...«) und c) unbewußte Projektionen eigener Untreue-Wünsche (»ich an seiner/ihrer Stelle hätte schon längst..., würde wahrscheinlich...«). Das beste Mittel dagegen ist die Verbesserung des eigenen Selbstwertbewußtseins.

7. »**Ich kann alles allein**«: Zur reifen Autonomie, d. h. erwachsen, unabhängig und emanzipiert zu sein, gehört auch, sich **helfen zu lassen**, wenn man alleine nicht weiterkommt. Meinem Partner nie eine Schäwche von mir zu zeigen läßt diesen blind bleiben für meine verletzbaren Stellen. Wenn mein Partner nicht weiß, an welchen Stellen ich besonders empfindlich bin, ist die Gefahr groß, daß er mich aus Versehen gerade dort verletzt, ohne es zu wollen. Wenn ich ihm meine Schwachstellen gezeigt habe, bin ich zwar ab jetzt gezielt verletzbar, aber wesentlich besser gefeit vor Mißverständnissen.

8. »**Du sollst dann, wenn ich will**«: Zu den klassischen menschlichen Spielregeln, die insbesondere in der Partnerschaft geradezu »überlebenswichtig« werden können, gehört die Erkenntnis, daß menschliche Gefühle **paradox** funktionieren. Bedrängt er sie, will sie nicht; engt sie ihn ein, läuft er weg... Ist aber einmal eine gewisse Bindung zwischen beiden vorhanden, erzeugt **gegenseitige Freiheit** sogar freiwillige Nähe, wie bei einem Gummiband führt die Spannung mit zunehmender Entfernung voneinander zur Sehnsucht nach einander! Willigkeit aus Freiwilligkeit!

9. »**Du bist genau wie dein Vater/deine Mutter**«: Vorwürfe dieser Art haben keine Chance, das Verhalten des Partners in positiver Richtung zu beeinflussen. Aus reinem Selbstschutz wird er sich verteidigen – und um das gekränkte Selbstwertge-

fühl zu stabilisieren, den Partner abwerten. **Jeder Partner will als eigenständiger, einmaliger und besonderer Mensch gesehen und so behandelt werden.** Sie nicht auch? *Doch*

10. **Streiten:** Wenn sie weint oder schreit, heißt das nicht, daß sie sich so fühlt, wie er sich fühlt, wenn er einmal weint oder schreit. Wenn er schweigt, heißt das nicht, daß sie ihm gleichgültig wäre ... die Interpretation des Partner-Verhaltens kann nicht oft genug durch »**positives Streiten**« neu geübt werden. Denn was schwelt, das trennt; jedes gemeinsame Abenteuer aber, wie z. B. ein tüchtiger Streit, verbindet, und Streite vermeiden heißt Versöhnungen vermeiden!
11. Es braucht immer zwei. Wenn Sie sich verführen **lassen**, dann ist das genauso ihre **Verantwortung** wie beim aktiven **Tun**. Das gilt auch für Streit wie für Liebe oder Sexualität – und für die Versöhnung.
12. Wir sind heute in vieler Hinsicht Pioniere, insbesondere in puncto Mann-Frau-Beziehung. Diese Lebenskonstellation, wie wir sie jetzt in den achtziger Jahren erleben, gab es noch nie in der Geschichte der Menschheit. So ist **alles richtig, was wir tun, solange wir uns jeweils selbst treu sind und der Partner tatsächlich freiwillig mitmacht.**

Wann kann eine Beziehung auf Dauer gesund funktionieren?

- **Erstens,** wenn beide Partner reif sind, d. h. eigenständige Partner im wahrsten Sinn des Wortes sind.
- **Zweitens,** wenn die **Distanz zueinander gewahrt** wird, um dem einzelnen Partner Entwicklungsspielraum zu lassen.
- **Drittens,** wenn mindestens ein stark verbindendes, für beide Partner **gemeinsam verbindliches Ziel** vorhanden ist, das die Entwicklung der beiden koordiniert bzw. den Abstand zueinander nicht so groß werden läßt, weil es ja um das gemeinsame Ziel geht (z. B. miteinander singen, miteinander eine Blockhütte bauen, miteinander ein Schiff bauen, miteinander einen Oldtimer restaurieren, miteinander eine Insel erobern, miteinander Kinder aufziehen).

»Es gibt eine Fortsetzung der Liebe, bei welcher die Gier zweier Menschen nacheinander einer neuen Sehnsucht Platz macht, dem gemeinsamen Durst nach einem Ideal oberhalb ihrer selbst.« (Nietzsche, zit. nach Allendy a. a. O.)

Das gemeinsame Ziel verbindet, das Ziel, die Beziehung zur gemeinsamen Aufgabe zu machen. Den Raum zwischen beiden, die Distanz zwischen beiden gemeinsam füllen, d. h., also nicht bei Kritik- oder Streitpunkten den Partner als Gegner erleben, vom Partner die Lösung, die Erlösung erwarten, sondern vielmehr sich zu verhalten, als wenn man gemeinsam eine Firma leiten würde. Das bedeutet, derjenige, der sich verletzt oder unverstanden fühlt, ist auch zu 50% an der Konfliktursache beteiligt und hat gleichzeitig auch zu 50% Chancen und Möglichkeiten, an der Konfliktauflösung mitzuwirken.

> »Haltet Abstand in eurem Zusammensein und laßt Platz zwischen euch für des Himmels Blau. Liebt euch, aber macht die Liebe nicht zum Zwang: Lieber soll sie sein ein bewegtes Meer zwischen eurer Seele Küsten. Schenkt euch ein, aber trinkt nicht aus derselben Tasse. Biete dem anderen dein Brot, aber esse nicht vom selben Stück. Singt und tanzt zusammen und freut euch, aber ihr müßt auch getrennt sein können, ganz wie die Saiten der Laute getrennt sind und doch zusammen die Musik hervorbringen. Schenkt euch eure Herzen, aber nicht euren Besitz. Denn eure Herzen kann nur die Hand des Lebens umfassen. Steht zusammen, doch kommt euch nicht zu nah: Denn die Säulen des Tempels sind jede für sich, und Eichen und Zypressen wachsen nicht im Schatten voneinander.« (Kahlil Gibran: Der Prophet. Freiburg 1978)

Sicherlich besteht das Ziel der Liebe darin, Verantwortung für einen oder mehrere andere zu übernehmen, also Verantwortung für den Partner und die Familie.

Wichtig ist aber, daß diese Verantwortung sekundäre Präferenz besitzt, denn in unserem Universum herrscht zweifelsohne das Gesetz, daß jeder die Verantwortung für sich selbst übernehmen muß. Das bedeutet: Zuerst kommt die Verantwortung für sich selbst. Damit ist die Chance vorbei, jemand anderen als Sündenbock für eigene Unzulänglichkeiten oder Fehler oder Krankheitssymptome zu benutzen. Zu einem selbstverwirklichten Leben jedoch gehört es, sein Ego zu transzendieren und die Bedürfnisbefriedigung über sich hinaus zu entwickeln, um die eigene Kraft und Energie für Partner und Familie zu investieren, wenn möglich auch noch darüber hinausgehend für die Gemeinschaft zu verwenden.

Viele der heutigen **Partnerprobleme** stammen vor allem aus folgenden drei Gründen:
1. Man ist freiwillig zusammen, hat einander freiwillig gewählt, hat sich freiwillig miteinander verbunden, in Krisensituationen fragt man sich leicht, ob man selbst richtig gehandelt hat. Beide Partner tendieren daher leicht zur Auflösung der Beziehung, leichter als früher, als man sich sagen konnte: »Wir wurden füreinander bestimmt, und der Pfarrer hat uns im Namen Gottes miteinander verbunden.«
2. Der Anspruch an den Partner bedeutet, daß er all das Übel in der Welt ausgleichen soll, all meine Wunden nicht nur lecken, sondern auch ein Gegengewicht dazu herstellen soll.
3. Mein Partner repräsentiert zum Teil meinen Schatten, zu dem wir heute so wenig Kontakt haben wie kaum einer unserer Vorfahren. Gerade bei Streitfragen, die immer wieder zwischen zwei Partnern auftauchen, mag die Ursache häufig darin liegen, daß der andere den verdrängten Schattenanteil des einen verkörpert.

Eine Ursache für die vielen Trennungen – ein Vorschlag für die Verbesserung von Partnerbeziehungen

Die verbreitetste Ursache von Partnerproblemen liegt nach meiner Beobachtung darin, daß beide Partner zu leicht dazu neigen, **den anderen** für das Funktionieren der Beziehung und sogar für das eigene Glück **verantwortlich zu machen**. Mit dem immer wiederkehrenden und, man glaubt es nicht, stark verbreiteten Satz »**Nur weil du ...**« – es gibt ihn in den verschiedensten Varianten – drückt der Partner aus, daß alles kein Problem wäre, wenn sich nur der Partner endlich ändern würde. Oder wenn er überhaupt ein anderer wäre, d.h., »der andere« soll sein Verhalten ändern oder möglichst gleich ein ganz anderer Mensch werden.

Diese Problematik, die jedem Partnertherapeuten häufig begegnet, wurzelt in der irrigen, aber deshalb nicht weniger verbreiteten Annahme, es gäbe den einen »richtigen« Partner, und wenn dieser gefunden ist, dann liefe alles von alleine gut. Aber was ist eine Beziehung eigentlich? Eine Beziehung ist ein Zusammenschluß, eine

Verbindung, ein Arrangement, ein Kontrakt oder ein Bündnis zwischen zwei Partnern. Und die Beziehung wird um so besser sein, je mehr beide die Resonanz, die sie bei ihrem Gegenüber auslösen, zur eigenen Selbsterkenntnis nutzen – und daran reifen!

Ich verwende in diesem Zusammenhang gerne das Bild vom Tennisspiel, das nur dann für beide Sinn und Gewinn hat, wenn sie Distanz zueinander bewahren, wenn beide einander zugewandt sind und bereit sind, miteinander das Spiel zu bestreiten. Das Vertrauen in die Erwartung, daß der Spielpartner die Regeln einhalten wird, gibt Sicherheit. Die Orientierung an den Spielregeln und die Standardmaße für Netzhöhe und Linien bieten als formales Ordnungssystem eine stabile Basis für kreative Phantasie. Die Folge ist, daß tatsächlich jedes Tennisspiel ein einmaliges Kunstwerk darstellt. Zwei Menschen erleben durch den gleichzeitigen Wettkampf von Miteinander und Gegeneinander eine spielerische **Begegnung** – und wachsen daran. Doch zurück zu den Partnerbeziehungen: Erst das Bewußtsein, daß jeder der beiden Partner zu 50% verantwortlich ist für die gemeinsame Beziehung, schafft die Voraussetzung, sich entsprechend verantwortungsbewußt zu verhalten. Ich betone die Bedeutung des **Wir-Gefühls** deshalb so stark, weil jeder Mensch – wie wir an anderer Stelle schon gesehen haben – sich im Beisein eines anderen verändert und der andere wiederum nicht als neutraler, objektiver Fels zu sehen ist, sondern als reagierendes Wesen, das natürlich seine Meinungen und charaktertypischen Verhaltensweisen lebt, aber dennoch auf mich, sein Gegenüber, resoniert. Diese Reaktionskette, diese prozeßhafte Abfolge gegenseitiger Beeinflussung, die jeder aus seinen Erfahrungen in intimen, zwischenmenschlichen Begegnungen kennt, ist für mich eine der ursprünglichsten Situationen, in denen jeder ganz konkret bei sich selbst das Wechselspiel von Bewegtwerden und selbst etwas Bewegen erfahren kann.

Liebe und Angst sind die beiden grundlegenden Motivationen, die zwei Partner zueinander führen. Im **negativen** Extremfall ist die Motivation nur **angstorientiert**. Im **positiven** Extremfall hat allein die **Liebe** beide miteinander verbunden. Meist wird die Basis einer Beziehung aus einer Mischung von Liebe und Angst bestehen, wobei die Qualität bzw. die gegenseitige Befriedigung der Partner durch die Beziehung davon abhängt, wie hoch der Liebesanteil auf Kosten des Angstanteils in dieser Kombination überwiegt.

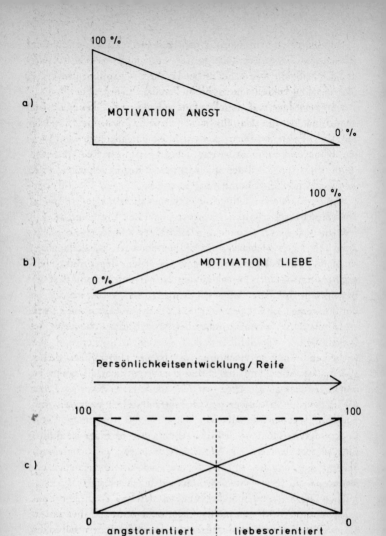

Ein **Beispiel** für eine angstbestimmte Beziehung: Beide trafen sich damals im Foyer des Ballsaals, als sie darauf warteten, daß die Telefonzelle frei wurde. Beide hatten zur gleichen Zeit das gleiche Schicksal zu beklagen: sowohl ihr Freund als auch seine Freundin waren nicht hier, und sie selbst fanden auf dem Ball keinen rechten Anschluß. Irgendwie lag alles schief. Denn andererseits fühlten sie sich gebunden, also für Flirts eher verschlossen. Gleichzeitig war die Beziehung jeweils nicht so fest, daß der Partner unbedingt mitgekommen wäre. So waren beide allein, d.h. mit Bekannten, aber ohne festen Begleiter auf den Ball kommen.

Während sie am Telefon in der Reihe warteten, sprach er sie an. Sie kamen ins Plaudern. Beide waren froh, jemanden zum Reden zu haben, weil es im Saal doch ziemlich laut war und sie bislang niemanden gefunden hatten, den sie gerne kennengelernt hätten. Eigentlich paßte das gar nicht zu ihm, einfach jemanden anzusprechen. Aber er hatte schon zwei Gläser Champagner getrunken und war genau in der Stimmung: schon zu frustriert, um auf sich böse zu sein, weil er sich irgendwie so elend auf dem Fest fühlte, andererseits noch nicht resigniert oder melancholisch, wie er das sonst von sich kannte.

Sie beschlossen, gemeinsam irgendwo anders hinzugehen, diesem Trubel mit den vielen fremden Menschen zu entfliehen. Das gemeinsame Geheimnis, sich mit einer Ausrede von ihren jeweiligen Bekannten zu verabschieden, in der Halle wiederzutreffen, gab ihnen ein verbindendes Gefühl.

Ein kleines Abenteuer begann. Es war ein guter Start. Sie fühlten sich an ihre Teenagerzeit erinnert, wie sie jetzt fast ein bißchen flüchtend aufbrachen, ins Taxi stiegen. Sie mußten viel lachen und waren richtig albern aufgelegt, fast ein bißchen euphorisiert; sie lachten über sich und über die Situation: »Ich find' das so komisch – ich kenne Sie doch gar nicht«, sagte sie immer. Er aber tat auf weltmännisch, um sie zu beruhigen und mehr noch, um sich selbst Mut zu machen. So forsch kannte er sich gar nicht. Sie fuhren in eine Bar, die er von einem Treffen mit Geschäftsfreunden her kannte. Es wurde ein sehr langes Gespräch. Beide erkannten, daß sie trotz der Beziehungen, die sie beide hatten, sich eigentlich sehr unglücklich und einsam fühlten. Ihre Vertrautheit nahm rasch zu, als jeder von beiden immer häufiger genau das empfand, was der andere ausdrückte, so daß beide das Gefühl bekamen, den anderen schon lange zu kennen oder ihm zumindest sehr ähnlich zu sein. Sie waren längst nicht fertig mit dem schwelgenden Austausch aufgestauter Selbstberichte aus ihrem Leben, als sie darauf hingewiesen wurden, daß das Lokal jetzt schließe. So mitten im Gespräch unterbrochen wollten sie sich denn doch nicht trennen. Außerdem hatten beide inzwischen schon einiges getrunken und wurden immer intimer miteinander. Sie fuhren zu ihr. Als sie morgens um fünf Uhr einigermaßen ausgeredet hatten, waren sie beide so müde, daß sie eigentlich keine Lust auf Sex hatten. Er blieb trotzdem einfach bei ihr, und sie schliefen sehr müde und etwas angetrunken, aber glücklich ein. Das Frühstück war seltsam, weil sie sich näher waren, als es die kurze Zeit des Kennenlernens zugelassen hätte. »Eigentlich kennen wir uns erst seit 14 Stunden, und ich habe das Gefühl, wir kennen uns schon zwei Jahre.« So vertraut erschienen sie einander.

Drei Monate später hatten beide ihre alten Pseudo-Beziehungen gelöst und waren vor zwei Wochen zusammengezogen. Ihren Freunden und Bekannten erschien das etwas sehr plötzlich, aber man dachte, die werden schon wissen, was sie tun. Schließlich sind es ja erwachsene Leute.

Aber es dauerte nicht lange, bis immer öfter eine fade Stimmung in der Wohnung herrschte, bis es zu den ersten Streitereien kam. Meist ging es nur um Kleinigkeiten. Er warf ihr Unpünktlichkeit vor, sie ihm Unzuverlässigkeit. Sie quälten sich ein paar Wochen. Dann trennten sie sich mit der Erkenntnis, außer der Angst vor Einsamkeit kaum Gemeinsamkeiten zu haben.

Eine der Hauptursachen für das derzeitig so verbreitete Scheitern von Beziehungen liegt darin, daß sich zwei Menschen aus **negativer** statt aus positiver **Motivation** zusammentun. Sie verbinden sich miteinander, damit sie nicht mehr einsam sein müssen, jemanden »haben« fürs Wochenende, für die Partys, für den Urlaub, für die langen Abende. Wo liegt die große Änderung zwischen »der Zeit, wo man niemanden hatte« und der »Zeit, wo man endlich einen Partner hat«? Sie liegt wohl darin, daß man nicht mehr unter der Einsamkeit und dem Gefühl des Versagens oder Nichtgeliebtwerdens leidet, sondern jetzt auch »dazu gehört«; der Partner löst diese negativen Gefühle durch seine Existenz auf. Es ist wie eine Änderung vom Minus-Zustand zum Null-Zustand; man ist frei von den nagenden Einsamkeitsgefühlen.

Als **positive Motivation**, eine Partnerschaft einzugehen, bezeichne ich die Begründung, die ein reifer Mensch für den Beginn einer Partnerschaft sieht. Der autonome, reife Partner ist allein lebensfähig, und zwar mit befriedigender Lebensqualität. Er kann bereits, ohne dafür einen Partner »haben zu müssen«, ein Leben führen, das er als zufriedenstellend bezeichnen würde. Mit dem Wissen, im Leben zurechtzukommen, und dem Gefühl, sich und die Welt zu mögen und gerne zu leben, ist er nicht abhängig von der Existenz eines Partners, sondern sieht sich selbst als die Ursache für die dynamische Balance seines Lebensgefühls. Würde ein Partner in sein Leben treten, bedeutete diese Veränderung eine Verbesserung im positiven Bereich; er ist jetzt weitgehend gefeit vor Abhängigkeiten, den Zeitzündern für jede Beziehung. Denn alles, was er mit dem Partner erlebt, gehört sozusagen zu den Luxusseiten des Lebens. Würde der Partner ihn eines Tages verlassen, so sind seine existentiellen Grundpfeiler nicht gefährdet. Das schafft Freiwilligkeit.

> Liebe ist gleich Vertrauen. Vertrauen gibt Sicherheit. Ich habe bei einem Menschen, den ich liebe, keine Angst, mich so zu zeigen, wie ich bin, mich so zu äußern, wie ich mich fühle, zu sagen, was ich denke. Ich erweitere meine Ich-Grenze um das Du. Das gibt meinem Geliebten gegenüber die Freiheit, dasselbe zu tun. Jetzt wandelt sich das Zusammensein vom Kontakt zur Begegnung.
>
> War der Austausch von zwei Menschen in einem Raum erst beschränkt auf die gemeinsame Atemluft, entwickelte er sich weiter wie auf einer Stufenleiter: Worte, Berührungen und Blickkontakte wollen Gedanken und Gefühle austauschen, gemeinsam erleben oder gegenseitig abgrenzen.
>
> Meine Ausstrahlung, mein Lächeln bewegt den anderen. Seine Resonanz darauf bewegt mich. Gemeinsame **Bewegung** erzeugt Begegnung. Eine Kette von **Begegnungen** mit demselben Menschen erzeugt **Beziehung**. Wie die Partikel einer Schwingung; die vielen jeweils bewußt in der Gegenwart gemeinsam als Begegnung erlebten Hier- und Jetzt-Erfahrungen aneinandergereiht, ergeben die **Beziehungskurve**.

Im ersten Fall, in dem der Partner nötig ist, um das Gleichgewicht zu finden, ist die **Grundmotivation Angst**, den Partner zu verlieren. Im zweiten Fall ist die **Grundmotivation Liebe**, das hoffnungsgeladene Streben, gemeinsam mit dem Partner mehr aus seinem Leben zu machen. Hier liegt eine große Gefahr darin, den Partner, das Gegenüber und dessen Befriedigung zum Ziel zu machen. Eine andere Gefahr ist die, den Partner aus egoistischen Bestrebungen heraus zur Befriedigung der eigenen Bedürfnisse zu benutzen. Beides sind todgeweihte Ansätze, sie können auf Dauer keine Erfüllung in der Partnerschaft bringen.

Eine dauerhaft befriedigende Beziehung erfordert eine gemeinsame Aufgabe, ein gemeinsames Ziel, ein Projekt, eine Idee oder einen Plan, der nur gemeinsam verwirklicht werden kann.

Dazu ein Vergleich mit den seit einigen Jahren sehr verbreiteten Wohngemeinschaften. Hier läßt sich eine menschliche Eigenart besonders deutlich beobachten: Leben einige Menschen »nur so« oder aus technischen oder finanziellen Gründen zusammen, so wird diese Wohngemeinschaft keine Zukunft haben. Entweder ist die Fluktuation der Mitglieder so hoch, daß es sich mehr um gemeinsames Benutzen einer Wohnung handelt, oder die Wohngemeinschaft zerfällt ganz und löst sich auf. Anders eine projektbezogene Wohngemeinschaft, bei der es um das Verfolgen politischer Ziele oder künstlerischer Ideen geht. Hier richtet jeder den Blick auf das gemeinsame Ziel, so daß ein Wir-Gefühl aus der parallelisierten Blickrichtung auf die gemeinsame Aufgabe entsteht.

In einer Partnerbeziehung wäre dies das verbindende Dritte im Bunde. In früheren Generationen war es der Existenzkampf, der beide miteinander verschweißt hat, waren es die gemeinsamen Kinder oder der gemeinsam zu bewirtschaftende Hof. Heute sehen wir bei Partnerbeziehungen Dauer, wenn zwei Menschen so reif, frei und mutig einander begegnen wollten, daß daraus ein gemeinsames Ziel, eine gemeinsame Aufgabe entspringen konnte. »Wir wissen, was wir wollen; wir können uns das genau vorstellen, und wir wissen die notwendigen Schritte, um es zu erreichen« – ist in diesen Fällen die Devise. Natürlich birgt dieses Wir-Gefühl die Gefahr, zur anderen Seite umzukippen. Ich denke da an die Gefahren der Isolation oder der Rollendiffusion, wenn die Erwartung an den Partner überzogen wird, weil schließlich auch bei einem sehr intensiven Wir-Gefühl zwei Menschen nicht alles füreinander sein können, da immer auch emotionale Außenkontakte – in Form von Bekannten und Freunden – nötig sind. Ganz besonders wichtig erscheint mir, den Blick auf die positive Kraft des Wir-Gefühls zu richten. Es schützt meiner Ansicht nach durch das Bewußtsein, Teil des gemeinsamen Ganzen zu sein, vor der Gefahr, die Problemursachen allein beim Partner zu suchen. Auch hier muß ganzheitlich gedacht werden: Es geht um dich, um mich und um das Dritte in unserem Bund, um unsere gemeinsamen Ziele und Aufgaben, die wir nur gemeinsam erreichen können.

Und dann braucht es keine Liebestropfen mehr. Denn was gibt es Verbindenderes und was steigert die Liebe zueinander mehr als gemeinsam bestandene Abenteuer, unabhängig davon, ob sie im konkreten Augenblick als anstrengende oder als beglückende Erfahrung erlebt werden?

Sollten Sie zu diesem Buch bzw. zu den Seminaren des Autors noch Fragen haben, wenden Sie sich bitte an:
Praxis
Dr. Stephan Lermer
Postfach 44 02 47
8000 München 44

Quellenverzeichnis

Allendy, R.: Die Liebe, München o. J.

Bornemann, E. Interview in: S. Lermer und T. Meissner: Was ist das: Liebe?
Bayerischer Rundfunk 19. 10. 1980, 18–20 Uhr
Buber, M.: Between Man and Man. New York 1965

Chardin, Teilhard de: Der Mensch im Kosmos. München 1980

Dane, E. und Collin, H.: Trennung vom Partner. Ende ohne Schrecken. In: Psychologie heute. Weinheim 1/1985
Ditfurth, H. von. Interview in: Ärztezeitung 1. 10. 1984
Dunbar, F.: Emotions and Bodily Changes. New York 1964

Eibl-Eibesfeldt, I. Interview in: S. Lermer und T. Meissner: Was ist das: Liebe? Bayerischer Rundfunk 19. 10. 1980, 18–20 Uhr

Fromm, E.: Die Kunst des Liebens. Frankfurt/Main 1979
Fromm, E.: Psychoanalyse und Ethik. Zürich 1954

Gibran, Khalil: Der Prophet. Freiburg 1978
Goethe, J. W.: Gesammelte Werke. München 1982

Ivinny, John: The Sphinx and the Megaliths. New York 1975

Jaffe, D. T.: Kräfte der Selbstheilung. Stuttgart 1983
Jakobi, J.: Die Psychologie von C. G. Jung. Frankfurt/Main 1984
James, W.: The Principles of Psychology. New York 1950 (1980)
Jantsch, E.: Die Selbstorganisation des Universums. München 1978
Jung, C. G.: Die Beziehungen zwischen dem Ich und dem Unbewußten. Olten 1966
Jung, C. G.: Psychologische Typen. GW Bd. 6. Zürich 1960
Jung, C. G.: Welt der Psyche. München o. J.

Kohut, H.: Narzißmus. Frankfurt/Main 1973
Krug, G.: Eifersucht. In: Stern 24/85

Lasch, Ch.: Das Zeitalter des Narzißmus. München 1980
Leboyer, F.: Geburt ohne Gewalt. München 1981
Lermer, S.: Geheimnisse der Kommunikation. Einblicke in die Wissenschaft der Seele. Tiefenpsychologie, Wahrnehmungspsychologie, Sozialpsychologie. München 1982

McCann-Erickson. Der kleine Unterschied. 21.2.1984. Repräsentative Untersuchung. Frankfurt/Main – Köln – Hamburg 1984
Masters und Johnson: Impotenz und Anorgasmie. Frankfurt/Main 1973
May, Rollo: Antwort auf die Angst. Stuttgart 1982
Menninger, C.: Liebe und Haß. Stuttgart 1985

Nietzsche, F.: Also sprach Zarathustra. München 1966

Ortega y Gasset: Über die Liebe. München 1979

Pascal, Blaise: Gedanken. Stuttgart 1979
Paul, Jean: Levana. 1910

Riemann, F.: Grundformen der Angst. München 1979
Rogers, Carl: Klientenzentrierte Psychotherapie. Frankfurt/Main 1978
Rubinstein, Renate: Nichts zu verlieren und dennoch Angst. Notizen nach einer Trennung. Frankfurt/Main 1980

Schenk, J. und Pfrang, H.: Sexualmedizin. Wiesbaden 1982
Spielberger, Ch. D.: Angst ist Teil der Existenz. In: G. Bartling u. a.: Angst. In: Psychologie heute. Weinheim 6/1979
Staehle, Ingrid: Nietzsches große Liebe. Süddeutsche Zeitung, München, 13./14.10.1984

Tennov, D.: Limerenz – über Liebe und Verliebtsein. Stuttgart 1981
Tillich, P.: Der Mut zum Sein. Hamburg 1965

Walster, E. und W.: Liebe ist mehr. München 1979
Weischedel, W.: Die philosophische Hintertreppe. München 1984

Zimbardo, Ph. G.: Psychologie. Berlin 1983

Goldmann Taschenbücher

Informativ · Aktuell
Vielseitig · Unterhaltend

Allgemeine Reihe · Cartoon
Werkausgaben · Großschriftreihe
Reisebegleiter
Klassiker mit Erläuterungen
Ratgeber
Sachbuch · Stern-Bücher
Indianische Astrologie
Grenzwissenschaften/Esoterik · New Age
Computer compact
Science Fiction · Fantasy
Farbige Ratgeber
Rote Krimi
Meisterwerke der Kriminalliteratur
Regionalia · Goldmann Schott
Goldmann Magnum
Goldmann Original

Bitte
senden Sie
mir das neue
Gesamtverzeichnis

Goldmann Verlag · Neumarkter Str. 18 · 8000 München 80

Name _____

Straße _____

PLZ/Ort _____